JN114099

読書教育のすすめ

－学校図書館と人間形成－

立田 慶裕

〔編著〕

学文社

執 筆 者

＊立田　慶裕　神戸学院大学・国立教育政策研究所名誉所員 （第1章，第15章）

今西　幸蔵　高野山大学 （第2章，第4章）

黒澤　　浩　元日本子どもの本研究会 （第3章）

荻野　亮吾　日本女子大学 （第5章，第13章）

野村　　和　武蔵野短期大学 （第6章）

岩崎久美子　放送大学 （第7章）

酒井　達哉　武庫川女子大学 （第8章）

松本美智子　日本女子大学，実践女子大学 （非常勤） （第9章）

五島　政一　国立教育政策研究所名誉所員 （第10章）

藤本　裕人　帝京平成大学 （第11章）

福本　　徹　国立教育政策研究所 （第12章）

長岡智寿子　田園調布学園大学 （第14章）

（＊は編者，執筆順）

は じ め に

　読み書きの力の習得は，教育の基本である。現代社会に生きる私たちでも，読み書きの力を身につける基本的な方法が読書である。読書の習慣や方法は，自然に身につくものではなく，親と教師がその教育において重要な役割を果たす。

　本書は，読書教育が子どもたちの人間形成において重要な役割をもつという観点から，人間の発達に応じた読書教育，とりわけ学校図書館の役割を明らかにしようとするものである。

　マーガレット・ミークは著書『読む力を育てる』のなかで，親と教師の役割と読書教育の意義について，次のように述べる（ミーク，2003，12〜14頁）。

　「私たちの子どもや孫も，このような読むことの意義を自然に知るだろうと思ってはいけない」。

　「親には読むことについて，そして本についてできる限り理解しなければならない義務がある」。

　「読むということは，印刷した記録から知識を得るという行為を遙かに超えたもの。ひとりの人間の心と想像力，そしてもうひとりの人間の心と想像力との生き生きした出会いである」

　親だけではなく，小学校から高校までの学校教育を通じて，多くの生徒を育てる教師もまた，読むこと，読書活動の理解を深める必要がある。本書は，子どもたちの読書活動を支える人々が読書についての理解を深めるきっかけになればという考えから執筆を始めた。

　実際に，読書について，あるいは読書教育について人が学ぶ機会は非常に少ない。教育の専門家であるはずの教員でさえ少ない。2012年に行われた「子どもの読書活動と人材育成」調査によれば，小・中学校教員の7割以上が，また高校教員の8割以上が，この1年間に読書教育に関する校内研修や他校・他団体の研修研修に参加したことがないと回答した。

　学校の読書活動については，近年，国内外でその重要性が認識されつつある。特に学校の読書教育の要となる施設が，学校図書館であり，学校図書館の活用の重要性について，国際的にも，国内的にも共通の認識が生まれている。

　ユネスコ学校図書館宣言（1999年）では，「学校図書館は，今日の情報と知識を基盤とする社会で生きるための基礎となる情報やアイデアを提供する。学校図書館は，生徒たちに生涯学習のスキルを備えさせ，責任ある市民として生きることができるような想像力を育てる」と述べている。どのような国においても，学校図書館が生徒たちに，生きるための情報やアイデアを提供し，生涯学習のスキルと想像力を育てる必要性を強調している。

　生涯学習のスキルとしての読書は，家庭や学校を通じて教えられ，自律的に読書ができるようになれば，今度は自己教育の方法としての読書へと発展する。

　また，発達に応じた読書教育という点で，日本の子どもの読書活動推進に関する法律（2001年）では，家庭，地域，学校を通じた社会全体における取組と子どもの読書活動を支える環境の整備が重視される。

　「子どもの発達の段階に応じて，子ども自身が読書の楽しさを知るきっかけを作り，読書の幅を広げ，読書体験を深めるような機会を提供するとともに，そのための環境作りに努めることが必要である。あわせて，子どもが読書活動に関心を持つような本を身近に整えることが重要である。このような観点から，国及び地方公共団体は，子どもの自主的な読書活動の推進に資するため，家庭，地域，学校において子どもが読書に親しむ機会の提供に努めるとともに，施設，設備その他の諸条件の整備・充実に努める」

　学校教育の中でしっかりと読書教育を行い，親や教員が読書教育の理解を深めることができれば，家庭と学校はもっと多くの読書好きを増やし，次第に人間として成長し，自律した読者を育てていくことができるのではないだろうか。

　本書は，編者が2015年に刊行した『読書教育の方法―学校図書館の活用に向けて』（学文社）をベースにし，直近の資料をふまえた内容を盛り込み，新たに刊行するものである。各章の執筆者にも同書の内容についての加筆修正をお願いした（ただし，執筆者の意向で若干の変更に止めた章も存在していることを了解

されたい）。

　読書教育の環境は，近年大きな変化を迎えている。その変化を次にのべたい。

　第一に，読書振興活動の発展である。

　2000（平成12）年の「子ども読書年」以後，2001（平成13）年には「子どもの読書活動の推進に関する法律」が，2005（平成17）年には「文字・活字文化振興法」が施行されて，成人の読書活動の推進の必要性も提起された。さらに，2009（平成21）年の国民読書年を経て，全国の都道府県でも「子どもの読書推進計画」が積極的に作成されるようになってきた。

　このような読書振興活動の背景には，読書活動の教育的意義を知る多くの関係者の努力があることはいうまでもない。

　また，子どもの読書活動の推進に関する基本的な計画が，2002（平成14）年第一次計画，2008（平成20）年第二次計画，2013（平成25）年第三次計画，2018（平成30）年第四次計画に続き，2023（令和5）年の3月に第五次計画が提出された。第五次計画では，第一に，不読率の低減，第二に，障害のある子どもや日本語指導を必要とする子どもなど，多様な子どもたちに対応した取組を含む多様な子どもたちの読書機会の確保が目標とされている。さらに，第三に，デジタル社会に対応した読書環境の整備である。そこでは，GIGAスクール構想等の進展を踏まえ，学校図書館と公共図書館のデジタル・トランスフォーメーションの発展，学校図書館と公共図書館との連携，児童・生徒の発達段階や状況に応じた紙媒体と電子媒体等の柔軟な選択ができるような学習環境の形成が求められている。最後に，子どもの視点に立った読書活動の推進として，子どもの最善の利益を実現する観点から，子どもの年齢や発達段階に応じ，子どもの意見の反映が求められることとなった。

　特に，学校図書館については，2022（令和4）年度〜2026（令和8年）度までの第六次「学校図書館図書整備等5か年計画」の策定に伴う整備を進め，学校図書館図書標準の達成や計画的な図書の更新，学校図書館への新聞の複数紙配備，そして，司書教諭・学校司書の配置等を推進し，学校図書館の整備充実に努めることが求められている。

　学校図書館の整備充実という点では，2014（平成26）年に「学校図書館法改正」が行われ，学校司書の配置に努めることが求められるようになり，2016（平成28）年には，「学校図書館ガイドライン」が発表され，学校図書館における基本的な運営事項の望ましい在り方が示された。

　第二に，学習指導要領の大きな変化である。

　平成20年度及び21年度に公示された学習指導要領の目標では，「生きる力」を育むことを目指し，基礎的・基本的な知識及び技能を習得させ，これらを活用して課題を解決するために必要な「思考力，判断力，表現力」等を育むとともに，主体的に学習に取り組む態度を養うことを重視している。この学習指導要領では，各教科等を通じて「言語活動の充実」を図ることとし，言語に関する能力の育成に必要な読書活動を充実することを定めた。また，近年の情報通信技術の発達が子どもの読書環境にも大きな影響を及ぼすことから，新しい情報通信技術を活用した読書環境の拡大の必要があるとしている。さらに，小学校から高校にいたるまでのいずれの学習指導要領においても，学校教育における「学校図書館の活用」が指摘されている。

　さらに，2017（平成29）年の新しい学習指導要領の改訂後，2020（令和2）年には小学校指導要領の実施，2021（令和3）年に中学校指導要領の実施，2022（令和4）年高等学校指導要領の実施が続いた。この学習指導要領の改訂では，「何ができるようになるか」と「何を学ぶか」という視点から「社会に開かれた教育課程の実現」や，言語活動の充実に加えて「国語科」と「外国語活動・外国語科」を含めた言語能力や情報活用能力の向上，そして現代的諸課題に対応する問題発見や「問題解決能力」の育成を求めるようになった。また，「どのように学ぶか」という視点からは「主体的で対話的で深い学び」として，「アクティブラーニング」のような指導の工夫がすべての教科において求められている。知識を習得するだけではなく，探究と活用の学習を通じて深い知識の習得が目指されている。2022年の小学校で，小学校3年生でプログラム学習や外国語活動の導入が行われ，コンピュータ教育や言語教育の低学年での実施が始まった。

　また，新たな学習指導要領の実施とともに，教育に近年大きな影響を及ぼし

ているのが「教育振興基本計画」の策定である。2023（令和5）年の第4期計画（2023〜2027）は，「2040年以降の社会を見据えた持続可能な社会の創り手の育成」と「日本社会に根差したウェルビーイングの向上」を目指し，5つの基本的な方針の中に，グローバル化する社会の持続的な発展に向けて学び続ける人材の育成や地域や家庭で共に学び支え合う社会の実現に向けた教育の推進，そして「教育デジタルトランスフォーメーション（DX）」の推進をあげている。

　特に，学校教育へのデジタル機器の導入や電子教科書の活用などの「デジタル化」は，学校図書館のありかたを大きく変えつつある。2020（令和2）年以後の新型コロナウイルス感染症（COVID-19）の流行（コロナ禍）は，学校教育のデジタル化を急速に進めた。2020年1月にWHOが国際的な非常事態宣言を出し，4月には日本全国に緊急事態宣言が発出された。この非常時の状況で，全国の学校は，自宅で学べるオンライン授業の体制を整備し，文部科学省もICT環境の整備を行っていく。文部科学省は「GIGAスクール構想」を打ち出し，児童生徒1人1台の端末の提供と大容量高速ネットワークの整備を進め，2021（令和3）年度をGIGAスクール元年として位置づけた。

　第三に，世界の読書教育の発展である。

　2015（平成27）年，国際図書館連盟（IFLA）は，「学校図書館ガイドライン」（IFLA School Library Guidelines）を発表した。この第4章2節では，学校図書館について次のような教育的役割を述べている。

　「学校図書館の教育的役割は，その施設に反映されるべきである。現在，多くの学校図書館は，『参加型文化』（participatory culture）への利用者の参加に応えて，『ラーニングコモンズ』として設計されつつあり，利用者の役割を情報の消費者から情報の創造者にまで広げる方向にある。図書館ラーニングコモンズは，従来の学習と研究のスペースに加え，情報からの生成物の創造に必要な施設や設備を提供している」（IFLA, 2015, p. 32）。

　新たな学校図書館の建設やこれまでの学校図書館がそのリノベーションに合わせて設計される際に，「ラーニングコモンズ」が設置される傾向があり，学校図書館の利用者の位置づけもまた，単なる情報の消費者ではなく，知識や情

報の創造者になりつつある。

　学校図書館を新たにラーニングコモンズとして位置づけることの積極的意味は，これまでの学校図書館が「学習のハブ」，つまり学校全体での学習の中心として重視されるようになること，あるいはそこで行われる学習活動が個人的な読書活動から，「アクティブラーニング」を含めた協働学習の実践，交流を通じた学習につながるからである。

　そして最後に，読書教育において，社会とのつながりや社会参加が重視されるようになってきた点である。これまでの読書指導も，読者の発達に応じて習得型学習から探究型学習，活用型学習のための社会参加の工夫は行われていた。学習者の社会的発達に応じた読書教育は，「参加型文化」や「社会に開かれた教育課程の実現」というベクトルを含め，コンテンツ，リソースやスキル，プログラムにも社会参加を促すような内容が求められる。

　学習の環境に関わる世界の革新的な実践事例をまとめた OECD の報告書『学習の環境』は，学習環境を学校だけに限らず，地域そのものを学習に関わる「エコシステム」（生態的組織）として広く捉えている。つまり地域で展開される教育環境を大きな学習の生態系とみなし，動態的で形成的な生きたシステムとしてその変化を追う。そこでは，教育の核が次の 4 つのポイントから考察される。「学習者，教育者，コンテンツ（学ぶべき知識や言語，文化と知識）とリソース（教材，デジタル資源，人的資源）」である（立田監訳，2023，351ページ）。

　学校図書館が学習者の社会参加を促すためには，学習者だけでなく，教育者が地域と関わり，地域のコンテンツとリソースを提供し，充実させていく必要がある。新たな教育課程で重視されている「社会に開かれた教育課程」においては，次の 3 つが重視されている。

　「(1) 社会や世界の状況を幅広く視野に入れ，よりよい学校教育を通じてよりよい社会を創るという目標を持ち，教育課程を介してその目標を社会と共有していくこと。(2) これからの社会を創り出していく子供たちが，社会や世界に向き合い関わり合い，自らの人生を切り拓いていくために求められる資質・能力とは何かを，教育課程において明確化し育んでいくこと。(3) 教育課程の実

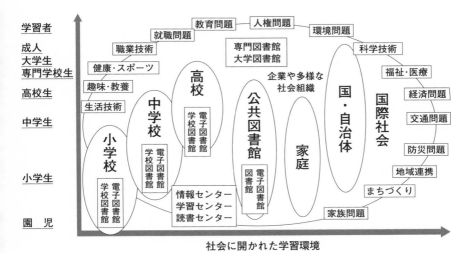

図1　子どもの発達と社会に開かれた学習環境

出所）筆者作成

施に当たって，地域の人的・物的資源を活用したり，放課後や土曜日等を活用
した社会教育との連携を図ったりし，学校教育を学校内に閉じずに，その目指
すところを社会と共有・連携しながら実現させること」（中央教育審議会答申，
平成28年，pp. 19-20）。

　つまり，学校図書館が家庭や地域社会，そして公共図書館を含む多様な公的
組織や民間組織からコンテンツやリソースを得るとともに，そのコンテンツや
リソースを子どもたちの人間形成のために教育課程や方法に適用し，学校教育
を学校内に閉じた教育課程とはせずに，いっそうオープンな目標を設けて，社
会との学習内容や方法を共有して連携していくことが求められる（図1）。

　公共図書館や学校図書館における電子図書館の設置が重要な役割を担ってい
く。一般社団法人電子出版制作・流通協議会の「電子図書館（電子書籍サービ
ス）実施図書館（2023年）」によると，2023（令和5）年4月1日現在における
電子図書館サービス実施自治体は，501自治体で，電子図書館数は396館となっ
ているが，その数は年々増加傾向にある。電子書籍が高価な状況では，ひとつ

の学校図書館単体でそのサービスを行うことは難しく，公共図書館による学校図書館への電子サービスが学校図書館の電子サービスを担うことになる。

　また，教育者と学習者がその電子サービス，デジタル情報を利用する力，デジタルリテラシーや情報活用能力の向上も求められる。1970年代から主張されてきたメディアリテラシーや情報リテラシーに加えて，ICT を活用し電子情報を読み取る力としてのデジタルリテラシーの向上である。デジタルテクノロジーは，人工知能（AI）が教育の場に入り，教科や学習スキルを学ぶソフトウェアが日常的に使用され進歩していく。知識や情報を収集し，整理し，活用し，解釈して新たな知識を創造する力が求められている。

　IFLA の学校図書館ガイドラインでは，13番目の提言に，学校司書の重要な指導活動としてリテラシーと読書促進，教師の専門能力開発の支援，メディアと情報リテラシーの指導，探究型教育，そしてテクノロジーの統合をあげている（IFLA, 2015, p. 11）。テクノロジーの統合とは，紙媒体と電子媒体のコンテンツやリソースの利用技術の統合を意味する。

　紙媒体を活用する学習とデジタル媒体の統合的な利用による学習の場に学校図書館がなっていく状況が進みつつある。教室における学習に加えて，多様な学習を行うラーニングコモンズとしての学校図書館が学習のハブとしての役割を果たす学習環境において，「主体的で対話的で深い学び」を学校図書館でどのように指導し，学習者の交流や社会参加につなげていくかがこれからの読書教育の大きな課題である。

　本書の対象は，学校の読書教育が発達に及ぼす影響について学ぼうとする人々や読書活動に関わる人々，学校教員，司書教諭や学校司書，図書館担当職員，学校図書館ボランティアを対象としている。読書教育の考え方や学校図書館活用のための多様なヒントを提供することをそのねらいとしている。

　本書は，4部から構成される。第1部では，読書教育とは何か（1章）という問いと読書教育の担い手（2章）について述べ，全体的枠組みを提供する。第2部は読書教育のための学校環境作りに焦点をあて，学校図書館の歴史（3章）を概観し，総合的な読書環境づくり（4章）について，学校と地域との連

携（5章）をとりあげる。第3部では，具体的な読書教育の方法として，就学前の読書教育（6章），学校が進める読書活動（7章），教科で行う読書教育（8章），小学校の読書（9章），中学校・高校の読書教育（10章），特別支援教育を中心にした発達を支える読書（11章）を，最後の第4部では，電子書籍の発展を論じた読書環境の創造（12章）と諸外国の読書教育を概観する13〜15章から読書教育の世界の変化を紹介している。

参考文献

ミーク, M. 著，こだまともこ訳『読む力を育てる：マーガレット・ミークの読書教育論』柏書房，2003

ユネスコ学校図書館宣言
https://ifla.org/publications/ifla-unesco-school-library-manifesto-1999/）（最終閲覧日：2023年8月29日）

独立行政法人国立青少年教育振興機構「子どもの読書活動と人材育成に関する調査研究【教員調査ワーキンググループ】報告書」2013

IFLA, "IFLA School Library Guidelines", 2015
https://ifla.org/wp-content/uploads/2019/05/assets/school-libraries-resource-centers/publications/ifla-school-library-guidelines.pdf（最終閲覧日：2023年5月30日）

シュルツ＝ジョーンズ, B. A. ＆オバーグ, D. 編著・公益社団法人全国学校図書館協議会監修，大平睦美・二村健編訳『IFLA学校図書館ガイドラインとグローバル化する学校図書館』学文社，2016

OECD教育研究革新センター・立田慶裕監訳『学習の環境：イノベーティブな実践に向けて』明石書店，2023

中央教育審議会答申「幼稚園，小学校，中学校，高等学校及び特別支援学校の学習指導要領等の改善及び必要な方策等について」文部科学省，2016

一般社団法人電子出版制作・流通協議会「電子図書館（電子書籍サービス）実施図書館（2023年）」2023，https://aebs.or.jp/Electronic_library_introduction_record.html（最終閲覧日：2023年5月30日）

立田慶裕編『読書教育の方法──学校図書館の活用に向けて』学文社，2015

2023年9月吉日

立田　慶裕

目　次

第3部　読書教育の方法──学校図書館の活用

第6章　就学前の読書教育

　　　──本に親しみ，言葉を知る…………………………………87

第４部　読書教育の未来に向けて

第1部
読書教育とは何か

第1章

発達に応じた読書
――読書教育の環境づくり

<hr>

1. 読書教育とは何か

(1) 読書教育と読書指導

　読書教育についてこれまでまとめられた最も体系的な書としては，日本子ど
もの本研究会が，幼児から中学生までの読書教育について5巻本にまとめたシ
リーズがある。このシリーズでは，それまで用いられていた「読書指導」とい
う用語を，読書の指導は国語教育に限らない，図書の利用指導に限定されない，
大人が一方的に教養的なものとする教養主義的なものには限界がある，といっ
た理由から「読書教育」という概念を用いた。

　その読書教育という考え方を採用した理由として，増村王子は，「読書が一
人ひとりの子どもの全面的な成長発達と切り離せない深い関わりをもつ」こと
をあげている。特に，発達段階にそった系統的な見通しの中で，読書の活動を
進めながらも，「教育」という用語を用いる理由として，次の6点をあげてい
る（日本子どもの本研究会，1988，6ページ）。

　① 読書は，他人に強いられたり命令されたりするものではなく，主体的，
創造的な精神のいとなみである。まず子どもの心を開放し，自由な雰囲気の中
で，のびのびと読書させたい。

　② 読書とは，ことばや文字という抽象化されたものから，自分で頭の中に
具体的な映像を作り出す精神の働きである。その積み重ねによって物事を正確

に順序立てて考えるあらゆる学習の基礎がつちかわれる。

　③　本に書かれた内容をどう読み取るか，どう感じるかは個々の子どもの自由である。大人がはじめから答えをきめてかかるべきではない。結論も自分で発見すべきで，外から性急におしつけてはならない。

　④　読書教育では，能力や成績によって差別されることがない。どの子も自分に適した本を選んで読書を楽しむことができる。

　⑤　読書は，楽しく自由な創造の世界だが，たとえば長編を努力して読みとおすというような訓練的要素も含まれる。

　⑥　読書教育の中で基本的なことは，学校教育の中で時間をきめてきちんと行うべきだが，それだけで終わるものではなく，もっと広い，子どもの自由な読書活動の場である家庭や，他の読書施設などと提携することによって習慣化を図りたい。

　本書でもまた，これらの要件を踏まえて「読書教育」という言葉を用いることにしたい。読書活動が学習者中心の行動であるとしても，そこに教育者の意図や支援を含めていくことによって，教育活動として位置づけることが重要なのである。

(2) 読書の力の発達

　まず，読書活動自体が，読書についての知識やスキルの向上を伴いながら，発達していく営みである以上，どのように支援していくかという方向性が必要となってくる。たとえば，読書力の発達に応じた読書の楽しみについて，亀村五郎は，『読書指導』（12-13ページ）の中で，次のような喜びがあるという。

　　１）ひとりで文字や絵をよみとって，心を動かしたり，知識を得たりする喜び
　　２）他人に本を読み聞かせてもらい，心を動かしたり，知識を得たりする喜び
　　３）一冊の本を，読みとおしたことの喜び
　　４）感想を発表しあったり，感想を表現したりする喜び
　　５）読書を他人に評価してもらう
　　６）ひとりで本を選び，良書にめぐりあう喜び
　　７）他人に本をすすめたり，他人から本をすすめられたりする喜び

8）次に読みたいと思う本を，心に持つ喜び
9）本の内容を，生活の中に持ち込んだり，自分の生き方について，考えたりした喜び
10）学級文庫や，学校図書館の本を，整理したり，貸し出したりする仕事の喜び

　また近年では，吉田新一郎が米国の多様な読書法を参考にして，読書による理解の発展をA〜Cの三段階に分けている。

　彼は，A（言葉・漢字，文章の構造，指示語が指すもの，文章の要旨，作者のねらい）が表面的理解の段階であるのに対し，Bの段階（関連づける，質問する，イメージを描く，推測する）やCの段階（解釈する，評価する，批評する，自分に活かす）といったより深いレベルの理解が読書には必要であるという（吉田，2010，33ページ）。

　以上のような子どもの発達に沿った読書と，読書の知識やスキルの発達という視点を考えていくことにしたい。

(3) 読書教育の環境を作る

　さらに，読書教育を考える上で，学校教育の学習環境の中に読書をどう位置づけるかという問題がある。この点については，近年OECDによる学習環境に関する研究成果として，『学習の本質』が参考となる。同書の中では，まず，学習について，次の7つの原理を前提に環境を形成することが重要としている。

1．学習者を中心とする：学習環境は学習者をその中心的な参加者として受け入れ，学習者の能動的取り組みを助け，学習者自身の活動の理解を促していく。
2．学習の社会性を重視する：学習環境は学習の社会性を基礎とし，能動的にうまく組織された協同学習を促す。
3．感情が学習にとって重要である：学習の専門家は，学習の動機付けや達成感の重要な役割を学習環境に上手に組み入れる。
4．個人差を認識する：学習環境は，既有の知識を含め学習者の個人差に敏感に適応できるようにする。
5．すべての生徒を伸ばす：すべての生徒たちにとってあまりに難しい問題ではないが，ある程度難しい課題や問題を求めるプログラムを学習環境で工夫する。

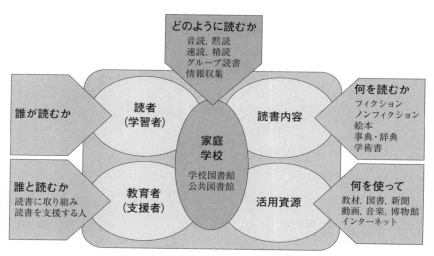

図1-1　読書教育とは

6．学習のアセスメントを活用する：学習環境は明確な期待を伴って動くので，教育期待に応じたアセスメント戦略を用いる。学習を支えるためには，形成的なフィードバックが重要である。
7．水平的な関係を作る：学習環境は，知識の領域と教科の間でも，そして地域社会と一層広い世界との間でも「水平的なつながり」を強力に産み出していく（OECD，2013）。

　さらに，学習の環境は，学校という組織を中心に，学習者，教育者とともに，学習の内容と学習の資源という5つの要素によって構成されていると考える。これを読書教育についてあてはめてみたものが，図1-1である。この図は，学校だけでなく，家庭や図書館もまた読書教育の場という要素に加えて，誰が（読書の主体），誰と（読書の支援者），何を（読書の内容），何を使って（読書の資源）読書活動を行うか，という読書教育の環境を示している。この5つの要素に加えて，読書教育の方法という6つめの要素，どのようにして読むかが加わる。第2章以降では，このそれぞれの要素を発達段階に即して考えることとなる。その前に，読書そのものの教育的意義について述べておこう。

2. 読書の意義

(1) 体験とイメージとことばの力

　子どもが生まれてから言葉を覚え，読書を通じて心を形成していく過程については，ブルーナーの研究が大きな参考となる。ジェローム・ブルーナーは20世紀を通じて，人間の知性と感情の基礎，つまり心がどのように育つかを探究したアメリカの認知心理学者である。彼は，ロシアの心理学者であり言語学者でもあったレフ・ヴィゴツキーの「最近接発達領域」（zone of proximal development）やジャン・ピアジェの発達心理学からヒントを得て，子どもが発達する上での「足場作り」（scaffolding）の重要性を指摘した。

　最近接発達領域とは，「自分の思考を系統だてるのに，独力でできるようになるまでは，手がかりを使ったり他者の援助を利用したりしてそれをする，その子どもの能力に存在する」ものである。子どもは，「他者の援助を利用することによって，自分のコントロールの下に意識やパースペクティブをおさめ，そうやって『より高次の基盤』に達する」（ブルーナー，1993，227ページ）。新しい高次の概念の獲得が，低次の概念の意味を変えていく。代数の概念を知れば，算数の概念をより広い視点からみることができるようになる。ピアジェの発達観がきわめて静的であるのに対し，ヴィゴツキーはより機能的な発達の考え方をもたらしたのである。しかし，その「足場作り」の重要な教育的役割を強調したのがブルーナーであった。

　彼は，心の成長が次の3つの手段で行われると考えた。「心的成長の陰には，それよりもっとずっと豊かな光景があると私には思われた。人間は，世界に関する自分の知識を3つの仕方で表象する。ひとつは習慣や行為を通じて，すなわち，どうしたらいいかを知る。二つ目は心象を通じて，すなわち事象や関係の描写である。最後にわれわれは言語や数学のような象徴体系によって事物を表象し，それによって事物を『知る』。いかなる領域であれ，それを習得してゆくということは，ほとんどの場合，表象の3つの様式の使用を（典型的には，

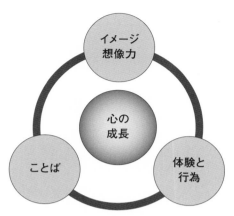

図1-2　知識の表現と心の成長

動作的表象から映像的表象を経て，象徴的表象へと進んでいく）含んでいた。実際，理解は3つの様式をすべて用いることによって深化されうる」（同上書，230-231ページ）。

　ブルーナーにとってこの3つの様式は，必ずしもどれかが絶対すべての子どもに有効ということではなく，もし，ある様式が他の様式より子どもにとって容易なら，子どもの援助は容易な様式から他の様式に進んでもかまわない。だから，実際の行為によってまず問題を習得し，それから絵や言葉へ進んでもいいし，絵や言葉を経験してから，イメージに移ってもかまわない。図1-2に示したように，この3つの様式は，読書という活動がもつ教育的意義を考える上で非常に重要である。

　彼は，この表象の様式のうち，動作的表象としての知識を行為や体験の習慣として保存すること，映像的表象はイメージでの保存であり，象徴的表現とは言語のような象徴体系による保存であると考えた。彼はまず，動作的様式があり，映像的様式，最後に象徴的様式がくると考え，その媒介となる文化の道具や，乳幼児の発達についての調査研究を行った。その過程でロシアの研究や言語学の研究を取り入れていった。

　なかでも，1950年代に言語の生成文法論で大きな変革を成したノアム・チョムスキーもブルーナーの言語発達論に影響を及ぼした。チョムスキーは，生得的な「言語習得装置（Language Acquisition Device）」が人にはあると考えた。しかし，ブルーナーは，その装置を作動させるための「言語習得援助装置（Language Acqusition Support System）」が後天的に備えられてこそ乳児は言葉の使い方を学ぶとし，そのための「足場作り」の重要性を提唱したのである。

(2) 子どもの発達に重要な読書

　ことば以前の段階から，ことばを用いたコミュニケーションの研究として，実際に母親と子どもの関係をみつめながら，母親による「言語的指示」や子どもの「注視」の観察などの研究を行う中で，ブルーナーが考えたのは，ことばの発達にとって重要な足場となる言語の行為である。言語の行為が行われるフォーマットの確立が発達には重要となる。その完璧なフォーマットとしてブルーナーは，親子の読書活動に注目した。フォーマットとは，親と子どもが言葉によって何かをなしとげようという意図を共有する課題である。その課題を，子どものできないことを，親がしてあげる。ひとたび子どもができるようになれば，以後は子どもがひとりでするようになる。親が本の中のお馴染みの絵を指示して命名する。その指示によって子どもは手がかり（足場）をえる。事物や事象を表す音声を理解する。子どもの足場として，親は注意を引きつけ，問いを発し，名称が分からなければ答えを教え，子どもは答えて確認する。言葉の力の発達にしたがって，親は次第に課題のレベルをあげていく。

　この読書というフォーマットによって，子どもは文化とその言語に関わっていく。言語的慣習の中で子どもは次第に自分の課題を作り出すようになっていく。自ら本を読み，言葉や文字を学んでいくのである。自分の課題を探求し，親子の反応，行為や相互作用の中へ言語を埋め込む様式が，言語習得援助装置として働くのである。

⑶　読書の効果

　新たな学習指導要領においては，学校が生きる力を児童・生徒に育てること
や，言語力の向上を目指している。読書は，言語力を育てるだけでなく，生き
る力を身につける最も基礎的な方法でもある。生きる力は，OECD が提起し
た「キー・コンピテンシー」に対応する概念としている。キー・コンピテン
シーとは，振り返りの活動を中核として，道具を活用する力，自律的にふるま
う力，異質な人間関係の中で生きる力とされる。図1-3に示したように，読
書教育によって，これら3つの力をすべて育てていくことができる。

　また，生きる力は，英語で「zest for living」と表現されるが，この zest と
いう言葉には，熱意や意欲という意味とは別に，面白みや興味という意味もあ
る。道具としての読書だけではなく，遊び，楽しみとしての読書の働きも重要
である。たとえば，ブルーナーは，意識の理論には，トラブル理論と zest 理
論があるとした（ブルーナー，邦訳1993，325ページ）。前者が問題解決のための
意識の機能を説明するのに対して，後者は道具としてだけではなく，人生の装
飾品としての意識をもつことにも価値があるというのである。読書の楽しみは，
一生の財産となるからである。

図1-3　読書の効果：生きる力を育てる

3. 発達に応じた読書教育の方法

　生きる力となる読書についての知識やスキル，そして読書を楽しむ態度をどのようにして身につければよいか，特に，子どもたちの発達に応じて，教育者はどのように読書教育を行えばよいか。まずは教育者として学習者の足場を作り，学習者が自立的な読書を行うようになれば，今度は支援者としてその自発性や自律性を尊重し，いろんな資源や道具，内容を提供できるようにし，高度な読書そのものの知識やスキル，体力を身につけていくように配慮する。各段階のポイントを整理しておこう。

(1) 就学前期
【乳幼児期の特性】

　出生後，小学校に行くまでの就学前期は，乳幼児期と呼ばれる。この時期は，基本的な生活習慣が身につく時である。この時期には，親や家族との安定した情緒的つながりが大切であり，人間への信頼関係の基礎が作られる。同時に歩行や食べること，排泄の躾けによって自立的に行動できるようになる。また，話すことと同時に，人や事物へのいろんな好奇心から単純な概念が形成され，生活のルールを学びながら善悪の判断がつき良心が生み出される。

　こうした発達を支える上で，家族の支援が不可欠となる。親が愛情いっぱいの語りかけをしたり，物の名前を指示しながら教えたり，遊びを通じていろいろな体験をしていくことが発達を促す。幼児期には，集団生活の過程で，親以外の大人や他の子どもたちとの関係，自然や動植物との関係を作りながら，その子ども自身の自立性や好奇心，人や命への思いやりや物の大切さ，広い世界のことを育み，学んでいくことが必要となる。

【読書指導の工夫】

　乳幼児期の読書にとって，家族は大きな役割を果たす。語りかけから，絵本を使った読み聞かせを親が自発的に，継続的に行える工夫が必要となる。その

ためには，地域の公共図書館が，出生前後の親を対象に絵本の選び方や読み聞かせの方法を学ぶ講座を開設したりする。すでに多くの自治体では，0歳児，3歳児健診の際に本を配布するブックスタート事業が行われているが，絵本の楽しさと親子のふれあいの機会を，公共図書館でも提供していきたい。親が乳幼児と気軽に利用できる「赤ちゃんタイム」やお話し会，絵本の楽しさを大人も学ぶ講演会，育児のための図書館利用の促進，保育園や幼稚園，児童館，家庭文庫との連携によって，親が家族とともに読書を習慣化する工夫が重要となる。「家読」（うちどく）や「ファミリーブックタイム」運動によって，大人が子どもと読書を楽しむ環境を就学前から作り出していくのである。

⑵ 小学校低学年

【低学年の特性】

学校への入学と同時に，子どもは学校や教師との出会いの時を迎える。そこで，ことばだけでなく文字を習い，読み書き算の基本的能力を身につけるとともに，遊びを含む身体的能力や学習態度の基礎が培われる。特に重要な点は，集団生活や家庭生活の中で，依存から自立への大きな飛躍が行われる時となるため，自分がどれだけのことができるか，自信や有能感が育まれる時期となる。学校での組織的な教育の中で目標のために活動するということを考えるようになり，規則的な活動の中で社会のルールを覚え，勤勉性も養われる。ことばや文字，概念の発達が飛躍的に進む。高学年の子どもたちや地域の人びととの交流が進むと，教師を含めて，親以外の模範となる人びと（重要な他者）との出会いの時期となる。他方，教師にとっては父母との出会いや学校への父母の参加を促す時ともなる。

【読書指導の工夫】

まず，字を読め，文字を書けるようになっても，親は子どもとの読み聞かせを続けたい。物語の内容やことばを深く理解し，学校への適応を進める上で，読み聞かせの機会は重要となる。物語性のやや複雑な本に出会う時期でもあるが，一方で，やさしい読み物を，楽しんで読もうとする習慣を身につけ，生活

や学習に必要な情報を見つける力を育てる。

　初めての学校での読書環境は，その後の読書人生に大きな影響をもたらす。学校図書館や学級文庫で，低学年の子どもが喜ぶ本の選書基準として，渋谷清視は次のような点をあげている（渋谷清視『小学校低学年の読書教育』1988, 205-208ページ）。

　　① 魅力ある主人公の行動を描くなかで，幼年期の子ども特有の健康な生活感情が，のびやかに，ぴちぴちと表現されているもの（『くまの子ウーフ』や『ロッタちゃんのひっこし』など）

　　② こどもたちの脳裡に，あざやかな美しいイメージを植え付け蓄積するもので，そのことを通して，こよなく美を愛する心を，はぐくむのに役立つ作品（『モチモチの木』や『かさじぞう』など）

　　③ みずから考え判断して，自主的・自発的に行動するさまを描き，それがたとえ失敗しても，屈することなく繰り返してチャレンジする主人公像を，あざやかに造形してみせるもの（『龍の子太郎』や『小さい魔女』など）

　また，お話し本だけではなく，絵入りの多様な領域の本があることを紹介する。いろんな事典や伝記，科学書，ドキュメントなど本の世界の広さと楽しさを体験することがこの時期の子どもの大きな好奇心を育てる。一方，図書館利用の基本的なスキルとして，本の探し方や図鑑の読み方を教えていくプログラムを提供する。

(3) 小学校中学年

【中学年の特性】

　幼児期のバランスの悪い体型から均整がとれた体型に変わり，子どもたちの関心がどんどん外へと向かう時期である。自転車で遠出をするなど活発な行動を伴う時でもある。集団活動に入り，かつてはギャングエイジと呼ばれた時期だが，遊び場がなくなり，集団で遊ぶ機会が少なくなる現代では，人間関係力をつけることがむずかしいという課題をもっている。また次第に授業について

いけない子が現れ，4年生の頃のつまずきがずっと後にまで尾を引くこととなる。ところが，テレビやテレビゲームだけではなく，塾やおけいこごとに行く子どもたちも増え始める。読み書き能力の点でも，何でも書けばいいという低学年ではなく，中学年では，書く前にテーマを設定し，あらかじめ文章の構想をもつ考える力が求められるようになる。読書も，絵本から文字や活字への移行の時期にあたる。書きことばをしっかり獲得し，抽象的な概念を少しずつ学ぶ時期である。

【読書指導の工夫】

読書の量と範囲を広げ，学習や生活に活かす習慣を身につける。物語本だけではなく，伝記や科学書などさらに幅広い領域の本や，新聞や事典・辞典，地域の資料などの資料を収集・整備し，自分で調べる学習に役立てる力を育てる。図書館利用のスキルとしては，分類の仕組みや辞書の引き方，本の構成などを教える。

中学年以上になると，次第に読書の時間が減少していく可能性がある。その条件も含めて，読書離れが進行するため，教員だけではなく，家庭も参加した読書指導が必要となってくる。家庭における読書環境を育てるためには，PTAを活用した図書委員会活動を積極的に進めていきたいし，地域の他の図書館，博物館，美術館など多様な教育施設との連携により，資料の利用法を工夫する。

(4) 小学校高学年

【高学年の特性】

小学校高学年の子どもは，知的にも身体的にも急速に成長する。身体的な発達に伴って多くの体験をする機会も増えるだけではなく，知的には脳の発達が言語力を大きく伸ばす機会でもある。長時間の読書にも耐えられる読書の体力が向上するし，語彙も豊かになり，抽象的，論理的な思考もできるようになるので，想像力も大きく発達する。

他方，中学年からは，塾やけいこごと，スポーツ活動に使う時間も増えるた

め，読書の時間が少なくなり，読みたくても読めないという環境が生じてくる。しかし，読める時間が少なくなっても，読みたいと思う子どもが減ったわけではない。そこで短い時間でも読書を行える機会を作るという，読書指導のさらなる工夫が必要となってくる。

　同時に，この時期の子どもたちには，異性への関心も高まり，大人の世界への参加の欲求も高まるため，青年期に備えて仕事や家族について考える機会を増やして社会性を発達させていく必要がある。

【読書指導の工夫】

　そのためには，読書を通じて，他者や地域と関わる参加の機会を増やすような方法を導入していきたい。学習者として成長した子どもたちに，読書を通して，知識を増やし，心情を豊かにし，考える力を育てる。特定の作家やテーマへの集中，自分にとって大切な本の選択や嗜好性が強まる時期であるから，多様な領域，フィクションに限らずノンフィクションも，社会科学から自然科学へと，広く，深い領域にわたる本の紹介を行っていきたい。子どもたちそれぞれの個性や関心に応じた読書指導が重要となってくる。教師自身がテーマを設定したブックトークを行うことによって体系的な読書への道を開く。また，高学年は，継続的な読書や，体系的な読書習慣が身につくなど，読書の体力が大きく伸びる時期となるので，長編小説やシリーズ本の紹介も有効となる。

　この段階では，読書を含めた学習の資料を学習の目的に応じて，積極的に活用する力を育てることが重要となる。その点で，社会性を身につけるとともに，自分の読んだ本を人に紹介することによって，表現力を高めることもできるので，生徒同士でのブックトークの機会も作りたい。また，高学年から低学年への読み聞かせを行うプログラムは，児童や生徒自身の読む力，話す力を高めるだけでなく，本の理解を深め，小さな子どもを教える機会を提供することができる。高学年でも絵本を読むことへの抵抗感をなくすチャンスとなる。

　他方，高学年になると，集中力もたかまると同時に身体的・精神的にも不安定な時期となる。そこで，読書環境としては，落ち着いた読書の時間を確保する工夫も重要となる。

⑸ 中学生から高校生

【中学生・高校生の特性】

　中学生から高校生にかけての時期は，自分の将来や生き方を考えはじめ，自立性が大きく育つ時期である。また，身体だけでなく感性や理性，そして社会性も急速に伸びるので，成人や地域との橋渡しとなる読書環境を公共図書館と協力しながら整備する必要がある。求められる知識や情報の量と内容も学校図書館だけでは応じられないほど広く大きく，深くなる。同時に，学校環境としては，専門的な教科学習が主となり，読書を継続的に指導する担任がいなくなるため，学校での読書の時間がさらに減少する傾向にある。放課後も部活や塾の時間にとられ，家庭では受験勉強の比重が増すため，一日にまとまった読書時間を取るのがさらにむずかしい環境になる。

　特に，小学校高学年から中学生，高校生にかけての読書活動の特徴は，テレビや映画などのマス・メディアと連動した作品が好まれる点にある。

【読書指導の工夫】

　小学生の時の読書体験が豊かな子どもとそうでない子どもの差が大きくなるため，読書体験の貧しい生徒にも基本的な読書の力や図書館利用と学習のスキルをつけていく指導が必要となる。また，個性にあった自主的，自律的な読書活動とともに，その社会性の向上に応じて，地域の社会参加と結びついた読書活動のプログラムを考える。部活動や受験が中心になる傾向に対しては，朝読（朝の読書）などで読書の時間を確保し，読書の習慣化を図るとともに，いっそう授業と連携した読書指導や進路選択に関わる内容の選書が重要となる。一方，十分な知識の量やその深まりに応じて，読書の体力がつくように，自分で本を選び，読み，内容を理解して発表したり，「書くこと」を通じて表現する機会を増やす。思考力，判断力，表現力を育てるため，読書を通した言語力の育成がどのような教科の学習にも役立つことを知っておきたい。科学的な根拠を用いる論理的思考と他者を思いやる心，計画力や問題解決力につながる物語的思考が読書によって育つのである。

　また，学校図書館の情報センターとしての機能が小学校以上に重要となるた

め，生徒たちが ICT を含めた多様なメディアの総合的な活用が図れるように
し，情報収集・整理・活用のスキル向上やその活用を図る支援が求められる。

4.　読書が育てる心と文化

(1) ことばと体験とイメージ

　ブルーナーが述べたことばと体験とイメージへの配慮は，乳幼児期から重要
となる。たとえば，長田弘は，優れた絵本には 3 つの条件があるという。それ
は，古くて年取ったもの，小さいもの，大切なものの 3 つだという。有名な
『ごんぎつね』には，おばあさんや古くからの言い伝え，小さなきつね，そし
て魚やきつねの命という大切なものが三原色となって現れ，子どもたちが惹き
つけられていく。恋愛小説を読むとき，青年と大人では体験によってまったく
違った意味をそこから読み取る。絵本や図鑑のイメージは，ことばや概念を形
づくる。読書は多様な形で，人それぞれに新たな体験と心を育て，社会の新た
な文化を育てていく。

(2) 読書教育と情報処理教育

　また，中学生や高校生になって重視される情報教育について考える時には，
長田弘の次のことばに注意したい。「読書と情報は，一見とてもよく似ている。
似ているけれども，お互い似て非なるものです。読書は情報の道具ではないし，
情報によって読書に代えるというわけにはゆかないからです。簡単に言ってし
まえば，読書というのは『育てる』文化なのです。対して，情報というのは本
質的に『分ける』文化です」（長田弘，2006，197ページ）。
　では，分ける文化と育てる文化を繋ぐにはどうすればよいか。長田はこの 2
つの文化を結ぶつなぎとして，「蓄える」場所としての図書館の重要性を指摘
する。
　しかし，この蓄える文化についても，ひとつの反論がある。それは，ブルー
ナーがいう知識の生成性である。「知識とは，たくわえではない。科学や数学

において『学ぶ』ことの大半は，すでに『知って』いるものだ。多くの場合『学習』は，現在考えていることを超えて進むために，すでに知っていることをいかに使うか，その方法を見つけ出すことである。それをするには，いくつものやり方がある。（中略）あるものがどのように組み立てられているかを知ることは，それについての無数の事実を知ることにも値する。それによって，それを越えて進んでいくことができる」（ブルーナー，1993，297ページ）。

　子どもたちが知識を単に記憶するのではなく，新たな知識を生成し，活用することができるような読書教育の環境づくりが今後は求められる。

参考文献

日本子どもの本研究会編『幼児の読書教育』国土社，1988

同編『小学校低学年の読書教育』国土社，1988

同編『小学校中学年の読書教育』国土社，1988

同編『小学校高学年の読書教育』国土社，1988

同編『中学校の読書教育』国土社，1988

亀村五郎『読書指導』百合出版，1975

ブルーナー，J. 著，田中一彦訳『心を探して』みすず書房，1993

長田弘『読書からはじまる』NHK 出版，2006

吉田新一郎『読む力はこうしてつける』新評論，2010

OECD 教育研究革新センター編，立田慶裕・平沢安政監訳『学習の本質：研究の活用から実践へ』明石書店，2013

第2章

読書教育の担い手

　子どもにとっての最初の読書教育の担い手は親である。幼い頃に親に抱かれて子守歌とともに，絵本や童話の頁に目をやった人は大勢いるであろう。時には親が物語を創ったり，「語り」をすることで，本のストーリーが子どもに伝わったという思い出のある人もいるに違いない。

　少し成長すると，保育所（園）や幼稚園の先生方から読書教育を受けることになり，子どもにとって世界が広くなるという経験が生じる。お話しの時間とともに，本読みの時間が活動プログラムに組まれる。

　学校に入学した子どもにとって，学校図書館での読書教育の指導者というならば，一般的には教員ということになるが，有資格者である学校図書館司書教諭だけでなく，資格はないが学校図書館を運営している学校図書館司書や学校図書館支援員と呼ばれるような担当職員がおり，加えて学校支援ボランティアのような支援者もいる。

　学校図書館以外の読書教育の場として活用されるのは公共図書館であり，公共図書館で働いている読書教育の担い手となると，図書館司書や施設職員などの職があり，さらに図書館を活動拠点にしている読書ボランティアも加えなければならないだろう。

　このように，人間の発達段階に応じて読書教育の担い手も変化するが，ここでは学校図書館における読書教育の担い手と考えられる人たちを中心とした読書教育の進め方について，さらに学校図書館専門職員が置かれている立場や読書教育で果たす役割等について述べていくことにする。

1.　読書教育と一般教職員

　すべての教員は，学校図書館を利用して読書教育を行うことが求められており，実際には，読書指導，読み聞かせ，調べ学習や総合的な学習の時間における図書資料の活用，「朝読」や「自由読書時間」などの学校をあげての活動があり，こうした仕事以外に学校図書館に関わる事務や学級文庫の管理といったこともある。

　教員が関わる読書教育は多方面にわたるが，基本となるのは読書指導である。読書指導は，「読み方指導」と「読解指導」に始まり，本や資料の見方，考え方，感じ方などを深く考えながら読み取るというレベルに発展するものである。「読むこと」の能力を養う指導であることから，国語科などの教科教育だけでなく，すべての教育課程で行われるべきものであり，全教職員が読書指導に取り組むことが期待されている。

　読書教育においては，「読むこと」だけでなく，「調べること」もあり，国語辞典や漢和辞典等の辞書類の助けやIT情報も必要であり，教育を支援するツールの利用法を子どもたちの身につけさせる指導も必要となる。

　読み聞かせは，学校生活の中で適宜実施される。朝読の時間や授業開始前，学級活動（ホームルーム活動）の時間，小・中学校での給食中や給食後のひととき，終礼の時間や下校前の学級活動，天候の問題や教員の出張や休暇等の理由で発生する学習内容や活動が定まっていない時間に，教員が聞かせたい本や子どもたちからのリクエストに応じた本を読み聞かせる。

　調べ学習や総合的学習の時間における図書資料の活用は，メディア活用の方法を学ばせることなどを通じて，子どもたちに自己学習力や自己教育力を身につけさせる機会になる。学級担任や教科担当の教員が，学校司書等の学校図書館専門職員と連携して取り組むべき課題でもある。朝読や自由読書時間などの全校一斉読書活動については，すでに多くの学校で取り組まれており，国立青少年教育振興機構調査では小・中学校で9割以上，高等学校でも約半数の学校

が実施していると回答している。また，一般教職員が子どもたちに問いを発することは学習を深めることにつながり，読書の幅を広げることにもなる。

　すべての教員が読書教育を進めていくために，学校には校務分掌としての読書教育推進体制が位置づけられ，学校図書館係が校務分掌として配置されて当該校の読書教育の中心となっている学校が多い。高等学校等においては図書館部とか視聴覚教育部といった部署に所属する場合もある。学校図書館係においては，学校図書館司書教諭（以下，司書教諭）等の学校図書館の専門的教職員が指導的立場に立ち，全教職員の協力を得ながら全校をあげての読書教育を推進することになる。

　学校図書館係の具体的な仕事内容については，次のようなことが考えられる。① 学校図書館（読書教育）に関わる年間計画の作成・提案，② 本の整理整頓，③ 本の修理，④ 新しい本の購入等である。

　学校図書館係が中心となって行われている学校行事には，読書週間，読書会や読書感想文コンクールなどがあり，また近年盛んに行われている「朝読」の時間や「自由読書時間」において，児童生徒の相談相手になったり，推薦図書を提示したりすることなど，仕事は広がっているのが現状である。学校図書館係が教員である場合は，学校図書館の環境整備を軸として職務に携わっている学校図書館司書（以下，学校司書）とは違って，読書指導に重点が置かれる。子どもたちの学習ニーズを把握し，必要とする本を司書教諭や学校司書に伝えたり，選書時に適切な判断をしたり，児童生徒の図書委員会の運営に関わったり，課外活動としての図書館クラブ活動を指導したりすることが多い。

2.　学校図書館の専門職員

　学校図書館で職務を行う専門職員を代表するのは司書教諭であるが，ほかに学校司書や学校図書館支援員（以下，支援員）などと呼ばれる学校図書館担当職員がいる。この学校司書や支援員は，多くは地域住民であり，学校図書館専門職員として考えられているが，資格に基づく身分を表す職名ではなく，職種

は学校事務職員もしくはボランティアであり，司書教諭と協力して学校図書館を運営する重要なスタッフである。実際に学校司書や支援員をみると，教員免許状や図書館司書資格を持つ人，相当実務経験を有する人がおり，図書館に対する専門的知識と技能を有し，教育委員会によって正規職員として採用されている人もいる。学校司書や支援員のような学校図書館担当職員の勤務形態や職務内容は，自治体や学校によってさまざまであり，実態としては現場に任されているのが通常である。要するに，制度的に整備されていないのが現状であり，学校図書館担当職員の資格の整備と身分の確立および養成については，今後の重要な課題として考えねばならない。

　学校図書館の専門職員の職務については，塩見昇氏が『学校図書館職員論』（169-171ページ）で示された内容がよく参考になるので以下に引用する。

《学校図書館を学校教育に生かす経営・管理の職務》
☆学校図書館経営の基本方針の立案と実施に関すること
　　　年間運営（事業）計画の作成，職員会議・学年会議等への提案，図書館運営会
　　議の主催，図書館諸規則の立案，校内各部門との連絡・調整
☆予算案の作成と支出の調整，決算報告に関すること
☆事業報告，点検・評価に関すること
　　　各種統計の作成と分析，利用調査の実施・分析
☆校内研修に関すること
☆学外諸組織・機関との連携に関すること
　　　研究組織，図書館関係団体等との連携・協力，協力組織（ネットワーク）への参画
《学校の教育活動，子どもの成長に資するサービスの職務》
☆児童生徒の求めに応じる資料・情報の提供に関すること。
　　　貸出，予約の受付と処理，読書相談，資料相談（レファレンス・サービス），
　　情報源案内（レフェラル・サービス），複写サービス
☆教師に対するレファレンス・サービス
☆資料の紹介と案内に関すること
　　　図書館からの情報発信としての資料展示，ブックリスト作成，校内放送
　　　求めに応じて授業等において行う資料紹介，読み聞かせ，ブックトークなど
☆他の図書館との連携・協力に関すること

資料の貸借・相談などの相互協力
☆図書館を場とする文化活動の企画と実施（生徒図書委員会活動の支援を含めて）
《図書館教育の展開への支援と協力の職務》
☆教育情報の収集と整備，紹介
☆利用教育・読書教育の指導計画立案と教師への助言，教材資料の開発
☆利用教育・読書教育の担当（求めに応じての部分的な担当，授業への参加を含めて）
☆実践記録の集積
☆研究会の主催と運営
《学校図書館の内実を整備する間接サービス・技術的処理の職務》
☆図書館蔵書（コレクション）の構成に関すること。
資料の選択，受け入れ，分類，検索手段の整備，データベースの形成，装備
☆出版情報，メディアの動向についての情報収集に関すること
☆書架の整備に関すること
配架，書架案内の作成，蔵書点検，除籍
☆求めに応ずる教材資料の作成
☆機器管理に関すること
視聴覚器材・コンピュータ端末機等の維持管理

(1) 学校図書館司書教諭

　学校図書館は，1953（昭和28）年に制定された学校図書館法によって規定されており，第5条で学校図書館の専門的職務を掌らせるため，司書教諭を置かねばならないとしている。この身分は，主幹教諭，指導教諭または教諭でもって充てられることからも教員身分であることが条件とされ，当該の主幹教諭等については，司書教諭の養成のための講習を受けなければならない。司書教諭は教員身分であることから，学校図書館を活用した授業を実施・支援したり，他の教員に対して教材資料の提供などの相談を受けることに努めている。

　司書教諭は，学校図書館を効果的に活用して，学校における児童・生徒の読書活動や学習活動を推進する役割をもつ指導者であり，学校におけるさまざまな読書活動や学習活動の中核となる職務であるといえよう。具体的な職務をあげると，児童・生徒に対する読書指導，児童・生徒および教員に対する資料の提示と相談活動，学校図書館利用のためのガイダンス，特別活動としての児童

会や生徒会に属する図書委員に対する指導，読書会や輪読会等の読書イベントの企画立案などの指導的な仕事がある。次に図書館資料の収集の一環としての資料購入のための選択，「見計らい図書」の検討，日本十進分類法に基づいての図書資料の分類作業，学校図書館所蔵図書資料の内容に関する研究と紹介等の広報活動などの専門的職務の遂行が求められている。

　加えて，学校全体の運営に関わる学校図書館の運営企画，事業計画の立案，予算案の編制，学校図書館と活動に対する評価，公共図書館との連携，さらに学校図書館支援者との話し合いなどの運営管理的な仕事がある。

　このほかに，司書教諭を「メディア専門職」という位置づけにしようとする意見も出てきている。この位置づけについては，図書館情報学（LIS）分野での米国図書館協会（ALA）認定プログラムにおいて，情報専門家の育成を目指しているものが少なくなく，技術や教育計画が重視されつつあるという指摘がある。事実，1990年代には，学校図書館メディア専門家（SLMS）の教育プログラムが全米の高等教育機関で200校あったことが報告されている。わが国においても，1996年6月の中央教育審議会答申において，高度情報通信社会に対応する「新しい学校」の構築が求められ，そこで学校図書館が「学習情報センター」としての機能の充実を図る必要性があり，司書教諭の役割はますます重要になると考えられている。

　それでは，学校における司書教諭の現状はどうであろうか。文部科学省が公表した「令和2年度学校図書館の現状に関する調査」（2021年）では，司書教諭が発令されている小学校は69.9％，中学校は63.0％，高等学校は81.5％であり，発令されている学校が増加傾向にある。司書教諭の発令については，11学級以下の小規模校の割合が低いことが分かっており，その改善が望まれる。また，司書教諭の養成が急がれるとともに，養成制度の改革も求められる。

　次に，同調査で司書教諭が授業時数減等の職務軽減措置が採られているかどうかを12学級以上の学校に聞いたところ，「軽減されていない」と回答した学校は小・中・高校等の平均で約88％であった。こうした数字が示す現状には多くの課題があることが分かる。

(2) 学校図書館担当職員（学校司書・支援員）

　学校図書館の専門職員として，司書教諭以外に学校司書や支援員が配置されている学校では，学校司書や支援員の職務は，教科・科目，道徳（高等学校を除く），総合的学習の時間，特別活動や外国語活動（小学校のみ）における学習指導に対する普段の支援活動が主となっている。授業等で必要な資料や情報の収集，整理（分類）・保存，新しい資料や情報への更新，学習指導要領や教科書等と関連した資料や情報の検索一覧の作成，利用相談などの仕事を行う。

　学校司書の現状について，前述した2021年の文部科学省調査をみてみよう。学校司書が配置されている小学校は68.8％，中学校は64.1％，高等学校は63.0％で，60％強の学校では学校司書が勤務していることが判明した。その人数を調べた結果では，「常勤職員」と回答した小学校が9.7％。中学校が10.9％，高等学校が51.2％であり，高等学校が多いのが目立つ。これを「非常勤職員」というカテゴリーで見ると，小学校が61.5％，中学校が55.8％，高等学校が18.0％となっている。

　次に学校司書について考えてみよう。学校司書は，司書教諭とともに学校図書館運営の柱となる職務であることから，学校図書館についての専門的知識と技能を有することが必要であり，児童・生徒や教員のニーズをいち早く受け止めて対応するなど，学校図書館サービス体制の確立に不可欠な人員といえよう。

　学校司書の職務の重要性から，文部科学省は学校図書館整備施策として，令和4年からの5か年計画で，学校司書を配置する予算として1,215億円（単年度243億円）を計上した。1週あたり30時間の職員を，おおむね1.3校に1名程度配置することが可能となる規模である。今後は，学校司書の専門的知識や技能を評価する意味も込めて，学校図書館法を改正し，学校司書の法的な位置づけけを明確にすることが重要であろう。

　次に，いくつかの自治体における学校司書や支援員等の学校図書館担当職員募集要項から，学校図書館担当職員が置かれている現状をみてみよう。募集にあたり示される「仕事内容」をみると，「学区内の小・中学校を巡回し，司書教諭や図書館ボランティア等と連携しながら，図書に関する専門的な知識を基

に学校図書館教育を支援します。特に，司書教諭と児童生徒，司書教諭と学校ボランティアの橋掛かりとなり，図書の選定や学校図書館の整備，学校図書館を活用した授業の支援を行います」（蕨市）という自治体や，募集の趣旨を「学校図書館の円滑な運営や児童生徒の読書活動の活性化を図ることを目的に，各小中学校に学校図書館運営支援員を置き，教員の業務を支援しています」とした上で，活動内容について，「校長の指揮監督のもと，担当職員と連携して次の活動を行います。1．図書の購入計画の作成及び図書の受入や廃棄，2．コンピュータによる図書の管理等，3．図書の整理や図書館の環境美化，4．児童生徒の図書館の利用や図書館を活用した学習の支援，5．その他，図書館運営や読書活動推進に関する活動の支援」（松山市）といった自治体がある。前者のように連携・協力の要としての役割に重点を置いた自治体と，後者のように学校教育の補完的な役割に重点を置く自治体とに二分されているようである。

　応募条件をみると，学校教育や学校図書館教育に理解があること，司書資格や司書教諭資格を有することやパソコンの基本操作ができることなどがあげられている。勤務条件としては，3〜4校の掛け持ちというものもあれば，夏休み中の勤務を求める所もある。

　学校司書が司書教諭とは異なる性格をもつ職務であることを前述しているが，職務内容においては児童・生徒指導につながるものがあり，学校教育の一部を担うという点については教員に近い存在であるといえよう。実際の現場においては，教員の仕事が多忙を極めるために学校図書館運営に時間を割くことができず，そのために学校司書が前面に立って児童・生徒の学校図書館利用への対応に努めているケースも多い。したがって，児童・生徒との密着度という点では教員以上の人もいる。

3.　学校図書館ボランティア

　学校図書館担当職員にはボランティアの身分の人が多くいるが，ここでいう学校図書館ボランティアは，教職員，司書教諭，学校司書及び支援員ら学校図

書館担当職員と協力して学校図書館のさまざまな業務に関わる人あるいはサークルのことである。学校図書館の業務に関わるボランティア的な立場の人は，2021年の文部科学省調査では，小学校78.7％，中学校27.9％，高等学校2.5％，学校全体で53.0％であった。この結果から，小・中学校が地域住民との密着度が高いことが分かる。

　ボランティア活動を進めてこられた人から話を聞くと，ボランティアが主導する学校図書館活動が，児童・生徒にとっての「居場所」を提供するとともに，教員，保護者との交流を通して地域形成につながっているという指摘があった。今後さらに学校支援ボランティアへの要求が高まることが予想される。

　読書サークルとして集団で関わる場合も多く，サークル自身が保有するさまざまなノウハウを提供することができるという利点がある。サークルが中心となって，学校でお話し会を開き，本を使った遊びを教えたり，読み聞かせ，紙芝居，ブックトーク，ブックディベート，ストーリーテリングなどの活動を計画，実施する。その意味で司書教諭・教諭や学校図書館担当職員とは異なった役割を担っているといえよう。

4.　公共図書館からの支援

　公共図書館の図書館司書，施設職員や読書ボランティアが行っている読書教育と学校図書館との連携・協力についても触れておきたい。

　公共図書館の任務には，地域における図書サービスが重要な課題として認識されており，なかでも地域の学校との連携・協力を推進することが求められている。しかしながら公共図書館と学校との連携・協力については未だ入り口の段階にある。その理由としては，公共図書館と学校の双方において，しかるべき担当者がだれであるのかという最初の交渉相手が不明であり，両者の間に立つコーディネーター役の人の存在が明確でないために，意思疎通を欠いてしまうという現状がある。さらに公共図書館側からは，学校や学校図書館の考え方や，公共図書館に何を求めているのかというニーズがよく分からないという意

見を多く聞く。また学校教育に対する配慮から図書館サービスを控えるということもあるようだ。一方，学校教員にしても，社会教育の場である公共図書館の役割や機能についての理解が不足しているという実態がある。何を期待して良いのかがよく分からないということになる。

　自治体のなかには，図書館司書と教育委員会や学校とが話し合いを行い，公共図書館への見学，公共図書館が保有する学習教材の貸出，公共図書館が実施している読書活動への児童・生徒の参加，ブックモービルを活用した団体貸出などの試みを進めている所がある。交流が進展した結果，教員が図書相談に訪問したり，公共図書館での調べ学習を企画したりするようになったとされる。

　2021年の文部科学省調査では，公共図書館と連携している小学校は86.0%，中学校65.4%，高等学校54.5%あり，学校全体では73.7%であった。

　今後，連携・協力を進めていこうとするならば，公共図書館と常に連絡が取れる要員が重要となり，学校司書を学校に配置するなどの措置を講じる必要があり，そのことからも司書教諭のコーディネーター機能が活用されねばならないだろう。

5. 外国における読書教育支援者

　外国における読書教育支援者のモデルとして，フランスにおけるアニメーター（アニマトゥール）がある。アニメーターとは，「文化施設や社会教育施設（博物館・美術館，余暇センター，老人ホーム，少年院などなど）で，インストラクター役，コーディネーター役を担う人たちのことである。基本的にはボランティアではなく，きちんと確立された職業である。アニメーターの活動範囲はきわめて広いが，教育現場に限っていえば，授業時間外で（昼休み，放課後，バカンス中），子どもたちの指導にあたっている。」という説明がある（辻由美，2008，14-15ページ）。

　フランスでは，「フランス読書協会」というNPO法人と国立教育学研究所が協力して，同国の小都市に国立読書教育センターを設置し，読書教育につい

ての研究と実践を重ねたことから，パリに読書センターが設立されて読書プランが作成されている。このプランの中で示されたことが，パリ市内の全幼稚園と全小学校の学校図書館にアニメーターを配置することであった。

　児童文学等の領域についての理解が深いとされるアニメーターには，学校の教員にはない特性があるといわれており，子どもたちに読書の喜びを喚起するのは教員よりもアニメーターの方が得意だという指摘もある。アニメーターと教員の両方が在籍する読書センターは，子どもたちに読書を奨励するプログラムを実施するだけでなく，学校と協力した読書活動を行っている。こうした取り組みによって子どもたちの読書意欲が増進し，読書力が比較的弱いとされたフランスの子どもたちに効果をもたらしたとされる。また教育省と書店の後援のもとに，高校生による文学賞の審査会も開かれ，読書教育に寄与している。

　フランスのアニメーターのような立場で読書活動を推進するような職務は，残念ながら日本には見当たらない。もし制度を導入とするならば，社会教育施設やNPOにおいて同様の取り組みを担ってもらうことが考えられるので，今後の検討課題に加える必要があろう。

参考文献

塩見昇『学校図書館職員論』教育史料出版会，2000
辻由美『読書教育』みすず書房，2008
国立青少年教育振興機構『子どもの読書活動と人材育成に関する調査』2013
ジョヌヴィエーヴ・プジョル，ジャン＝マリー・ミニヨン著，岩橋恵子監訳『アニマトゥール―フランスの社会教育・生涯学習の担い手たち』明石書店，2007

第2部
読書教育のための学校環境

第3章

学校図書館の歴史

---

1. 制度としての学校図書館

　学校図書館が「学校教育において欠くことのできない基礎的な設備である」
として設置義務が課せられたのは1953（昭和28）年8月8日に「学校図書館
法」が公布されてからのことである。少し詳しく見ると，1947（昭和22）年に
制定した「学校教育法施行規則」（省令）の第1条「学校には，その学校の目
的を実現するために必要な校地，校舎，校具，運動場，図書館又は図書室，保
健室その他の設備を設けなければならない」に端を発している。

　それ以前に文部省は『学校図書館の手引』（師範学校教科書，1948年）を発行
し，学校図書館の意義と役割，組織，整備，運用，学習活動の例と評価を掲げ
て具体的に学校現場に学校図書館を活用するよう促している。この手引きは，
深川恒喜事務官のもとで作成されたが，現在，読み返しても示唆に富み，学校
図書館史を考察するときの基本文献である。

　そして，1948（昭和23）年文部省の『学校図書館の手引』の伝達講習会が学
校図書館講習協議会として東（鴨川町，現千葉県鴨川市）と西（奈良県天理市）
で開催されたのを契機に，松尾彌太郎（当時目黒区立緑が丘小学校教諭）の提案
で「学校図書館が民主的な思考と，自主的な意思と，高度な文化とを創造する
ため教育活動において重要な役割と任務もっていると思う」（結成宣言より）と
して1950（昭和25）年2月27日に全国学校図書館協議会（全国SLA）が結成さ

れた。全国SLAは，はじめ事務局を東京都港区立氷川小学校（久米井束校長，当時）に置き，同年9月に機関誌『学校図書館』（月刊）を発行し，学校図書館の利活用とともに，積極的に条件整備運動を促進し，全国から925,000名の法制定を求める署名を集めることができた。その結果，超党派の議員立法として「学校図書館法」が1953年8月8日に公布された。

　学校図書館法は成立の時期が終戦後の困難な状況下にあったために制度として確立するには課題を抱えていたが，第1条で「学校図書館が，学校教育において欠くことのできない基礎的な設備であることにかんがみ，その健全な発達を図り，もって学校教育を充実することを目的とする」と明記している。

　また第2条で学校において「図書，視聴覚教育の資料，その他学校教育に必要な資料（図書館資料）を収集し，整理し，及び保存し，これを児童又は生徒及び教員の利用に供することによって，学校の教育課程の展開に寄与するとともに，児童又は生徒の健全な教養を育成することを目的として設けられる学校の設備をいう」と規定し，第3条で「学校には，学校図書館を設けなければならない」と設置義務を課したことはおおいに評価したい。さらに第4条で学校図書館の運営において「児童又は生徒及び教員の利用に供するもの」としたことは学校図書館が教員の教材研究の場としても有意義であることを示したものである。さらに第5条で「専門的職務を掌らせるため，司書教諭を置かなければならない」と司書教諭の必置を定めたことは極めて重要な規定である。

　しかし法律の施行（1954年4月1日）にあたって「附則2」で司書教諭の設置の特例が設けられ「学校には，当分の間，第5条第1項の規定にかかわらず，司書教諭を置かないことができる」との規定がついて施行されたために，その後の学校図書館の経営は困難を極めることになった。

　ところで，第2次世界大戦後に，わが国で学校図書館が制度として確立する以前の学校教育の実践では「川井訓導事件」（1924年）に象徴されるように国定教科書を唯一の教材として教育が行われていた。川井訓導事件とは，1924（大正13）年9月5日長野県松本女子師範附属小学校で川井清一郎訓導が4年生の修身の授業視察を受けた時に，「修身」の教科書（国定教科書）を使わずに

森鷗外作『護持院原の敵討』を教材としたために，公立学校職員分限令によっ
て休職処分を受けた事件であった。

　つまり，学校図書館問題を考察するときに，戦後に，教員を中核として学校
図書館法を制定し，なぜ素早く学校図書館を燎原の火のごとく全校に設置する
ことができたのか，米国教育使節団の来日（1946年，1950年）により示唆や助
言を受けたことだけによるものではない，と歴史を顧みて正しく認識しておく
ことが必要である。

(1) 学校図書館前史——大正時代

　大正時代の学校教育においては，複雑・多様化した社会の要請にこたえて，
新しい人間形成の方法として，教師中心の画一的な詰め込み主義教育に批判が
なされ，個性や自主性を尊重し，創造性を伸ばす教育方法が模索された。これ
は「新教育」と呼ばれ，範を欧米諸国に求めたドルトン・プラン，プロジェク
ト・メソッドや合科教授で，師範学校附属や一部の私立学校で推進され，その
目的を遂行するために学校文庫や図書館が設けられた。

　たとえば，当時の様子を，児童の側から体験した井野川潔（教育評論家）は
　　次のように，全国 SLA の発行の機関誌『学校図書館』で，回顧している。
　「大正十年ころのことです。当時は，埼玉師範の附属小学校は，県内の自由
主義教育をリードするモデル校的な立場にありました。その附属小学校の高等
科の教師だった相沢節先生（のちに成城小学校の訓導となった）は，ぼくら生徒
に，毎月五銭ずつ図書費を出しあって学級文庫をつくることにしようじゃない
か，と学級自治会に提案されました。これがぼくの知った最初の学級文庫です。
（略）このころの小学校では，生徒の利用できる図書棚が職員室にあればよい
ほうでした。そして附属小学校の図書棚には何百冊かの本がありましたが，ぼ
くらの読書意欲を満足させてくれるほど，よい本をそろえておりませんでした。
（略）学校の図書室にも，教室の文庫にも，読む本が少ないという不満から，
ぼくらはそのころ，ちょうどできた県立図書館を利用して乱読の傾向をさらに
拡大していったのです」（『学校図書館』136号）。さらに，井野川潔の回顧談では，

相沢節先生から昼食の時間に『アンクルトムスケビン』を読み聞かせてもらい，学級の子どもたちが感激し，本人は弁当箱に涙を落としたのを記憶していると述べている。

　この回顧談のごとく，大正年間（1912-1926）の学校における図書館活動や読書指導は先進的な学校や教師の自覚的な活動に限られていた。

　我が国においては1872（明治5）年に国民皆学の小学校の創設を目指した学制（教育法令）が発布されたが，公共図書館に関しては1899（明治32）年11月に公共図書館に関する8カ条の「図書館令」が公布された。その後1933（昭和8）年6月に改正されて，中央図書館制度が導入され，社会教育の機関としての機能が明確に認められた。

　この経過の中で公共図書館の識者の間では「社会教育に関する施設中最も重要なるもの——は図書館なるが，大人に対する其設備ある以上児童に対しても又これあるべきは甚だ見やすき理なり」（『図書館小識』日本図書館協会編，1915年10月23日）とする意見が欧米の実情を例示しながら述べられた。

　前述の井野川潔の回顧談は大正10年のころの事例であるが，公共図書館（社会教育）の立場から，すでに1915（大正4）年発行の『図書館小識』の第10章に「学校図書館」の章を掲げていることに注目したい。ここでは学校図書館（学校教育）の意義を述べ，学校図書館の分類をかかげ，教師用図書館，生徒用図書館，学級文庫（教室図書館）などを例示している。その「学校図書館」の冒頭の文言を難語句は一部仮名にして，引用する。

　「学校図書館とは既に前に述べたる如く学校に附属せる図書館を云う。学校図書館の必要なる理由如何と云うに教師は常に自修して自ら其知徳の進歩発達を期せざるべからざると共に日常の課業に対して充分の準備なかるべからず。又生徒も規定の課業を教室内に於いて受くるは勿論なるも更に教室外に於てたすけを受くる必要あり。是れ学校図書館の必要なる第一の理由なり。

　次に何人も学校にて学ぶ所には限りあり。然も学校を去るの後は年と共に之を亡失するは常に免れざる所なれば，結局一般民衆の大学なる図書館につきて補習する必要あり。而して此の準備として各学校に図書館を付設し，各

教室には小集書を置き，生徒をして或いは校内にて或いは家庭に持帰らしめて之を読ましむること緊要なり。是れ学校図書館の必要なる第二の理由なり。

故に佛国に於いては1863年の文部省令に由りて各公立学校には一の学校図書館を設くべきことを規定し，又墺国小学校令には各学区に教員図書館を設け，各学校には学校図書館を設くべきこととなれり。其の他英米各国皆之を奨励せざる無し。本邦に於いては明治32年の図書館令により官公私立の諸学校に付設することを得るに至れり」

この『図書館小識』の中で説明している「図書館令」に伴って学校に付設した図書館は学校図書館ではなく公共図書館である。また本文の中で人びとは学校図書館を活用した後，または学校教育を終えた後に公共図書館を活用して，いわゆる「生涯学習」を行うことの必要性や，公共図書館が「地域の情報拠点」として，また「継続学習の行う場」としての意義が大きいことを示唆・指摘していることは注目に値する。

また『図書館小識』は販売することとは別に各県知事，県会議長，人口２万以上の各市町村に配布された。作成者の図書館普及への意気込みが感じられる。

なお，「図書館令」発布後の公立図書館の普及と児童図書館の活動の歴史に触れてみよう。「図書館令」が1899年に公布されてのち各地に図書館が設置されるが，1903（明治36）年，山口県立図書館児童閲覧室の設置に始まり，大阪府立図書館少年閲覧室（1904年），京都府立図書館児童室（1905年），東京市立日比谷図書館児童室（1908年）と児童図書室は増えていき，「殊に児童閲覧室の如きは，土曜，日曜，祭日等にありては定員の数倍乃至十数倍の人員を収容せざるべからざる盛況を呈しつつあり」（「東京市立日比谷図書館一覧」）と開設当時の状況を記録していることもあり，図書館活用に対する児童の積極的な関心がみえる。

また，東京市では1909（昭和42）年から市立簡易図書館を小学校内に付設して，成人とともに児童が図書館を利用する機会を与えた。その後，小学校付設の図書館は地方にも拡大し，1928（昭和３）年３月の調査では公立図書館3,061館のうち，2,936館が小学校付設の図書館だった。

　しかし，学校付設図書館は学校の教育課程の展開に寄与する積極的な目的で設立されたものでも，児童の読書権を保障するための施設・設備でもなかった。国民の思想善導やそのための良書の普及を意図した公立図書館の役割を担っていたのであった。当時の日本における産業構造の変化と，資本主義社会への適応を求める国家の要請のなかで，さらに進んでは戦時体制に移行する情勢のなかで，社会教育政策の一環として，できるだけ敏速に効率的に図書館を普及する意図で，便宜上，小学校に付設図書館が設置されたのである。

(2) 学校図書館前史——昭和時代前期

　昭和時代に入ると一般はもとより知識人の間でも「昭和維新」の論調に同調する動きがあり，『図書館雑誌』（日本図書館協会）や教育関係の記事にも昭和維新の呼称が現れ，大正自由主義教育から戦時教育体制に傾いていく。

　客観情勢は1929（昭和4）年の暗黒の木曜日（ウォール街の株価大暴落）の大恐慌がアメリカでおこり，日本の社会不安も深まってきた。そのうえ教育制度は中等教育機関の増設が進行し，複線型教育制度の中で，ますます進学を願う人びとが増加し，「試験地獄」という言葉が頻発されるようになり，効率よく学習することが求められた。

　こうした風潮の中で静岡県の教員・戸塚廉は，自己負担で「子ども図書館」を設け，児童に読書を奨励し，さらに「青年図書館」を充実させ，父母にも読書を奨励した。夏休みには自宅の二階を開放して図書館とし，児童に手伝ってもらい，集落を巡回する「動く図書館」を実行するなど，ユニークな実践を行った。また生活綴方教育運動の中では「生活意欲」を高めるためにも「生活知性」を育てることの大切さが自覚されて，よい文化財の導入を図るために学級文庫や学校図書館が教育的な営みとして位置づけられた。

　このことは，当時の実践者であった滑川道夫がよく語っていたことである。系譜としては，「児童の村小学校」の野村芳兵衛が雑誌『綴方生活』や『生活学校』をとおして提唱した「子ども図書館」に，教員たちが感化されて学級文庫や図書館づくりとして実を結んだものだった。

　また，生活綴方教育運動のほか，慶應義塾幼稚舎の訓導の宮下正美が『童話教育』に「学級文庫」の実践を報告するなど，教科書以外の資料を児童に活用させることの大切さを自覚する人びとの思潮は注目すべきである。

　この思潮は，大正から昭和にかけて，雑誌『赤い鳥』（赤い鳥社），『金の船』（越山堂），『金の星』（金の星社）や『小学生全集』（文藝春秋社，興文社），『日本児童文庫』（アルス）に代表される多様な児童図書の出版を促した。

　出版物の隆盛は子どもの要求に沿うものであり，また教育を通じて子どもの個性，創造性を伸ばし，自主的学習を奨励することが先進的な教育界の潮流となってきていることを示していた。しかし，この潮流は個人的な，または先進的な学校の営みに終始していたものであり，制度として学校図書館を設置・運営する方策を策定するまでには至らなかった。

　そして，学校教育では学校図書館の設置・運営がむずかしいときに，公立図書館の職員のなかから学校図書館の必要性を唱える積極的な発言があった。

　のちに奈良県中央図書館長となった仲川明は，「将来の児童図書館」と題して『図書館雑誌』（1929年1月号，日本図書館協会）に寄稿し，「20世紀は児童の世紀である」というエレン・ケイ（1849-1926，スウェーデンの婦人思想家）の言葉を引用して，小・中学校の普及・発達に比べて図書館が不振であると嘆いている。そして仲川は具体的に自分の構想を次のように述べている。

　　「今日の学校教育は何といってもまだ教科書学校であるという批判を免れることのできない状態にある。将来は小学校においても，各種図書によって研究し，各種の実物機械によって観察実験して，自主的に学習して，教師はその補導忠告にあたるようになっていくだろう」

「学校児童図書館」の必要性を説いた仲川明は，そのための教育活動として10項目にわたる具体的な提言をしている。そして最後に，定員40人「学級図書館」や「学校図書館」の設計案を提示している。この仲川明の論文は，当時1928年に行われた，いわゆる「昭和維新の図書館大会」で「児童図書館」が研究テーマに取り上げられた事実を考え合わせると，さきの大正自由主義教育運動の展開と図書館専門家たちの理念が共通する基盤をもち得ていた事例として

注目すべきである。

　また，静岡県葵文庫長の貞松修三は「実験自習の教育機関としての学校図書館の充実について」を『図書館雑誌』（114号，1929年5月号）に寄稿し，「現在の学校教育の試験地獄を沙汰のかぎりである」と嘆き，教科書中心教育を批判し，「図書館などを利用し自学自修の風を作興し，それが習性となれば想像力の発達を促して教育上の効果は大となる」と強調している。

　そして，貞松修三の結論は思想善導の必要から「適当の学校図書館の設置は小学校及び中学校に喫緊のことである」としている。

　つまり，少数の識者を除き，戦前に学校図書館設置構想を述べた人びとには「良書を蒐集し，之に親しましめ，且其標準を児童生徒及び家庭に示すことは思想善導上有効なる施設」という考え方があり，「危険思想」を発生させないための予防措置に転化しているところに限界がみられる。

　ここに紹介した2人の論調・論文は，読書が学力の基礎を培う大切な機能を備えていることを図書館職員としての経験と知識から理解し，当時の教育状況を観察して発言したもので洞察力のある提言であったといえる。

　なお，こうした開明的な人びとの提言が生かされるのは第2次世界大戦の終結を待たねばならなかったのである。

　1937（昭和12）年から日本が全面的な戦時体制に入ると，児童図書館も学校付設の図書館も公立図書館も，すべて戦争遂行の国策に奉仕する機関として位置づけられるようになった。

　ことに，1940（昭和15・皇紀2600）年，文部省教学局指導部普及課長志水義瞕は「読書指導機関の設置を望む」（『図書館雑誌』242号）で，「読書指導を国家の重要な仕事であると信ずる」として，書物は国体の本義にもとらざるものであることと述べて，図書の検閲を強調した。このため図書館の蔵書構成から閲覧・貸出しに至るまで多大な影響を受けることとなった。

　1940年8月に第2次近衛内閣が大政翼賛会を作り上げ，文化運動の一環に読書運動が位置づけられると，この動きに批判的な渋谷国忠（横浜市図書館司書）の立論などは，中田邦造（日本図書館協会専務理事・東大司書官）から自由読書

論として排斥されてしまう。

　1942（昭和17）年には，文部省社会教育局と日本図書館協会と共同編纂で『読書会指導要綱』（A5判，64ページ，40銭）を発行し，国民読書の徹底を期することになる。中田邦造は要綱の中で読書運動にふれて「生活指導としての読書運動」の必要性を述べ，「始めたときから死ぬまで続く読書生活」の指導を目標とするとした。中田邦造が石川県立図書館で実践した読書運動のノウハウは，戦意高揚の国家政策の中に組み込まれていったのである。

　そして，文部省教学局は戦局が悪化する中で「学童ノ集団疎開地ニ於ケル指導上文化施設利用ノ適正ヲ期スル為」に『集団疎開学童に対する読書指導と紙芝居利用の要領』（大日本教育会出版部，1945年1月25日，48ページ，60銭，5千部）を超非常事態の切迫に即応して刊行した。この中で児童の読書を「行的な精神修養の機会」と捉え「読書による皇国の修練が期待される」としている。

　集団疎開児童の疎開先に教材が十分に行き届かなくなっている事態の中で，政府が読書指導を有力な教育手段としたことは，読書指導が戦意高揚の国策に利用された事例である。焦土と化した街には学校も図書館も乏しく，疎開先の寺や旅館では図書館は利用できず，図書館資料はない。実際に疎開先で読書活動が確実に実施されたという実践記録は見当たらない。

　東京をはじめ多くの都市がアメリカ軍の空襲によって焦土となり，教育が停滞していく中で，緊急の教育活動として読書活動が奨励されていることは読書のもつ重要な教育機能を象徴していることとして注目したい。

　ところで，戦前の教育事情を考察するときに基本問題として理解しておかなければならないことは，義務教育にあっては，1890（明治23）年10月30日に発布された「教育に関する勅語」（教育勅語）の趣旨の徹底をはかっていたことである。その趣旨の中核をなすものは「一旦緩急（戦争）あるときは義勇公に奉じ皇運を扶翼することを徹底する」ところにあった。前述の「要領」の記述の「皇国の修練」とは勅語の趣旨の徹底にあったのである。

　また，先の「大政翼賛会」という文化運動に必ずしも同調しない公立図書館司書の渋谷国忠が「図書館読書指導の基礎概念」（『図書館雑誌』1943年1月号）

で，三木清の読書法から「読書の技術において人はめいめいに発明的でなければならぬ」という文章を引用しつつ，新体制運動に便乗した図書館活動に批判を加えている事実は注目に値する。

すなわち，1945（昭和20）年の終戦の日まで，図書館の利活用や読書活動は冬の時代を過ごしたのである。当時の学校図書館や公共図書館の事情を仔細に検証し，分析して，いわば戦後の春の到来に合わせて芽吹き果実を実らせていく経過を正しく理解していきたい。戦後の積極的な公共図書館活動や学校図書館活動（運動）は戦前の進取の気性に富んだ識者たちの活動に胚胎していた。

2. 学校図書館法の策定と「新しい学校」の構築

終戦を契機に国民は命を犠牲にする思想から，人間の尊厳を守り人間の可能性を生かす思想に目覚めた。戦後に制定された日本国憲法（1946年）や教育基本法（1947年）は国民に生きる勇気と希望をもたらした。

その後の教育制度の改革で人びとは小学校から大学まで複線型ではなく単線型で教育を受けられること，学校図書館法が制定されて学校図書館が学校の基礎的な設備として，教科書以外に図書館資料を活用し，学ぶ自由と権利を保障する可能性が出てきたことは教育方法の革新で画期的なことであった。

1947（昭和22）年4月1日，新制小・中学校が，翌年には新制高校が発足するにあたり学校教育法施行規則（昭和22年5月23日省令）の第1条に「学校には，その目的を実現するために必要な校地，校舎，校具，運動場，図書館又は図書室，保健室その他の設備を設けなければならない」とされ，「図書館又は図書室」が加えられたことで読書センター・学習センターとしての学校図書館の充実運動が急速に高まることとなった。

教育に関しては「米国教育使節団」の「第1次米国教育使節団報告書」（1951年3月31日）では「教科書や口述教材の暗記を強調しすぎる悪風を除く最良法」として本や論文に接することだ，と勧告した。また「第2次使節団報告書」（1950年9月22日）は「教材センターとしての学校図書館は，生徒を援助し

指導する司書を置いて，学校の心臓部となるべきである」と勧告した。さらに
「日本の図書館（公共図書館）施設は，必要な資金が得られ次第すみやかに拡張
すべきである。しかし，同様な措置は，教師の側からみても，およそ不満足な，
学校図書館に対してもとられるべきである。日本の児童読み物にはなお著しい
欠陥がある。教育家も作家もこの欠陥を補うように奨励されなければならな
い」とも付け加えた。こうした米国教育使節団の勧告を受けて，文部行政は戦
後の教育行政をすすめた経過がある。

　こうして改革のためのレディネスは先に紹介した仲川明など戦前に洞察力あ
る人びとの活動の中に胚胎していた。

　また，戦後に教育改革が模索されているときに，各地で学校図書館の設置や
運営の工夫が行われた。たとえば，東京都港区立氷川小学校の久米井束校長は
1946（昭和21）年に衛生室を区切って図書室を開き，児童に対して読書指導や
利用指導を始めている。その後，PTAの協力で1950年には新図書館を設け，
増村王子教諭が運営し実践を重ねた。新図書館は深川文部事務官と久米井校長
が企画構成し，基本設計を秋岡建築士に頼み素敵な図書館となった。1954（昭
和29）年に氷川小学校に入学した桂宥子さんは『理想の児童図書館を求めて』
（中央公論社，1997年）の中で在学中の学校図書館と出合った体験を語っている。

　　「ピカピカの一年生は，すぐ図書室が気に入った。というより，その前を
　通るのが好きだった。図書室の廊下に面した壁全体には，季節を感じさせる
　大掛かりなディスプレーが素敵に飾られていて，生徒の目をひいた。上級生
　の手づくりの壁新聞も貼ってあった。図書室は『学校のおへそ』に思えてし
　かたがなかった。

　　それは校舎の中心に位置していた。低学年の生徒には，ちょっと階段を上
　がれば，高学年には，ちょっと階段を降りれば，そこに図書室があったから
　だ。生徒たちは，そんな図書室に吸い込まれていった」

　まさに，新しい図書館（図書室）が目にみえるようである。この図書館で桂
さんは『ひとまねこざる』や『ちびくろサンボ』を読み，増村王子先生が専任
の教諭として指導にあたっていた様子をくわしく語っている。桂さんの体験は，

学校図書館法成立直後のことであるが，氷川小学校では法制定以前から学校図書館運営を教育課程に組み入れて教育活動を展開していた。

　ところで，久米井束校長は増村教諭が疎開児童の指導から帰り氷川小学校に着任し「新しい学校」の構築を図っていたとき，北原白秋門下で創作をよくし，図書館資料にも明るい増村教諭に図書館運営を託したのだった。この久米井校長は全国SLAの初代会長として学校図書館法の制定に尽くした。

3. 「学校図書館法」の制定

　終戦後の日本の学校では，戦争に対する教育の責任が重く問われた。現職教員の大多数は教え子を戦地や満蒙開拓義勇団に送った責任を感じ，復員した教員は，より複雑な戦争責任を抱え，「非戦の誓い」を胸に秘めていた。

　新教育を自覚した教員たちは，憲法や教育基本法の理念を実現するために「自ら考え主体的に判断し行動できるような児童生徒を育成する必要性」を認識していた。「教科書とチョークと黒板」のみの画一的な教育方法を改め，今でいう「情報リテラシー」を可能とする教育方法を義務教育の時代から行おうとした。国定教科書を唯一の教材とする教育に対する反省があった。

　したがって，氷川小学校のような実践は各地で始まっていた。東京都世田谷区立梅ヶ丘中学校では戦災を免れた立派な尋常高等小学校の２階の３教室を改造しスタッフルームや生徒の討議・研究室を設けて，文部省図書館職員養成所の卒業生を学校司書としてPTAで雇用し（後に私費雇用廃止），校務分掌に学校図書館部を設け，佐野友彦教諭が主任で運営していた。

　既述のように『学校図書館の手引』の伝達講習会を契機に全国学校図書館協議会を結成したときの主要メンバーには学校図書館法の立法以前から学校図書館運営に先進的な活動をした教員が多かった。たとえば佐野教諭は学校図書館法が施行されることになった1954年には職を辞し，全国SLAの事務局の専従となり，生涯，学校図書館の振興に尽くした。

　ところで，学校図書館法は全会一致の議員立法で成立したが，1956（昭和

31）年東京地検は全国 SLA 松尾彌太郎事務局長を学校図書館法制定に絡む贈賄容疑で取り調べ，1959年 1 月第 1 審無罪，第 2 審罰金刑を科せられた。これに関連した2004（平成16）年 6 月26日の朝日新聞の「ひと」欄に載った新検事総長松尾邦弘氏の記事がある。お父さんは彌太郎さんである。

　「中学 1 年の時，父が社会党衆院議員に対する贈賄容疑で逮捕され，検事の取調べを受けた。全国学校図書館協議会の事務局長として学校図書館法の成立を働きかけ，現金を贈った。一審無罪。二審で逆転有罪の罰金刑。最高裁でそのまま確定した。『全国の学校に図書館を作ろうと奔走した父を尊敬していた。捜査は納得いかなかった。』弁護士か裁判官になりたいと法曹を志したが，修習生として現場に立ってみると，性にあったのは検事の仕事だった。法に当てはめれば父の立件もやむをえないと思えるようになった」

　この記事に関し，筆者は1953年に梅ヶ丘中学校の教員となり，学校図書館運営に加わり全国 SLA に関係し，世田谷の松尾家で邦弘少年に会っている。彼が学校図書館の条件整備運動に東奔西走する父親の姿を理解していたことに深い感慨をもつ。そして昭和50年代の与野党が激しく競り合う中で，全会一致で議員立法が成立していることに，学校図書館法の立法の意義を深くする。

　しかし，2013年現在，学校図書館法の附則条項が撤廃できていない状況を考え，立法の趣旨を全うできる法改正を行う努力が必要である。

4. 「学校図書館法」の改正と課題

　学校図書館法は教育方法の革新を迫る画期的な法律だったが，施行直後から課題をはらんでいた。学校図書館の健全な運営には，施設・設備，予算，図書館資料，職員の整備が必要である。しかし法律施行に当たり法第 5 条に司書教諭の必置条項があるにもかかわらず附則 2 の緩和条項がついたので教諭定数の加配がなく，専任の司書教諭は置かれないままに経過している。

　そこで，各学校では校務分掌で学校図書館担当の教員を配置し学校図書館を運営することにした。しかし図書館利活用には教育課程の展開に沿った資料の

組織化（受入れ，分類，目録，装備，配架）はもちろん，館内の整備，会計（予算・決算），教職員との諸連絡や年間計画の策定など多様な任務がある。

　したがって司書教諭や図書館担当教員と協働して運営に携わる「学校司書」が配備されなければ健全な運営はおぼつかない。

　はやくも1955（昭和30）年，第 6 回全国学校図書館研究大会（徳島大会）は「附則第 2 項の撤廃による司書教諭の発令と学校図書館専任事務職員の身分保障」を決議した。その後，1962（昭和37）年10月，小・中・高校長会，教育長協議会，PTA連合会など238団体が学校図書館法改正の請願書を国会に提出。1972年 6 月与野党共同で改正法案を衆議院に上程，可決。参議院で継続審査。12月総選挙で廃案となった。そして法改正運動が進まない状況の中で，1993（平成 5 ）年 4 月，義務教育定数法改正で小学校27学級，中学校21学級以上の学校に学校図書館担当事務職員 1 名加配決定。公立高校定数法改正で12学級以上に学校図書館担当事務職員 1 名加配決定となった。だが，実際には小・中規模の学校にとって運営は困難を極めていた。

　そして全国SLAを中心とした法改正運動が実を結び1997（平成 9 ）年 6 月27日学校図書館法を改正することができた。改正で主要な項目は付則 2 「司書教諭設置の特例」が次のようになった。「学校には，平成15年 3 月31日までの間（政令で定める規模以下の学校にあっては，当分の間），第 5 条第 1 項の規定にかかわらず，司書教諭を置かないことが出来る」。

　この法改正を受けて，文部科学省令によって，12学級以上の規模の学校には司書教諭を置かなければならないことになった。

　またこの法改正には「学校図書館法の一部を改正する法律案に対する付帯決議」（平成 9 年 6 月 3 日）がなされ，「 2 ，政府及び地方公共団体は，この法律の趣旨を体し，司書教諭の計画的養成・発令に努めるとともに，小規模校への設置についても配慮すること」，および「 5 ，政府及び地方公共団体は，司書教諭の設置，及び職務の検討に当たっては，現に勤務するいわゆる学校司書がその職を失う結果にならないように配慮するとともに，職員配置を含めた，学校図書館整備のための地方公共団体独自の施策を，より一層充実するように配

慮すること」の文言が加えられた。この中で，法定された職ではないが，学校
図書館の運営に関わっていて「学校図書館担当事務職員」などの呼称で勤務し
ていた者を「いわゆる学校司書」と明言し，「学校司書」を職責に対する適切
な呼称としたことは特筆に値する。「学校司書」は全国SLAが学校図書館条
件整備活動（運動）のなかで確立した呼称である。

　しかし，各地方公共団体の教育委員会が「司書教諭」を正しく認識しなけれ
ば配置に格差が生じ，運営に支障をきたす事態も考えられている。

　実際，「司書教諭を『養成』するということ—広島県のニセ『司書教諭』の
問題点—」（中澤貴生『学校経営』1998）で「実習助手は，……司書教諭と……
称することが出来る」（広島県立高等学校管理規則第10条5項）とあることに対
し，教育委員会の認識不足を完膚なきまでに批判している。

　当時，『学校図書館の手引』（文部省）刊行から50年たち，法成立から44年を
経過している状況において，学校教育に不可欠な学校図書館の任務と役割を理
解していない教育委員会は慙愧に堪えないのではないか。

　しかし，度重なる法改正運動の結果，2014（平成26）年6月20日に法改正が
可決成立し，第6条に第5条の「司書教諭」のほか，「学校図書館の運営の改
善及び向上を図り，児童又は生徒及び教員による学校図書館の利用の一層の促
進に資するため，専ら学校図書館の職務に従事する職員」として「学校司書」
という職名が明記された。これにより学校図書館は二職種により運営されるこ
とが法的に明示された。「学校司書」は「学校長が直接，指揮・監督権を持つ
教職員であって，事業者が雇用する者は該当しないこともはっきりした」（河
村健夫・学校図書館議員連盟会長）。そして司書教諭と学校司書の両者が協働し
て行う職務は図書館経営，図書館奉仕，読書指導，教科指導等である。また，
法では学校司書が教科等の指導に関する支援など「教育指導への支援」に関す
る職務を担っていくことが求められている。

　したがって，今後，学校司書となる要件として，学校司書は教職に関する科
目にある教育方法論，教育心理学，教育相談に関する基礎的な知識を含む科目
を履修することを要望したい。この知識・技能は学校図書館が読書センター及

び学習センターであるとともに児童生徒の「居場所」としての機能を果たすためには職員にとって必須な教養である。

　なお，学校司書の採用，研修，配置は地方教育委員会によるところであり，法改正を実効あらしめるために教育関係者が適正な採用，研修，条件整備の提言・運動を随時行うことが不可欠である。

5. 学習指導要領に見る学校図書館

　学校教育における学校図書館の役割を考察するために，学校教育法，同施行規則に基づいて文部科学大臣が告示する初等・中等教育の教育課程の国家基準である学習指導要領における位置づけの要点をあげておこう。

1958（昭和33）年改訂
総則：学校図書館の資料や視聴覚教材については，これを精選して活用すること。初めて学校図書館が指導要領に位置づけられた。

1968（昭和43）年改訂
総則：教科書其の他の教材・教具を活用し，学校図書館を計画的に利用すること。特別活動の学級指導（小学校）の指導内容に「学校図書館の利用指導」を位置づけた。

1977（昭和52）年改訂
1．人間性豊かな児童生徒をそだてること。
2．ゆとりあるしかも充実した学校生活を送れるようにすること。
3．国民として共通に必要とされる基礎的・基本的内容を重視すること。
総則：視聴覚教材などの教材・教具や学校図書館を計画的に利用すること。
　特別活動の学級指導（中学校の「学業生活の充実に関すること」の中で「学校図書館の利用の方法などを取り上げること」）を指導内容として示した。

1989（平成元）年改訂

1．心豊かな人間の育成。

2．自己教育力の育成。

3．基礎・基本の重視と個性教育の推進。

4．文化と伝統の尊重と国際理解の推進。

総則：指導計画の作成に当たって配慮すべき事項

　視聴覚教材や教育機器などの教材・教具の適切な活用を図るとともに，学校
　図書館を計画的に利用しその機能の活用に努めること。

1998（平成10）年改訂

1．豊かな人間性や社会性，国際社会に生きる日本人としての自覚を育成する
　こと。

2．自ら学び，自ら考える力を育成すること。

3．ゆとりある教育活動を展開する中で，基礎・基本の確実な定着を図り，個
　性を生かす教育を充実すること。

4．各学校が創意工夫を生かし特色ある教育，特色ある学校づくりを進める。

総則：指導計画作成に当たって配慮すべき事項

　学校図書館を計画的に利用しその機能の活用を図り，生徒の主体的，意欲的
　な学習活動や読書活動を充実すること。

　1998（平成10）年の改訂では，学校図書館に関する記述が総則の中で教
材・教具の活用から切り離されて独立し，1項目を設けて取り立てて記述され
たことに注目したい。また「総合的な学習」の創設に伴い，体験的な学習や問
題解決的な学習を行うために図書館が果たす役割は大きくなった。学校図書館
は「読書センター」として日常生活の中で子どもたちが読書を楽しむ心のオア
シスとしての役割が期待されている。また，学習指導要領の各教科において学
校図書館の機能を活用すべく「資料を活用したりして調べる」ことが強調され
ている。さらに情報教育の実践に伴い，学校図書館は「学習情報センター」

（メディアセンターまたはリソースセンター）として必要な情報を選択・収集・活用する役割を果たすこととなる。平成10年の指導要領の改訂を機に，学習を支える「学習コミュニティ」の形成が大切であることが理解されてきた。

2008（平成20）年改訂

1．児童・生徒の発達段階を考慮して，児童・生徒の言語活動を充実するとともに，家庭との連携を図りながら，児童・生徒の学習習慣が確立するように配慮すること。
2．言語に関する能力の育成に関する言語環境を整え，児童生徒の言語活動を充実すること。
3．児童生徒が学習の見通しを立てたり学習したことを振り返ったりする活動を計画的に取り入れること。
4．各教科における「……は扱わないものとする」歯止め規定削除。

総則：学校図書館を計画的に利用しその機能の活用を図り，児童・生徒の主体的，意欲的な学習活動や読書活動を充実すること。

※2017（平成29）年改訂

総則：学校図書館を計画的に利用しその機能の活用を図り，児童の主体的・対話的で深い学びの実現に向けた授業改善に生かすとともに，児童の自主的，自発的な学習活動や読書活動を充実すること。また，地域の図書館や博物館，美術館，劇場，音楽堂等の施設の活用を積極的に図り，資料を活用した情報の収集や鑑賞等の学習活動を充実すること。

　改訂では言語活動の充実を重視し，学習活動に探求型学習を取り入れ主体的に，対話的で深い学びの実現に向けて，学習し成果を上げる学習習慣を築くように示唆している。したがって，学校図書館は多様で豊かな図書館資料（蔵書）の構成を図らねばならない。そこで，蔵書構成の充実に関する施策を概観し，課題を考察してみたい。

6.　学校図書館の資料構成の充実及び環境整備

　新教育発足後の1953年に学校図書館法が制定されて，年を経て，積極的に活用が図られるようになったが，解決すべき課題が多くみえてきた。

　そこで学校図書館の機能の向上を図る活動を行っていた全国学校図書館協議会，日本子どもの本研究会，日本児童図書出版会，日本図書館協会および関心をもつ諸団体が「子どもと本の出会いの会」（1993年，井上ひさし会長）を結成し，学校図書館の充実と機能の発揮，予算の増額，司書教諭，学校司書の配置，公共図書館の増設と児童サービスの充実，予算の増額，専門司書の配置，等を国会や省庁に働きかけた。

　一方，文部省は1992（平成４）年に全国抽出で学校図書館調査を実施し，義務教育学校の平均的な蔵書冊数を把握していたので，その平均冊数の1.5倍増を図る計画で「学校図書館図書標準」（平成５年３月29日）を設け，平成５年度を初年度とする「学校図書館図書整備５か年計画」を地方交付税により措置した。この措置は画期的な措置であった。

　しかし，この予算の消化率は３割にも満たなかった。教育委員会が地方交付税を他に流用して図書購入費に充てなかったこと，学校が図書の更新をためらい蔵書不足を当局に申請しないこと，教員が「学校図書館図書整備５か年計画」を知らないことなどに起因する。

　そこで，2002（平成14）年文部科学省が再度「学校図書館図書整備５か年計画」を設定し，学校図書館の豊かな蔵書構成を図る行政措置を図ったことは高く評価したい。既に学校図書館法が改正されて５か年を経ている状況下であり，適切に学校図書館を担当する教員は助けとなった。

　その後，2008（平成20）年の「学習指導要領」の改訂により，2011（平成23）年に小学校，2012（平成24）年に中学校において新学習指導要領が全面実施となった。

　そして2012年度から３度目の「学校図書館図書整備５か年計画」（財政規模

約200億円）が策定され，「平成24年度から 5 か年間で学校図書館図書標準の達成を目指す」ことに加えて，「学校図書館への新聞配備」（ 5 か年で約75億円），と「学校司書の配置」（約150億円）が決定した。

　2012年度から始まる「学校図書館の地方財政措置」は新聞購入費及び学校司書の配置費を合わせたもので，学校図書館を活用した豊かな学びを保障するために極めて重要な措置である。蔵書の更新とあわせて積極的に読書環境の整備に取り組み，学校図書館の利活用をすすめたい。そのために司書教諭を中心とした学校図書館担当者が施策を理解して取り組まねばならない。

　図書館資料の充実とともに，担当職員の適切な配備を実現することも大きな課題である。2013（平成25）年 5 月17日，文部科学省は「第三次子どもの読書活動の推進に関する基本的な計画」を決定した。改定の方策の中で「子どもの読書活動の推進のための学校図書館の機能強化」にふれて学習活動を支援する機能と子どもの「心の居場所」としての機能の充実や人的配置の推進を期待している。

　具体的な推進計画では図書館資料や施設の整備・充実，図書館活用のための人的配置推進のために司書教諭と学校司書の協働に期待している。

　図書館資料を充実し職員の協力体制を確立し，校務分掌上の配慮をしたうえで，さらに抜本的な施設・設備の改善を図るべき時だ。多くの学校図書館が閲覧室（ 2 教室規模の特別教室）のみで運営している状況を改善すべきだ。

　学校図書館の機能の抜本的な向上を図るには「閲覧室」のほかに「スタッフルーム」と「一般研究室」を併設したい。「スタッフルーム」は司書教諭と学校司書の居場所となる。規模によって教員の教材研究室に活用できる。そして「一般研究室」は児童・生徒が資料を活用して「共同学習」をする時に利用すると効率が上がる。特に探求型の学習を推進するには，学習関係者がテーマに応じて，資料を活用して討議して学習内容を深めることが多い。平易な言葉で要約すると「見つける」（単元やテーマとの出会い），「つかむ」（学びあいの交流），「つたえあう」（学習内容・課題解決のための学びを共有する表現活動など）学習活動を保障する場として学校図書館の機能を充実したい。

7.　学校図書館を生かす教育への展望

　過去を振り返れば，1951（昭和26）年，雑誌『学校図書館』（11月号）で『学校図書館の手引』編集委員の阪本一郎は述べている。

　「機能としての学校図書館とは何か。一言でいえば，それは読書指導だといえよう。新しい教育が重視するようになった子どもの学習活動のひとつは，読書である。（略）まず読むことが指導される。これが読書指導の半面である。（略）読書は学習の手段である。学習は，すでに出来上がっている文化遺産を受け容れることではなくて，それを栄養にして子どもの生活を昇華することである。子どもを鉄の鋳型に入れて形を整えることではなくて，個々の創造性を重んじて，その天分を暢達させることである。読書の指導はしたがって，子どもの生活を指導し，彼らの人格を形成することの手段とされなければならない。読書による生活の指導，これが読書指導の他の半面である。」

　また，1959年，文部省は「学校図書館基準」（『学校図書館運営の手引き』明治図書，1959年）の「B機能」で次のように述べている。

　「1，学校図書館は奉仕機関である。児童・生徒および教師の必要に応じて，資料を提供し，教育課程の展開に寄与し，教養，趣味の助成にも役立たせなければならない。

　2，学校図書館はまた指導機関である。問題解決のための図書館を有効に利用する方法を会得させ，読書指導によって読書の習慣づけ，生活化を教え，図書館利用を通して社会的・民主的生活態度を経験させる。」

　この「学校図書館基準」は「指導機関」として公共図書館とは異なる機能をもつことを明示して，その後の学校図書館運営の指標となっている。

　また，2001（平成13）年，「子どもの読書活動の推進に関する法律」が公布されて，子どもの読書活動は言葉を学び，感性を磨き，表現力を高め，創造力を豊かなものにし，人生をより深く生きる力を身に付けていく上で不可欠であるとし，積極的にそのための環境整備を推進することを規定した。

　さらに，2005（平成17）年，「文字・活字文化振興法」は第8条で「学校教育における言語力の涵養に資する環境の整備充実を図るため司書教諭及び学校図書館に関する業務を担当するその他の職員の充実等の人的体制の整備，学校図書館の図書館資料の充実及び情報化の推進等の物的条件の整備等に関し必要な施策を講ずるものとする」と規定している。また法の公布・施行にあたり，超党派の活字文化議員連盟が施策の推進を表明している。

　この2つの法律は「理念法」であり，展望を開くには，学校教育現場において，学校図書館の機能の向上を図り，活用し，教育委員会が活用の高度化に対して十分な支援体制をとる必要がある。たとえば，学校における読書活動を推進するときに「学校と家庭に読書のベルトをかける」方策や児童生徒に「学び方を学ぶ」場としての実感を持たせる指導を工夫し，教員の教材研究の場となる環境整備を実施し，頼りになる学校図書館を充実整備したい。

参考文献

文部省『学校図書館の手引』師範学校教科書，1948

スティーブン・クラッシェン著，長倉美恵子・黒澤浩・塚原博訳『読書はパワー』金の星社，1996

『学校図書館50年史』編集委員会編『学校図書館50年史』全国学校図書館協議会，2004

『学校図書館50年史年表』編集委員会編『学校図書館50年史年表』全国学校図書館協議会，2001

黒澤浩編『新・学校図書館入門』草土文化，2001

第4章

学校における読書環境づくり

　学校図書館は，未来社会を担う児童生徒にとっての「学習センター」「情報センター」や「読書センター」などの機能を持つ重要な学びの場である。

　学校図書館に求められることは，その機能を向上させることによって，児童生徒の学びを支援できるように環境を整備することである。

　児童生徒の「生きる力」を育て，資質や能力を高めることを目標とした教育が進められている今日において，目標とされる学力が身につくような読書環境づくりの必要があり，変化の激しい時代に対応できる学校図書館であることが望ましい。

　学校図書館法は，学校図書館の目的として，① 学校の教育課程の展開に寄与すること。② 児童又は生徒の健全な教養を育成することをあげている。

　学校教育は，児童生徒が基礎的・基本的事項を習得するだけでなく，さまざまな課題に対応し，課題を解決していけるような「生きる力」を身につけることや探究する力を学ぶことを目指しており，さらに豊かな人間性や情緒を育てることが目標である。

　文部科学省（以下，文科省）は，2022（令和4）年1月，2022年度から2026年度までの5年間を対象期間に，公立小中学校等の学校図書館整備を目的とした「第6次学校図書館図書整備等5か年計画」（以下，第6次計画）を発表した。公立小中学校等の学校図書館における，学校図書館図書標準の達成，計画的な図書の更新，新聞の複数紙配備，学校司書の配置拡充を図ることが重点項目になる。

　また，文科省は児童生徒の学習需要の高まりに対応できる支援策として，ICT 活用が図れる児童生徒の育成が重要であるとして「GIGA スクール構想」を示した。2021年は「GIGA スクール元年」とされ，1 人 1 台端末で個別最適化された教育の実現を目指し，デジタル・コンテンツを活用できる力を習得させることを課題としている。学校図書館は，こうした政策と関連して，その役割を高めることになる。

1.　学校図書館活動の組織

　学校図書館は，学校教育において児童生徒が学習を進める上で不可欠であり，その機能を十分に発揮させることにより，学校教育を充実させることを目的とする基礎施設である。

　学校図書館法では，図書，視覚聴覚教育等の教材，その他学校教育に必要な資料を収集，整理，保存し，児童生徒および教員の利用に供することで教育課程の実施に寄与し，児童生徒の健全な教養を育成し，人間性を高めるための学校設備であると規定されている。

　各学校においては，学校教育目標のもとに学校教育計画を立て，それを実施するための教職員組織としての校務分掌が編制されている。読書指導や図書館利用指導等の図書館教育に関わる校務は，小・中学校では，学校図書館司書教諭（以下，司書教諭）や学校司書などの学校図書館担当者で構成する学校図書委員会が分担する。視聴覚教育委員会の中に学校図書館活動を推進する役割を置く学校もある。高校もほぼ同様の組織体制であるが，図書館部（あるいは視聴覚教育部）といった独立した校務分掌で活動を進めている学校が少なくない。

　学校図書館に関わる児童生徒の組織には，各学年や各学級から選出される児童生徒学校図書委員会がある。児童生徒学校図書委員会は，児童会や生徒会に属する組織であり，教育課程上の「特別活動」に属する教育活動である。委員になった児童生徒は，昼休みや放課後の本の貸出業務，整理・修繕，読書に関わる支援などの活動に参加している。

　学校司書や学校図書館ボランティアなどの立場で学校図書館運営を支援する地域住民等の存在も重要で，教職員，児童生徒，さらには一般地域住民等の多くの人びとが連携・協力することによって学校図書館は組織的に運営される。

2. 学校図書館の運営

　学校図書館の運営については，一定の位置づけがあり，その機能についても定めがあるが，明確な法的基準はなく，各学校が自主的・自発的に行っているのが実情である。そうであるがゆえに，運営のあり方次第で，学校図書館教育の推進については，学校間格差が出てくることになりかねない。そこで，児童生徒の実態と利用に即した運営やきめ細かい教育的対応が望まれている。

　学校図書館法第4条は，学校図書館の運営をつぎのように定めている。学校図書館を児童生徒や教員の利用に供するものとした上で，① 図書館資料を収集し，児童又は生徒および教員の利用に供すること。② 図書館資料の分類排列を適切にし，及びその目録を整備すること。③ 読書会，研究会，鑑賞会，映写会，資料展示会等を行うこと。④ 図書館資料の利用その他学校図書館の利用に関し，児童又は生徒に対し指導を行うこと。⑤ 他の学校の学校図書館，図書館，博物館，公民館等と緊密に連絡し，及び協力することとしている。また，学校図書館の目的の達成に支障のない限度で一般公衆の利用を認めている。

　学校図書館の運営については，司書教諭や学校司書が中心となる。司書教諭は，学校図書館の専門的職務を掌る。学校図書館法第5条や政令に基づき，12学級以上の学校に司書教諭を必置しなければならない。学校司書についても，2014年6月の学校図書館法改正で，学校図書館法第6条で「置くように努めなければならない」とある。

　専ら学校図書館の職務に従事することを業務とする学校事務職員である学校司書は，図書館司書や学校図書館司書教諭の有資格者，教員免許状取得者や相当実務経験のある者を対象に，各地方公共団体が資格要件を設定した公募でもって採用している。学校司書の資格や養成のあり方については，今後の検討

課題とされている。

　学校図書館運営を活性化させるためには，「人的」「運営的」「物的」諸条件の整備が必要である。司書教諭を中心とする運営体制において，経営的職務を確実に実行することが肝要である。学校図書館経営目標の設定，運営計画の作成と実施，学校図書館活動評価等を実施することであり，具体的には，校長や教頭等の管理職との意思疎通（報告，連絡，相談），学校図書館業務の組織化と管理運営，校内組織との調整，学校図書館に関わる研修計画の立案と実施，学校図書館に関わる記録等の保存，他の学校図書館や教育委員会関連機関（社会教育施設等を含む）との連絡や協力，教職員への情報提供と活動計画の提案，学校図書館運営に関するルールの確立，蔵書計画，図書館資料等の活用計画，学校図書館設備や備品の整備，予算や決算資料の作成と提案，児童会や生徒会等を通じての児童生徒との関係づくりなどの業務がある。

　こうした諸活動を実施するためには，学校図書館司書や関係教職員だけでは運営が困難であり，業務運営を補助するスタッフである学校司書の存在が大きいと考えられる。「2021年文部科学省調査[1]」では，小学校に配置されている学校司書の割合は68.8％である。文科省は，第6次計画を踏まえ，1,215億円（単年度243億円）を小学校，中学校，特別支援学校（小学部，中学部），義務教育学校，中等教育学校（前期）への学校司書配置のための予算化に取り組むことになった。

　運営面での活性化については，開館時間が児童生徒の読書教育に影響があると考えられる。2013年に国立青少年教育振興機構が発表した調査結果[2]（以下，「2013青少年教育調査」）では，1週間の延べ開館時間が小学校では23.7時間，中学校が13.6時間，高等学校が27.8時間となっている。やや中学校の時間数が少ないが，生徒指導等の校務による影響だと考えられる。司書教諭や学校司書以外に，一般教職員，学校図書館委員や係である教職員および地域住民等の支援者の協力が重要となる。地域住民の協力があれば，開館時間の延長が図られるという期待が生まれる。

　同調査での開館時間帯を見ると，小学校では「昼休み」「業間休み」「授業時

間中」「朝の始業前」となっている。中学校や高等学校では，「放課後」と回答した学校が小学校よりも多いことが分かっている。

「2013青少年教育調査」では，購入する図書選書については，小・中・高校平均で「学校教員の推薦を受ける」88.3%，「児童生徒のリクエストを参考にする」81.4%，「学校図書館担当教員が決める」73.5%，「学校図書館担当職員が決める」42.5%，「出入り業者の推薦を参考にする」22.6%となっている。

高校では約34%の学校で選考委員会を開いており，小・中学校では「学校図書館ボランティアの推薦を受ける」と回答した学校も少なくなかった。小・中学校では選考委員会を開いて決めること，高校では学校図書館ボランティアなどの意見を聞くことが課題である。全体としては，児童生徒のリクエストに応えることが重要である。

また，学校図書館運営の重要項目に，貸出数の把握の有無がある。図書資料管理体制の問題であり，「2013青少年教育調査」の結果では貸出数を把握しているのは小学校72.4%，中学校76.5%，高校89.9%であった。貸出数の把握等の管理的作業は大変であるが，学校図書館活性化に必要な業務である。

さらに，「2013青少年教育調査」では，児童会・生徒会活動の一環としての学校図書委員会活動についての校種別の差はほとんど見られない。活動実態に関する項目を全体平均で見ると，「図書委員会を開催している」95.7%，「貸出・返却の手続き」「書架の本の整理」と回答した学校89.4%，「ポスター作成（図書館のマナー，おすすめの本紹介など）」72.0%，「展示コーナー作成（おすすめの本コーナーなど）」62.7%，「読書週間，読書月間の企画・実行（しおり作り，読み聞かせ等）」60.0%であった。

このように，児童生徒学校図書委員会活動は幅広い活動領域があり，学校図書館活性化の重点項目になると考える。

学校図書館活動の活性化を図る読書活動推進について，「2013青少年教育調査」では，小・中・高校全体で「学校図書館の新刊紹介をしている」「学校図書館の利用を児童生徒にすすめている」がともに約80%強，「夏休みや冬休みの課題として読書を課している」64.5%，「教室に学級文庫を備えている」

61.1％，「感想文や読書カードの提出を長期の休みで課している」55.9％，「おすすめの本を授業や学級通信，掲示で紹介している」54.2％，「教科等の学習にあたっての学校図書館の活用法を工夫している」53.7％である。

　広報活動，休暇中の学習課題の提供，教科等の学習支援といった業務が主な活動である。読書活動推進にあたっては，各学校がさまざまな工夫を重ねており，学校図書館活動が児童生徒の学習活動にとって，大きな支援となっている。

　今後も，各学校がより一層創意・工夫して取り組むことが期待される。

3.　学校図書館メディアの整備

　1996（平成8）年に中央教育審議会が示した答申「21世紀を展望したわが国教育のあり方について」は，学校自体が高度情報通信社会にふさわしい施設・設備を備えた「新しい学校」になっていく必要があることを指摘し，「学校の施設の中で，特に学校図書館については，学校教育に欠くことのできない役割を果たしているとの認識に立って，図書資料の充実のほか，様々なソフトウエアや情報機器の充実を図っていく必要がある」と述べている。高度情報通信社会に対応できるような学校の施設・設備として，「学習・情報センター」としての学校図書館の整備が急務だと考えられている。

　学校の教育課程が大きく変化し，その対応が求められていることから，学校図書館メディアは資料的レベルから，児童生徒の主体的な学びの資源というレベルに変化してきている。学校図書館において各種メディアを整備することは，多様な読書活動の場を提供することにつながり，適切にメディアを活用できるような体制整備が望まれている。

　こうした多くの課題を解決するため，学校図書館メディアの収集方針，選択方針，保管方針等を定めることにより，学校図書館メディア構築に向けての取り組みを組織化することが必要である。さらに学校図書館メディアに対する評価機能を取り入れることも重要である。「学習センター」「情報センター」としての学校図書館の機能を考えた場合，各種のメディアの特性を配慮して，活用

しやすい形で整備することが求められ，児童生徒自らが資料・情報を検索，収集，判断，活用，発表するといった力量を身につけることができる形でメディアが適切に配置されていることが課題となる。

　学校図書館メディアを大まかに分類すると，① 印刷メディア　② 視覚メディア　③ 音声メディア　④ PC 関連メディア　⑤ その他となる。本や資料のような印刷メディアは，日本十進分類法等によって分類・整理した後，書架，棚やロッカー等で閲覧しやすい形で提供すること，視覚や音声メディアは，専用の機器を使って簡単に利用できるようにすることが望ましい。PC 関連メディアについては，新しい機種の確保と更新が必要で，特定の場所で児童生徒が検索できるコーナーを設置することである。

　全国学校図書館協議会は，2000年3月に学校図書館メディア基準を提示し，基本原則を「学校図書館メディアは，学校の教育課程に寄与し，児童生徒の健全な教養を育成することを目的とし，図書・視聴覚資料・コンピュータ・ソフト等の各種のメディアでもって構成する」としている。

　PC 関連メディアなどのデジタル系メディアの充実について，文科省は2019年2月，1人1台端末と通信ネットワークを整備することにより個別最適化した学びを実現することを目的とした「GIGA スクール構想」を提示した。同構想は，「1人1台端末と，高速大容量の通信ネットワークを一体的に整備することで，特別な支援を必要とする子供を含め，多様な子供たちを誰一人取り残すことなく，公正に個別最適化され，資質・能力が一層確実に育成できる教育環境を実現する」と定義している。

　「GIGA スクール構想」は，社会の急激な変化に対応して生き抜く力を持つ児童生徒を育成するために，STEAM 教育（科学 Science，技術 Technology，工学 Engineering，芸術リベラルアーツ Arts，数学 Mathematics の5つの領域の理数教育に創造性教育を加えた教育），アクティブラーニングや個別最適化されたプログラムに対応できる環境を整備しようとするものである。この構想は，広範なデジタル機器の使用を求めており，学校図書館のデジタル化の推進につながる。学校図書館で，インターネットを用い，デジタル・コンテンツや AI ドリル

などの教育ソフトを利用することで，児童生徒が主体的に情報を収集，整理，分析，推敲することが可能できる。

　学校図書館が児童生徒に提供できる学習支援の現状を見ると，2020年5月の文科省調査の時点では，「学校図書館と情報メディア機器を活用できる部屋（コンピュータ室等）が一体的に整備されている（隣接して整備している場合を含む）」学校は，小学校12.1%，中学校9.1%，高校5.2%となっている。「学校図書館内に，児童生徒が，検索・インターネットによる情報収集に活用できる情報メディア機器が整備されている」学校は，小学校8.3%，中学校10.4%，高校44.6%である。また，「学校図書館内に，資料管理・資料返却用のみに使用される情報メディア機器が整備されている」学校は，小学校51.7%，中学校50.5%，高校36.0%となっている。校内LANについては，「有線が整備されている」が小学校52.9%，中学校51.4%，高校64.9%，「無線が整備されている」は小学校34.6%，中学校35.0%，高校28.0%である。

　「児童生徒が情報メディア機器を利用できる自主学習スペースが整備されている」については，「整備されている」とした小学校6.1%，中学校5.2%，高校20.0%となっている。データを見る限りでは，現在のわが国の学校教育におけるデジタル化は未だ十分だとは言えないが，コロナ禍もあって，着実に進展していることが分かる。

4.　学校図書館の蔵書と資料整備

　学校図書館には，「読書センター」という重要な機能がある。「生きる力」を育む場としての学校図書館は，あらゆる学習の基盤となる言語能力の育成を各教科や教科外学習において行うだけでなく，「自ら本に手を伸ばす子どもを育てること」（文化審議会答申，2004年）を目標に，児童生徒の知的活動を促進し，感性や情操を育むことが重要であるという認識のもと，読書習慣の形成や図書資料を活用した多様な学習活動を組織することが求められている。

　「読書センター」としての機能を充実させるには，児童生徒が利用しやすい

第 4 章　学校における読書環境づくり

表4-1　学校図書館図書標準（1993年制定）

ア　小学校

学級数	蔵書冊数
1	2,400
2	3,000
3～6	3,000＋520×（学級数－2）
7～12	5,080＋480×（学級数－6）
13～18	7,960＋400×（学級数－12）
19～30	10,360＋200×（学級数－18）
31～	12,760＋120×（学級数－30）

オ　聾学校（小学部）

学級数	蔵書冊数
1	2,400
2	2,520
3～6	2,520＋104×（学級数－2）
7～12	2,936＋96×（学級数－6）
13～18	3,512＋80×（学級数－12）
19～30	3,992＋40×（学級数－18）
31～	4,472＋24×（学級数－30）

イ　中学校

学級数	蔵書冊数
1～2	4,800
3～6	4,800＋640×（学級数－2）
7～12	7,360＋560×（学級数－6）
13～18	10,720＋480×（学級数－12）
19～30	13,600＋320×（学級数－18）
31～	17,440＋160×（学級数－30）

カ　聾学校（中学部）

学級数	蔵書冊数
1～2	4,800
3～6	4,800＋128×（学級数－2）
7～12	5,312＋112×（学級数－6）
13～18	5,984＋96×（学級数－12）
19～30	6,560＋64×（学級数－18）
31～	7,328＋32×（学級数－30）

ウ　盲学校（小学部）

学級数	蔵書冊数
1	2,400
2	2,600
3～6	2,600＋173×（学級数－2）
7～12	3,292＋160×（学級数－6）
13～18	4,252＋133×（学級数－12）
19～30	5,050＋67×（学級数－18）
31～	5,854＋40×（学級数－30）

キ　養護学校（小学部）

学級数	蔵書冊数
1	2,400
2	2,520
3～6	2,520＋104×（学級数－2）
7～12	2,936＋96×（学級数－6）
13～18	3,512＋80×（学級数－12）
19～30	3,992＋40×（学級数－18）
31～	4,472＋24×（学級数－30）

エ　盲学校（中学部）

学級数	蔵書冊数
1～2	4,800
3～6	4,800＋213×（学級数－2）
7～12	5,652＋187×（学級数－6）
13～18	6,774＋160×（学級数－12）
19～30	7,734＋107×（学級数－18）
31～	9,018＋53×（学級数－30）

ク　養護学校（中学部）

学級数	蔵書冊数
1～2	4,800
3～6	4,800＋128×（学級数－2）
7～12	5,312＋112×（学級数－6）
13～18	5,984＋96×（学級数－12）
19～30	6,560＋64×（学級数－18）
31～	7,328＋32×（学級数－30）

出所）文部科学省「学校図書館図書標準」

図書館であることが何よりも大切である。そのためには，館の雰囲気や図書資料の使い勝手の良さ，利用のしやすさが重要であり，何よりも物的条件である蔵書等の図書資料が充実していることが大切である。

　学校図書館の蔵書冊数については，全国学校図書館協議会が自主的に定めた基準があるが，文部科学省によって「学校図書館図書標準」という一定の基準（前頁の表参照）が設定されている。公立の義務教育諸学校の図書館における蔵書整備を図ることを目的としたものであり，その達成のために，1993年から地方交付税等により財源措置が採られている。

　文科省による2018年度末における学校図書館の蔵書状況調査では，平均蔵書冊数は，小学校9,305冊，中学校は10,975冊，高校は24,098冊となっている。加えて，新しい書籍などの購入では，2019年度中の平均購入冊数は，小学校293冊，中学校378冊，高校457冊であった。各学校とも苦労しながら予算をつけ，選定し，購入しているのが現状である。

　また，寄贈によって蔵書数を増やす努力も続けられており，2019年度中の寄贈冊数は，小学校83冊，中学校41冊，高校123冊となっている。

　新しい書籍の購入数と寄贈数を合計した増加冊数の平均は，小学校376冊，中学校419冊，高校580冊である。

　一方，学校図書館の蔵書を整理するために実施されている蔵書廃棄（減少冊数）については，小学校302冊，中学校324冊，高校473冊で，増加冊数と減少冊数を集計すると，小学校74冊，中学校95冊，高等学校107冊となり，やや増加していることが分かる。

　つぎに，文科省による2019年度末の調査「児童・生徒等の読書環境の整備に資する多様な蔵書等の整備状況調査」での蔵書の整備状況では，「電子書籍の所蔵」は小学校0.2％，中学校0.3％，高校1.4％，「マルチメディアデイジー図書」は小学校1.3％，中学校1.0％，高校0.6％である。

　「2021文科省調査」結果から，文科省が設定した学校図書館図書標準について，学校が達成すべき目標の現状を見ると，小学校は71.2％，中学校は61.1％が達成している。整理上必要な廃棄の増加が少なく，蔵書冊数の増加があまり

見込まれない現状には少々疑問を感じるが，今後の改善に期待したい。

　蔵書の充実を図るには，まず購入予算を確保することであり，予算範囲内で選書等の作業により購入図書を決定，購入，配置することである。全国学校図書館協議会の基準では，年間購入冊数は以下の数式によって年間に購入する図書の最低冊数が数値で示されている。

　　　　蔵書数×0.1＋1冊×児童生徒数＝年間購入冊数

　予算獲得に必要な年間購入費についても算出された数値がある。

　　　　年間購入冊数×平均単価＝年間購入費

　※平均単価は，全国学校図書館協議会が毎年発表する「学校図書館用図書平均単価」を適用するとなっている。

　「蔵書冊数の配分比率」についても，全国学校図書館協議会が示した基準がある。この配分基準は冊数比となっており，小・中・高校及び中等教育学校について，つぎのような比率で示されており，学校の教育課程や地域の実情を考慮して弾力的に運用することが望ましいとされている。

　校種によって比率が異なるが，「0　総記」6％，「1　哲学」2〜9％，「2　歴史」15〜18％，「3　社会科学」9〜11％，「4　自然科学」15〜16％，「5　技術」6％，「6　産業」5％，「7　芸術」7〜9％，「8　言語」4〜6％，「9　文学」19〜26％となっている。留意事項として，絵本やマンガについては，主題のもとに分類すること，専門教育を主とする学科またはコースを有する高校・中等教育学校においては，専門領域の図書の配分比率について考慮することなどが示されている。各種の領域がバランス良く整備されることが必要であり，司書教諭を中心とした選書委員会などで十分に配慮することが必要である。

　こうした現状に鑑み，文科省は第6次計画において，学校図書館図書を整備する目的で995億円（単年度199億円）を小学校，中学校，特別支援学校（小学部，中学部），義務教育学校，中等教育学校（前期）に配当する考えを示している。

　児童生徒は，自分たちが本当に読みたい本や調べ学習などで役立つ本の購入を望んでいる。寄贈等による図書の充実も必要であるため，どのような本を必要とするのかについて，広報等を通して保護者や地域住民等に働きかけていく

ことが重要である。

　学校図書館にある蔵書以外の資料には，新聞，雑誌，教職員等が収集・作成した資料，オーディオ・ソフト（カセットテープ，CD，MD 等の録音資料），ビデオ・ソフト（LD・DVD 等の映像資料）やコンピュータ・ソフト（CD-ROM，DVD-ROM 等のコンピュータ資料）等があり，2021年の文科省調査では，「映像資料を所蔵している学校の割合」は，小学校12.0%，中学校15.3%，高校44.6%であった。

　調べ学習等で，児童生徒が主体的に取り組んでいる資料や教材のひとつが新聞であり，大手新聞社はもちろんのこと，地方新聞社，その他のマスコミやミニコミで発行される新聞資料が学習に役立っている。ただ，インターネットの普及や経済的理由等で新聞を購読していない家庭が増加しており，調べ学習を家庭での課題や宿題にすることがむずかしくなりつつあるため，学校図書館が果たす役割が重要となる。

　「2021文科省調査」では，「学校図書館・普通教室いずれかに新聞を配備している学校の割合」は，小学校56.9%，中学校56.8%，高校95.1%あり，2015年の同調査と比べると，増加傾向にある。学校図書館の蔵書のデータベース化については，小学校80.5%，中学校79.3%，高等学校92.2%で，この項目も2015年度調査との比較では着実に進んでいる。

　学校に配備されている新聞紙の紙数は，小学校1.6紙，中学校2.7紙，高校3.5紙であった。日本新聞教育文化財団等が中心となって取り組んでいる NIE（Newspaper in Education）では，児童生徒を対象にした学校での新聞教育の推進を提唱しているが，実際の公立学校現場は地方公共団体からの予算に制限されている。こうした現状は，新聞記事等から作成された資料が，「調べ学習」や「総合的な学習の時間」等で役に立つという報告が多いだけに，課題のひとつだといえよう。

　対策として，文科省は第6次計画では，計150億円（単年度38億円）の学校図書館での新聞配備を予算化する計画を示しており，配備される新聞紙数の増加が見込まれる。

　小・中学校の学校図書館の充足度について，2013青少年教育調査結果では，国の「図書標準を達成している」と回答した学校は，小学校57.7%，中学校49.8%となっており。小・中学校平均で53.7%という結果が出ている。およそ半数の学校が充足していることになり，その後に改善されていることが予測されるが，まだまだ十分ではない状態が続いていると推察する。また，学校司書などの学校図書館担当職員が配置されている学校の方が，そうでない学校と比較して充足度が高いことが分かっており，同職員の配置がさらに進むことが期待される。

5．　学級文庫の役割

　学校における読書活動の充実に寄与しているものに学級文庫がある。高校の事例は少ないが，ほとんどの小学校と多くの中学校では学級文庫が設置されている。児童生徒の学校生活は，時間的な制約が多い上に，学校図書館に行くことがままならないので，手軽な読書の機会になる。

　学級文庫は，本好きの児童生徒が学校に本を持ち寄ることから始まる。要らない本を持ち寄るのではなく，大切な本を持ち寄るので，本を大切に扱うことにもなり，児童生徒の発達段階に見合った本，人気のある本や話題になっている本が集まるので，学級文庫を利用する児童生徒は多い。学級の全員が読み終えた本は，再び持ってきた児童生徒の家庭に戻ることになる。読み聞かせにおいても，学級文庫の本が利用されることがある。

　学級文庫の運営は，特別活動である学級活動（ホームルーム活動）の一環としても行われている。教室に文庫のコーナーがあり，書架が設けられたり，カラーボックスなどが置かれて200〜300冊程度の本が並べられ，名前のついた学級文庫も珍しくない。

　多くの学級文庫には貸出ノートがあり，児童生徒が本を家に持ち帰ることもあるので，記録して貸出や返却を行うのが通例である。ある学校の事例では，学級文庫の本を学校図書館からセットで数十冊を貸し出すというケースがある。

学校図書館の分館的措置であり，このセット本が学校図書館担当の教職員らによる推薦図書ということになる。セット本は，他の学級文庫の本と重なるものもあれば，そうでない本もある。

6. 学校図書館と地域社会との連携

　これからの学校図書館は，学校だけでなく周辺の地域社会との関わりなしに存続するものではなく，地域社会の住民等との連携・協力が必要である。

　2009年に示された「これからの学校図書館の活用の在り方等について」（子どもの読書サポーターズ会議報告）では，これからの学校図書館に求められる課題として，家庭や地域との連携等により，読書の習慣付けを図る取り組みを活性化させることとしてあげ，課題に対しては，学校図書館やそのスタッフを有効に活用しながら，学校全体として組織的に取り組むことが求められるとしている。また多様な要請への対応として，地域における読書活動等の活性化に貢献していくことが重要であるとし，学校図書館の地域開放について，適切な運営が図られねばならないとしている。さらに，読書を通じた異年齢の子ども同士の交流や，地域の大人との交流を促進できるなど，子どもの読書活動を充実させる上での効果が大いに期待できると考えられている。

　こうした考え方を踏まえて，① 家庭や地域における読書活動推進の核として，学校図書館を活用すること，② 放課後の学校図書館を地域の子どもたち等に開放することなど，学校図書館の活用高度化に向けた視点と推進方策を示している。

　読書活動の推進にあたっての地域社会との連携について，「2021文科省調査」では，つぎのような結果が示された。地域社会との連携内容について，「公共図書館と連携をしている」と回答した学校が73.76％，「ボランティアと連携している」が53.0％であった。

　近年になって，その割合が一気に増加しており，学校司書などの学校図書館担当職員を配置している学校では，ボランティア活動などの地域活動に積極的

であり，とりわけ中学校は学校図書館の地域開放に熱心で，読書活動の推進で地域と連携している。また，地域と連携していくためのボランティアとの連携についての設問には，読み聞かせ，ブックトーク等読書活動の支援を85.0％の人が答えており，学校図書館の書架の見出し，飾り付け，図書の修繕等の支援が42.5％，配架や貸出・返却業務等図書館サービスに係る支援が15.47％であった。読み聞かせ，ブックトーク等読書活動の支援が高率であることから，読書活動は域社会からの支援を受けやすい試みであると考えられ，今後も学校と地域社会との連携・協力を推進していく上で重要な取り組みになると思われるという意見が4割弱あった。

　地域社会との連携にあたっては，学校司書などの学校図書館担当職員として地域住民の雇用が望まれ，学校図書館支援ボランティアの活動などにより，比較的連携・協力しやすい課題から進めていくことが必要である。地域社会の支援なしに学校図書館の充実はあり得ないという視点を踏まえて，児童生徒の今後の読書環境の整備に努めなければならない。

注
1）「令和2年度『学校図書館の現状に関する調査』結果について」（文部科学省総合教育政策局地域学習推進課，2021年7月29日発表）。なお，本文中で「2021文科省調査」と表記したデータは，本調査結果で示されたものである。
2）文中の国立青少年教育振興機構が2013年3月に発表した調査は，2011年から2012年にかけて，全国の学校（小学校581校，中学校595校，高校546校，計1,722校）を対象に実施したものである。同調査は，学校管理職，教員に対してアンケートを行い，当時の東京大学教育学部の秋田喜代美教授や国立教育政策研究所の立田慶裕統括研究官らによって結果がまとめられている。本章では，「2013青少年教育調査」として表記しているが，この調査データを使用して，学校における読書環境の課題を明らかにしようとした。

第5章

地域との連携
──公共図書館や住民との連携

1. 学校図書館をめぐる政策の動向

　1990年代以降の学校図書館に関する政策の動向をみると，学校図書館の蔵書の充実を中心に財政措置がなされてきたことが分かる。1993年に公立小中学校の学校図書館の蔵書量の基準として「学校図書館図書標準」が定められ，同年度から「学校図書館図書整備5か年計画」が実施された。その後，1997年に学校図書館法が改正され，司書教諭の配置が見直された。2001年の「子どもの読書活動の推進に関する法律」では，地方自治体が読書推進計画を策定するよう努めることが定められ（第9条），この法律に基づき，2002年から五次にわたって「子どもの読書活動の推進に関する基本的な計画」が策定されている。さらに，学校図書館の資料不足に対する地方財政措置として，「学校図書館図書整備計画」が2002年から6次にわたって制定され，第4次以降の計画では，図書整備と新聞配備に加え，学校司書の配置についての予算措置も講じられている。

　これらの動きと並行して，1990年代中頃より文部（科学）省によって学校図書館の機能の充実を目的にした各種のモデル事業や研究事業が実施されてきた（表5-1参照）。これらの事業内容をみると，当初は，学校図書館の蔵書のデータベース化や資料のネットワーク化等の資源共有や基盤整備に重点が置かれていたが，徐々に公共図書館等を中心とした学校図書館への支援に力点を移し，2006年度からの学校図書館支援センター推進事業に至ったことが読み取れる。

表5-1　学校図書館の機能の充実に関する主な事業[1]

事業名	年度	内容
学校図書館情報化・活性化推進モデル地域事業	1995-2000	学校図書館における情報ソフトや情報手段の整備や，公共図書館等とのネットワーク化を図る事業。80地域を指定。
学校図書館資源共有モデル事業	2001-2003	学校図書館の蔵書情報のデータベース化，ネットワーク化による図書資料の検索・貸出・流通システムの構築，学校図書館や蔵書を利用した教育実践の普及，仕組みの整備，コーディネート機能の整備を行う事業。46地域を指定。
学校図書館資源共有ネットワーク推進事業	2004-2005	データベースやネットワークを活用した蔵書の共同利用化の促進，優れた教育実践の収集・普及，公共図書館等と連携した教育活動等の支援を行う学校図書館支援センター機能について調査研究を実施する事業。34地域を指定。
学校図書館支援センター推進事業	2006-2008	学校図書館間の連携や各学校図書館の運営，地域開放に向けた支援等を行う支援スタッフを学校図書館支援センターに配置。支援スタッフと連携・協力し，事務を行う協力員を指定地域内の各学校に配置し，学校図書館の機能の充実・強化を図る事業。59地域に学校図書館支援センターを設置。
学校図書館の活性化推進総合事業	2009	言語活動の充実を図るとした改訂学習指導要領の趣旨を踏まえ，児童生徒の自発的・主体的な学習活動の支援，読書指導の充実，教員のサポート機能の強化等を図る事業。教育センターや公共図書館等と連携した資料の提供体制の確立も含まれる。
確かな学力の育成に係る実践的調査研究	2010-2014	「学校図書館の有効な活用方法に関する調査研究」（2010-2011），「学校図書館担当職員の効果的な活用方策と求められる資質・能力に関する調査研究」（2012-2014）を実施。確かな学力向上に資する取り組みを支援する事業。
司書教諭及び学校司書の資質向上等を通じた学校図書館改革	2015-2019	「学校司書の資格・養成の在り方や資質能力の向上等に関する調査研究」（2015-2017），「学校図書館ガイドラインを踏まえた学校図書館の利活用に係る調査研究」（2018-2019）を実施。司書教諭と学校司書の連携や，それぞれの資質能力の向上等を通じた学校図書館の効果的な活用のあり方に関する調査研究を行う事業。

学校図書館 総合推進事業	2020-2021	「学校図書館の活性化に向けた調査研究事業」（2020-2021）を実施。学校図書館を活用した授業改善，司書教諭・学校司書等の有効活用，公立図書館との連携等，学校図書館の活性化につながる取り組みの調査研究を行う事業。2022年度から「子どもの読書活動の推進」事業と統合。

　この後，文部科学省は，2013年に「学校図書館担当職員の役割及びその資質向上に関する調査研究協力者会議」を設置し，学校図書館担当職員の役割や質の確保について検討を行った。2014年には，同会議の報告を受けて学校図書館法が改正された。改正後の学校図書館法では，学校司書を置くよう努めることが定められた。続いて同省は，2015年に「学校図書館の整備充実に関する調査研究協力者会議」を設置した。この会議の報告を受け，学校図書館の運営の標準化を目指す「学校図書館ガイドライン」と，学校司書の専門性を確保するための「学校司書のモデルカリキュラム」が2016年に定められた。この流れに沿うように，学校図書館に関する2015年度以降の事業では，学校図書館担当職員の資質向上に焦点が当てられている（表5-1参照）。

　これら一連の政策によって，学校での読書活動や，司書教諭の発令，学校図書館担当職員の配置等については一定の改善がみられた。しかし，発達段階に応じた読書習慣の形成や，情報環境の変化が読書環境に及ぼす影響に関する実態把握や分析は依然として課題である[2]。今後も，児童生徒の読書や学習の支援を行う「読書センター」「学習センター」「情報センター」として学校図書館の機能を充実させる方策を検討することが重要となる。その方策のひとつとして，本章では，学校図書館をめぐる連携の方法を取り上げる。

2.　学校図書館と公共図書館，保護者・住民との連携・協力の状況

　本節では，学校図書館と公共図書館との連携，保護者・地域住民との連携について，関連する政策の動向と連携の状況をみることにしたい。

第5章　地域との連携

(1) 公共図書館との連携の状況

　学校図書館と公共図書館との連携は，学校と社会教育施設（図書館，博物館，公民館等）の連携を推進する「学社連携」という考え方の中で注目された。この考え方は，1971年の社会教育審議会答申「急激な社会構造の変化に対処する社会教育のあり方について」で提起されたものである。この答申では，青少年の「全人的な成長」において，「家庭，学校及び社会で行われる教育が，それぞれ独自の役割を発揮しつつ全体として調和を保って進められることが極めて重要である」とされ，学校教育と社会教育の連携・協力の重要性が指摘された。

　この答申以降，地域住民や保護者への学校施設の開放や，学校による社会教育施設利用という形で，具体的な取り組みが進められた。しかし，多くの地域では，学校教育と社会教育の役割分担を前提とし，施設の一部を利用したり，機材や資料を貸し出したりする部分的連携に留まった。この結果，プログラムの共同開発や，双方が協力した活動にはなかなかつながらなかった。

　この反省を踏まえて，1990年代中頃に提起されたのが，「学社融合」という考え方である。この考え方について，1996年の生涯学習審議会答申「地域における生涯学習機会の充実方策について」では「学校教育と社会教育が，それぞれの役割分担を前提とした上で，そこから一歩進んで，学習の場や活動など両者の要素を部分的に重ね合わせながらも，一体となって取り組んでいこうとする考え方」であると述べている。つまり，従来の学社連携の考え方を乗り越え，学校教育と社会教育が協働して教育に取り組んでいく方向性が示されている。

　それでは，これらの政策を通じて，学校図書館と公共図書館との連携は，どの程度進んできたのだろうか。「学校図書館の現状に関する調査」の結果をみると（図5-1），2000年代に入って連携の割合は一貫して増加傾向にあることが分かる。具体的には，小学校では5割弱から9割弱に，中学校では約3割から3分の2程度に，高校でも4分の1から5割強にまで増加している。

　ただし，連携の内容面では課題がある。連携を行う学校に対してその内容を尋ねた結果，「公共図書館資料の学校への貸出」が各学校段階で最も高く，小・中・高それぞれで95.6%，88.7%，91.7%，「連絡会の実施」は同じく

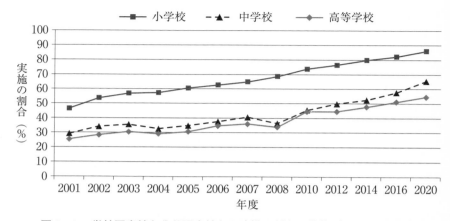

図5-1　学校図書館と公共図書館との連携の割合の推移（2001〜2020年）
出所）文部科学省児童生徒課による「学校図書館の現状に関する調査」の各年度の結果より筆者作成。

23.7％，30.6％，16.5％，「司書等による学校への訪問」は26.5％，21.5％，12.2％となっていた（2020年5月時点）。公共図書館との連携の割合は資料の貸出を受ける学校の割合と概ね連動し[3]，学校図書館と公共図書館との連携・協力は，資料や人的体制，設備が不十分な学校図書館を公共図書館が全面的にバックアップする「連携というより支援という方がふさわしい」状態にある[4]。

　上述した2015年のガイドラインでも「学校図書館は，他の学校の図書館，公共図書館，博物館，公民館，地域社会等と密接に連携を図り，協力するよう努めることが望ましい」と，外部連携の重要性が再度強調されている。しかし，この連携の内実が，単なる資料の貸出に留まらず，学校における探究型学習の支援や，読書教育の充実につながるかが重要である。現状は，「社会に開かれた教育課程」の実現に向けて，課題を多く残した状況であるといえる。

⑵ 保護者・地域住民との連携・協力の状況

　学社連携・融合の動きに加えて，2000年代に入ると，授業や放課後の活動に地域住民や保護者がボランティアとして関わることを求める政策も進められてきた。たとえば，2006年に改正された教育基本法では，第13条に「学校，家庭

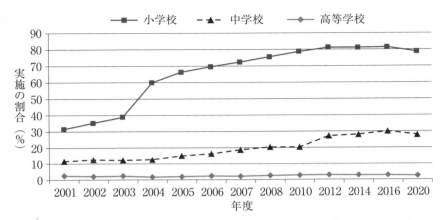

図 5 - 2　学校図書館におけるボランティアとの連携（活用）の割合の推移

出所）文部科学省児童生徒課による「学校図書館の現状に関する調査」の各年度の結果より筆者作成。
　　　2016年度以前はボランティア「活用」という調査項目である。

及び地域住民その他の関係者は，教育におけるそれぞれの役割と責任を自覚するとともに，相互の連携及び協力に努めるものとする」との条項が新設された。これに続き，2008年には社会教育法が改正され，第3条3項に「国及び地方公共団体の任務」として，「学校，家庭及び地域住民その他の関係者相互間の連携及び協力の促進に資することとなるよう努める」との条項が追加された。

　さらに，2010年代後半からは，「社会に開かれた教育課程」の実現に向けて，学校運営協議会と地域学校協働活動の一体的推進が図られている。これら一連の政策は，従来の「学社連携」「学社融合」の動きを広げ，教職員や社会教育施設の職員だけでなく，これまで副次的な役割に位置づけられてきた保護者や地域住民にも学校の教育課程に主体的に関わることを求めるものである。

　学校図書館においても，保護者や地域住民にボランティアとしての関わりを求める動きがみられる。「学校図書館の現状に関する調査」の結果をみると，2000年代以降，ボランティアを活用している学校は，小学校で約3割から約8割に大きな伸びを見せ，中学校でも約3割にまで増加している（図5-2）。

　次に，このボランティア導入校の中で，具体的にどのような面で支援を受けているかについてみてみたい。「配架や貸出・返却業務等，図書館サービスに

係る支援」は小・中・高でそれぞれ13.8％，25.2％，29.1％，「学校図書館の
書架見出し，飾りつけ，図書の修繕等支援」は同じく，42.1％，49.9％，
27.9％，「読み聞かせ，ブックトーク，読書活動の支援」は，91.3％，51.1％，
55.8％の実施率となっている（2020年5月段階）。このように，学校図書館にお
けるボランティア活動は，小学校において非常に活発だが，高校ではほぼ行わ
れていない状況である。活動内容としては，読み聞かせや読書活動の支援が中
心で，小・中学校ではこれに加えて，図書の修繕等の面での連携も行われてい
る状況にある。

　以上みてきたように，学校図書館と公共図書館との連携や，学校図書館にお
けるボランティアの活用は，徐々にその割合を増やしながらも，その内容に関
しては多くの課題を抱えている。両者の連携の段階を，①「開始したばかりの
初歩的な支援のみを行っている段階」，②「支援がある程度進んでその支援の
内容が人材の育成等を含む基本的な学校図書館サービスをするのに役立ってい
る段階」，③「支援が進んで今後より先進的な学校図書館サービスを確立して
いくのに役立つ段階」という3つに分けることもあるが[5]，多くの学校では
①から②の段階に留まっているといえよう。

　それでは，学校図書館と「外部」との連携が進み，その活動内容が充実して
いる地域や学校では，どのような条件が整えられているのだろうか。この問い
に答えるために，学校図書館と公共図書館のネットワーク化を先進的に進めて
きた千葉県市川市の取り組みをみてみることとしたい[6]。

3.　学校図書館を中心にしたネットワークの構築：千葉県市川市を事例に

(1) ネットワーク化の背景と理念

　市川市では，1980年代末という非常に早い時期から，当時の山口重直教育長
の教育理念のもと，公共図書館と学校図書館とのネットワーク化を進めてきた。
山口教育長は，1970年代に同市内の小学校で全校読書運動を進めてきた校長で，
1979年に教育長になって以降「花いっぱい・音楽いっぱい・読書いっぱい」と

いう同市の教育モデルを広めてきた[7]。この土台をもとに，教育センターの石原孝一氏らが中心となり，1989年から「公共図書館と学校とを結ぶネットワーク事業」が推進されていくことになった。

　この事業の目標は，1998年に同市教育委員会が作成した「めざす学校図書館像」に示されている。ここでは，「生きる力・夢や希望を育む学校図書館」が掲げられ，①「学習を支える図書館」（教科学習への資料提供，調べ学習の支援，読書活動の支援等），②「読書生活を支える図書館」（多様な読書活動，各種図書館活動，学級への団体貸出等），③「研究を支える図書館」（指導計画の立案援助，学習単元の開発等）という3つの機能を想定している。この学校図書館像の実現に向けて，「いつでもだれでも自由に使える図書館」「多様なメディア，外部機関と結ばれた図書館」「家庭・地域とともに歩む図書館」という目標を掲げて整備を行ってきた。現在では30年以上の取り組みの成果を受けて，学校図書館を活用した授業が積極的に行われ，先進的な授業の事例集等が発行されている。

(2) 学校図書館と公共図書館のネットワーク化

　同市では，「物流ネットワーク」と「情報ネットワーク」の整備を両輪として，このネットワークを支える「人のネットワーク」の構築を図ってきた。

　まず，1993年から「物流ネットワーク」の運用を実験的に開始し，1994年より図書の相互貸借を始めた。2023年現在，同市内のすべての公立幼稚園，小・中学校，義務教育学校，特別支援学校が参加している。このシステムは，中央図書館の全面的なバックアップを受けて構築されたもので，公共図書館を起点に2台の配送車が週2回，全63校（園）を一巡している。貸出期間は4週間で，貸出冊数に制限はなく，年間3～4万冊の図書が貸借されている（図5-3参照）。

　学校図書館はスペースが限られており，蔵書数や購入できる資料数には制約がある。また，学校での読書活動や学習活動が盛んになるほど自校の蔵書だけでは対応できなくなる。このため多くの自治体では，公共図書館を中心とした物流ネットワークや団体貸出を通じて，この資料の不足を補ってきた。

　しかし，同市における物流の内訳は，学校間の図書の移動が約7割，公共図

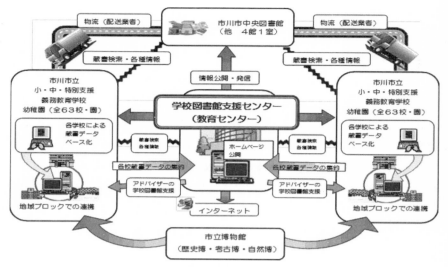

図5-3　市川市の「公共図書館と学校とを結ぶネットワークシステム」

出所）市川市教育センター「公共図書館と学校とを結ぶネットワークシステム」のWebページの図を転載。https://city.ichikawa.lg.jp/edu17/1111000057.html（最終閲覧日：2023年1月17日）。

書館からの貸出が3割程度となっている。これは事業開始当初から，公共図書館だけに頼らず，学校間での貸借を優先してきたことに起因する。貸借は，各学校司書が他の学校や公共図書館に対して，学習や読書に必要な図書をメーリングリストで依頼する形で行われる。依頼の際には，教科名，対象学年，授業の目的等をあげることが多く，具体的な図書名をあげる場合は少ないとされる。物流ネットワークが構築される以前からこの方法を続けており，依頼内容に応じて学校司書が専門的な観点で選書を行うことにつながっている。この結果として，自校に備わっていない図書や，多様な図書が物流ネットワークを通じて配送されることになり，学校間の蔵書の交流がなされている。なお他校から提供され，利用効果の高い図書については，次年度に自校の蔵書として購入することが推奨されている。日常的に蔵書の貸借と精査が行われることが，各学校図書館の蔵書の充実につながっている。

　この物流ネットワークを円滑に運用するために，同市では1993年から，各学校に「学校図書館年間利用計画」を提出することを義務づけている。この年間計画は，学年，教科，実施月ごとにまとめ直され，市全体の「学校図書館年間総合計画」として公共図書館や各学校に配布されている。この計画をみると，年間のどの時期に，どの教科のどの単元で，学校図書館を活用した授業が計画されているかを一望することができる。この計画によって，他校の資料を貸借する際に利用時期が重ならないように配慮でき，公共図書館も学校への貸出を計画的に行えるという利点が存在する。

　このように，学校ごとの多様性をもちながらも，市内全体で「ひとつの図書館」を構成しようとするのが同市のネットワークの基本的な考え方である。

　次に同市では，文部（科学）省の推進する学校図書館関連事業の指定を継続的に受け，「情報ネットワーク」の整備を進めてきた。このネットワークの整備は，1995年の，直通 FAX 付きの電話の配備から始まった。当時はインターネットが普及しておらず，他校との連絡には専用の FAX 付きの電話が必要だった。これに次いで，蔵書のデータベース化と，学校図書館内のインターネット整備が進められ，2002年度までに全校でデータベース化を完了した。各学校図書館には，専用の FAX 付きの電話，蔵書管理用のコンピュータ，調べ学習用のパソコン等が配備されている。公共図書館や他の学校図書館との連絡にはメーリングリストが活用されている。

　このような物流と情報のネットワークが整備されたとしても，ネットワークを運用する人的体制が整備されなければ，その機能を十分に活用できない。この人的体制の整備について，同市では，山口教育長のリーダーシップのもと，1979年から，全小・中学校に司書の資格を有した学校司書（常勤職員），1982年から学校図書館員（非常勤職員）の配置を始め，1992年に市内の全小中学校に配置を完了した。2023年現在，すべての小・中学校，義務教育学校，特別支援学校に学校司書（会計年度任用職員）が配置されている。学校司書は，児童生徒への読書教育や，「調べ学習」で必要な資料の収集・提供（図書の配送業務への対応を含む）を行っており，情報ネットワークを支える重要な存在である。

　また，各校での司書教諭の発令に関しては，学校図書館法改正以前から検討委員会を設け，1998年から段階的発令を開始し，2003年度より小規模校を含む全校に発令を行っている。

　さらに，各学校での組織体制の構築を図っていることも「人のネットワーク」という点で重要である。2002年度に作成された「学校図書館活動チェックリスト」では，校内に「学校図書館部」を創設することを推奨している。この学校図書館部は校務分掌の中に位置づけられ，司書教諭，学校司書に加えて，学年ごとの学校図書館担当教員や，場合によっては研究主任や情報主任等が加わる組織である。このため，「学校図書館部」は小学校で7名前後，中学校では4名前後で構成されることが多い。市内の多くの学校で学校図書館部が設けられ，組織として読書や学習の支援を行っており，担当者が異動しても継続的に支援を行う体制づくりにもつながっている。

(3) 学校図書館支援体制の構築：組織・財政面から

　同市では，学校図書館支援を行う関係機関の体制も充実している。まず，同市中央図書館に併設されている「こどもとしょかん」（図書館内の児童サービス部門）には，5〜6名の職員が配置されており，各学校から寄せられる依頼やレファレンスにも対応し，図書の配送を行っている。

　また，1989年の事業開始当初から教育センターに担当の指導主事を配置し，教育委員会内の各部署が協力して学校図書館支援を行ってきたことも特徴のひとつである。具体的には，教育センターが学校図書館支援の中心機関として，物流・情報システムの維持に努め，学校司書や司書教諭等に対する研修を実施している。学校教育部の指導課は，各学校における教科学習への指導・助言を担当し，就学支援課は学校図書館の予算管理を担当している。

　この体制に加えて，2006年に文部科学省の指定を受け，教育センター内に学校図書館支援センター（以下，支援センター）を設置した。全国的にみると，公共図書館内に支援センターを設置する例も少なくないが（コラム参照），同市では，教育センターが中心となって学校図書館支援を行ってきた経緯もあり，

教育センター内に支援センターを設置した。支援センターでは，学校図書館活用に関する調査研究，支援スタッフによる学校図書館支援，物流ネットワークや情報ネットワークの整備，各種研修会の実施，学校図書館や教職員への資料提供，学校図書館に関するデータの集約と分析を行っている。支援センターのスタッフは，担当の指導主事をサポートして，学校司書や司書教諭を対象とした研修会を企画し，学校に出向いて学校図書館支援や授業支援を担っている。

　最後に，学校図書館支援に関わる財政面をみると，同市では先の表 5 - 1 に掲げた文部（科学）省の学校図書館関係の多くの事業の指定を受け，2022年度からは市独自の学校図書館活用推進事業を推進している。これらの事業を行う目的は，市内の先進校や研究校だけでなく，全域に「学習」「読書」「研究」を支える学校図書館のモデルを広げることにある。外部予算の獲得だけでなく，各学校への学校司書の配置や，学校図書館ネットワーク事業を進めるための予算の大部分を，市の独自予算として計上してきたことは特筆に値する。

📖 コラム：学校図書館支援センターの役割[8]

　市川市の事例にみられるように，支援センターは，学校と外部の組織や団体とを仲介する重要な役割を担っている。2006〜2008年度の文部科学省の「学校図書館支援センター推進事業」で59地域が指定されたことにより，各地域で設置が進んだ。この事業終了後も独自の取り組みを続けている自治体が存在する。

　支援センターを公共図書館に設置する場合には，学校への資料提供を中心にしつつ，単元に合わせた貸出リストの作成や，団体用貸出セットの準備を行う等，細やかな工夫がみられる。たとえば，石川県白山市では，公共図書館内に支援センターを設置し，ここを拠点にして，県立・市立・学校図書館の間の相互貸借システムを構築している。センターは，学校が優先利用できる調べ学習用の資料 1 万冊を所蔵し，学校からの資料依頼に応えている。教育委員会主催で月 1 回司書部会を開催し，学校図書館担当職員の研鑽に努め，センターだよりの発行やウェブサイトにより，活動の可視化に努めている。

　また，支援センターを教育委員会の学校教育関係の部署や，教育センターに設置する例もみられ，教育委員会の職員と連携して学校図書館の利活用を推奨し，学校の教育課程に積極的に関わっている。たとえば，東京都八王子市では，教育委員会学校教育部教育指導課に学校図書館サポートセンターを設置し，指導主事と連携して，司書への支援だけでなく，児童生徒の学びを見据えたサポートを行っている。学校訪問や，学校司書

連絡会の開催，GIGA スクール構想への対応等も積極的に行っている。

　市川市と同様に，教育センター内に支援センターを設置しているのが，千葉県袖ヶ浦市である。同市では，司書資格を有する専門スタッフ以外に，兼務の所長・研究指導主事・指導主事を読書教育担当として配置している。図書流通システムの拠点としての役割を果たすだけでなく，学校司書研修会等の企画運営，学校司書からの日常業務に関する問い合わせ対応，学校図書館訪問，調べる学習コンクールの開催等を行っている。

4. 「読書コミュニティ」の実現に向けた連携・協力のポイント

　ここまでみてきた，学校図書館と公共図書館，あるいは保護者や地域住民との連携は，「読書コミュニティ」を築くひとつの方法である。秋田喜代美によれば，「読書コミュニティ」とは，「読書文化へ子どもたちの参加を誘い，共に読書生活を楽しむというビジョンを共有する，市民としての自主性と主体性と責任を自覚した人達による集団体系」，もしくは「読書という話題に関して関心や問題を共有し，その分野の知識や技能を持続的に相互交流して生み出し，共有し実践を深めていく学習者ネットワーク」のことを指す[9]。この「読書コミュニティ」に求められるのは，児童生徒だけでなく，教職員や行政職員，保護者・地域住民がそれぞれの立場で読書に関わる活動を行いながら，自らも読書を楽しめるネットワークを構築することである。

　この「読書コミュニティ」を実現するために重要になるのが，以下の3つの方策である。第1に，読書教育や図書館活用教育を推進していくための学校内の体制づくりである。学校経営の観点から考えると，管理職のリーダーシップに加えて，司書教諭や学校司書が学校ごとに配置され，恒常的な活動を行っていくこと，さらに学校図書館に関心をもつ教員が集まり，組織的に学校図書館を活用した授業の展開がなされていくことがポイントとなる。

　もちろん，取り組み当初から読書教育や図書館活用教育を，学校の経営方針の中に明確に位置づけ，すべての教職員の理解を得ていくことは難しいかもしれない。ひとつの戦略として，最初は理解のある教職員への「点へのサービ

ス」を行い，学校図書館を使った優れた授業実践を蓄積しながら，学校内外に
その実践を広め，ボトムアップの形で活動を組織化していく「点から線，線か
ら面へ」という流れが想定されるだろう[10]。

　第2に，学校図書館同士，あるいは学校図書館と公共図書館を結ぶネット
ワークの体制整備と，そのための予算の確保である。市川市の事例でみてきた
ように，学校図書館と公共図書館を結ぶネットワークの構築には，物流，情報，
そして人的なネットワークの整備が重要となる。物流や情報のネットワークは，
各学校図書館の資源の不足を補うだけでなく，地域全体で読書に関する資源を
共有していくために不可欠な仕組みである。同時に，この物流や情報のネット
ワークを十全に活用していくためには，各学校図書館への学校司書や司書教諭
の人的配備が重要となる。このようなネットワークの整備には，各自治体にお
ける図書館ビジョンや読書活動推進計画の中にネットワークを明確に位置づけ，
物流と情報ネットワーク構築に関わる予算を確保することが必要になる。さら
に，初期投資だけでなく，物流・情報ネットワークの維持や，実際の運用にあ
たる人的ネットワークの整備に関する恒常的な予算の確保も重要である。

　第3に，学校図書館を支援するための「中間支援」の体制の構築である。上
で述べた，各学校における体制づくり，そして学校や図書館間のネットワーク
の構築を進めるためには「中間支援者」による活動のサポートと，それに留ま
らない「学習」や「読書」のコーディネートが重要である。支援センターの設
置はこの体制づくりに役立つひとつの方法であり，支援センターに置かれる職
員は，それぞれの学校（図書館）の教職員やボランティアの活動を支援する「中
間支援者」として位置づけられる。この「中間支援者」にはネットワークの構
築・維持の役割や，学校図書館担当職員への助言や研修等の役割が求められる。
地域内の諸機関・団体の機能を結びつけ，児童生徒の「学習」「読書」に関す
るネットワークを形成するコーディネーターとしての役割も期待される[11]。

　ここにあげた学校内の体制づくり，学校間のネットワークの構築と予算の確
保，そして「中間支援」の体制の構築という3つの方策が有機的に結びついて
いくことによって，読書を共通のテーマとして，それぞれが自律的な活動を展

開する「読書コミュニティ」を実現することができるだろう。

注

1 ）一連の政策動向については，米谷優子「情報化と学校図書館：デジタルメディアとの関わりから」『園田学園女子大学論文集』47号，2013，17-37ページ，及び永利和則「公立図書館での学校図書館支援の変遷とあり方についての一考察：学校図書館支援センターの事例を中心に」『福岡女子短大紀要』87巻，2022，1-16ページを参照した。

2 ）文部科学省「第四次子どもの読書活動の推進に関する基本的な計画」2018，7-8ページ。

3 ）浅石卓真「学校図書館と公共図書館との連携」TANE. info（https://tane.info/knowledge-base/r10/）（最終閲覧日：2023年1月16日）より引用。

4 ）岩崎れい「研究文献レビュー　学校図書館をめぐる連携と支援：その現状と意義」『カレントアウェアネス』309号，2011，25ページ。

5 ）同上。

6 ）市川市の事例の記述に当たって，同市のネットワーク事業に中心的に携わっていた小林路子氏にお話をうかがった（2013年6月22日／市川市立中央図書館）。記して感謝を申し上げたい。この他，小林路子「行政による学校図書館整備・運営のアプローチ：千葉県市川市」『学習情報研究』211号，2009，30-33ページ，小林路子「学校図書館支援センターは授業を支える！─千葉県市川市学校図書館支援センター事業がめざすもの」『学習情報研究』219号，2011，52-55ページの記述も参照した。その後の状況については，市川市学校図書館支援センターのWebページ（https://city.ichikawa.lg.jp/edu17/1221000001.html）（最終閲覧日：2023年7月30日）の情報を反映した。なお，ここに記載した内容の文責はすべて筆者にある。

7 ）山口氏の教育理念については，山口重直『全校読書運動の記録』国土社，1976や，山口重直『翔べ未来へ！：読書の街市川の創造～30年の軌跡と未来像』国土社，1994を参照。

8 ）各自治体の支援センターの活動については，『学校図書館』（861号，2022年）における特集記事「新しい教育における学校図書館支援センターの役割」を参照のこと。

9 ）秋田喜代美「読書コミュニティのデザイン原理」秋田喜代美・庄司一幸編『本を通して世界と出会う：中高生からの読書コミュニティづくり』北大路書房，2005，35ページ。

10）国際子ども図書館児童サービス課「学校図書館との連携による授業支援サービス：国際子ども図書館の調査研究プロジェクト講演会から」『国立国会図書館月報』622号，2013，18-25ページ。

11）平久江祐司「学校図書館支援センター担当者の地域の学習コーディネーターとしての可能性」『日本生涯教育学会年報』30号，2009，135-143ページ。

第3部
読書教育の方法
──学校図書館の活用

第6章

就学前の読書教育
—— 本に親しみ，言葉を知る

1. 就学前に本と触れ合うことはなぜ重要か

　幼児期は生涯にわたる人間形成の基礎が培われる重要な時期である。この時期から本に親しみ，多くの物語に触れることは豊かな人間性を育てることにつながる。そもそも教育とは，文化伝達の手段であるとされ，文化伝達に有効な手段のひとつが読書である。文化には習慣や伝統に加え，言葉や一般教養なども含まれ，子どもたちは多くの本と接する中でその文化を吸収していく。

　国立青少年教育振興機構が2012（平成24）年に行った「子どもの読書活動の実態とその影響・効果に関する調査研究」では，子どもの頃の読書活動や読書量がその後の人生に大きく影響することが指摘されている。子どもの頃（就学前から中学時代）に読書活動が多かった大人やこれまでに「好きな本」や「忘れられない本」があると回答した大人は，1か月に読む本の冊数が多い傾向があり，未来志向や社会性などの「意識・能力」が高いことが明らかになっている[1]。

　また，2021（令和3）年に同機構から出された「子どもの頃の読書活動の効果に関する調査研究（報告書）」においても，「子どもの頃の読書量が多い人は，意識・非認知能力と認知機能が高い傾向がある」ことが報告された。成長した際に過去の読書量が多い人は，そうでない人と比べて認知機能，そして「自己理解力」「批判的思考力」「主体的行動力」といった意識・非認知能力においてポジティブな影響がみられた[2]。すなわち，幼児期からの読書は継続的な読書

87

活動の土台となり，またその後の発達に肯定的な影響を与えるのである。

　さらに，年齢や興味のあった本を簡単に入手できるようにすることや，同じような関心を持つ仲間の存在等が，小中高の就学時期における積極的な読書活動につながることが示唆されており，子どもの興味や関心にあわせた読書経験をどのように生み出すかが重要であることが分かる[3]。

　まだ文字の読み書きができない幼い子どもに，本との出会いをつくったり本と触れ合う環境を構成したりするのは大人である。幼い子どもは自分で本を探すことができない上に，お気に入りの本を見つけても自分では読めない。大人に読んでもらうことが必要な幼児期から本と出会い，本に親しむためには，周囲の大人の果たす役割が重要であるといえる。

2. 本との出会い

　本や物語に子どもが出会い，興味をもってその物語に触れ合っていくためには，その重要性を理解して適切な援助ができる大人の存在が不可欠である。また，そうした活動をサポートする環境も求められる。

(1) 家庭において乳幼児期の読書経験を生み出す取り組み

　乳児期の子どもを対象として，本との出会いを創り出す取り組みが「ブックスタート」である。これは自治体が乳児のいる保護者に絵本の読み聞かせを一緒に楽しむ体験を贈り，絵本を手渡す取り組みである。ブックスタートが始まったのは，1992（平成4）年のイギリスであり，日本では2000（平成12）年の「こども読書年」をきっかけとして東京都杉並区で試験的に実施され，その後全国に広がっていくこととなった。2001（平成13）年4月に12市町村だった活動は，NPOブックスタートが各自治体と連携しながら，2023（令和5）年1月には全国自治体の63％にあたる1,101市区町村にまで広がっている[4]。

　ブックスタートを推進するNPOブックスタートは活動の取り組みが形骸化しないように，ブックスタートの「大切な5つのポイント」を以下の「表

6-1」のようにあげている。

　ブックスタート事業は，多くの自治体がすべての赤ちゃんを対象とする健診事業に合わせて機会を設けている。保護者に手渡すブックスタート・パックの中には，ブックスタートのメッセージを伝える冊子と実施自治体の子育て支援に関する情報に加えて，1 冊以上の絵本が入っており，事業を通して，保護者と赤ちゃんの幸せな時間が贈られるだけではなく，赤ちゃんにとって人生で最初の本との出会いが生み出されている。

　国の第 5 次「子どもの読書活動の推進に関する基本計画」について検討した「子どもの読書活動推進に関する有識者会議」においては，子どもの読書活動の推進にあたって，家庭・地域・学校が中心となり社会全体で取り組む必要性があり，特に乳幼児に対して，家庭での読書活動の習慣化を図るために推進すべき活動としてブックスタートをあげている[5]。乳幼児期の子どもたちが保護者と絵本を楽しむ体験を重要視する取り組みが進められているのである。

表 6-1　ブックスタートの大切な 5 つのポイント

目　　的	赤ちゃんと保護者が，絵本を介して ゆっくり心触れ合うひとときを持つきっかけをつくります ※赤ちゃんに負担をかけたり，保護者にプレッシャーを与えたりするような早期教育の活動ではありません
対　　象	地域に生まれたすべての赤ちゃんと保護者が対象です
機　　会	地域に生まれたすべての赤ちゃんと出会える保健センターの 0 歳児健診などで行われます
方　　法	絵本をひらく楽しい体験と一緒に あたたかなメッセージを伝え，絵本を手渡します
体　　制	市区町村単位の活動として，地域で連携して実施されます 特定の個人や団体の宣伝・営利・政治活動が目的ではありません

出所) NPO ブックスタート編著『赤ちゃんと絵本をひらいたら』岩波書店，2010年，171頁。

(2) 地域における子どもの読書環境

　地域における子どもたちの読書環境としては，公共図書館が中心となる。公共図書館には，児童書コーナーがあり，絵本や紙芝居が豊富に取り揃えられて

いる。子どもがゆったりと本に触れ合えるようなオープンなスペースが設けられている施設も多い。図書館には司書もおり，絵本の選び方や留意点などを家庭に対して助言できる最も身近な専門家を備えているといえる。また，図書館では絵本や紙芝居の貸し出しはもちろん，お話し会などのイベントも多く開催されていて，親子で絵本に親しむ環境を提供している。子どもだけではなく，保護者に対しても，児童書に触れる機会を提供している点が特徴であろう。

　その他に地域で子どもたちが本と出会い，本と触れ合う環境として子ども文庫があげられる。子ども文庫とは，民間の個人やグループが自由に設置し，児童図書を集め，地域の子どもたちに貸出，読み聞かせ，お話し会などを行う小規模図書館を指す。個人が自宅と蔵書を地域に開放した施設は家庭文庫と呼び，より組織的な運営形態を採りながら集会所や公共施設の一室などで行われるものを地域文庫と呼ぶ。子ども文庫はこの家庭文庫と地域文庫の総称といえる。

　子ども文庫は公立図書館が未整備だった終戦直後に誕生し，1960年代半ばから急速に増加して全国に広がったと言われる。1960年代末には，各地域の文庫運営者が連絡会（文庫連絡会）を発足させるようになり，1980年代前半に最盛期を迎える。当初は子どもの読書環境を改善し，楽しい読書経験を持たせたいと望む母親が中心的な担い手となり，良質な子ども向け図書と読書環境の提供を目的としていたが，1980年代になると地域共同体の喪失，ゲームの普及等によって子どもの生活が変化する中で子どもの読書離れが進んだ。運営者の高齢化や中心的な担い手であった女性の社会進出が進んだこともあり，閉庫する文庫も増加する。1980年代以降，学校等に出向く「出前活動」も展開するなど，子ども文庫は存続のために活動内容や形態を多様化させている。

　2000（平成12）年が衆参両院の決議で「子ども読書年」と定められ，これ以降，国が子どもの読書活動の推進に積極的に取り組むようになったことで，読書ボランティアなど，地域でも子どもの読書推進の動きが活発化してきた。その中で改めて子ども文庫の，地域における子どもの読書環境としての役割が注目されている。さらに子ども文庫は，子育て支援や保護者と乳幼児の地域での居場所としての役割としても認識されている[6]。個人や民間の熱意によって支

えられている側面が大きい活動であるため，継続的な運営には地域の協力が不可欠であるが，本と人，人と人との交流を作りだす空間として独自の役割を果たしていく努力が続けられているといえるだろう。

3. 保育現場の読書環境

　学校図書館について，幼児期の読書環境を考えることは難しい。幼稚園は学校として位置づけられているが，他の学校教育現場とは異なり，幼稚園設置基準に学校図書館に該当する施設の設置義務が定められていないからである。幼稚園に関しては，幼稚園設置基準第11条において「次の施設及び設備を備えるように努めなければならない」とされる中に「図書室」が含まれているのみである。学校図書館法にも幼稚園は含まれず，幼稚園には子どもの読書環境を整える努力義務が課せられているのみになっている。学校図書館の範囲外であるために，幼稚園教諭は学校司書の資格取得も不可能となっている。

　実際，図書室を独立した設備として設置している幼稚園は少ないのが現状である。職員室や多目的な部屋，廊下等に本をまとめてあるのがよく見られる形式だ。保有する図書は担当教員が予算内で揃えることになり，選ぶ図書は保育者用の保育関連本と保育で活用する絵本等が中心となる。担当教員は司書でないため，日々の経験から選書を行うこととなる。この場合先輩からの助言のほか，児童書の出版社や大手書店の推薦図書を参考にしている例が多い。不足を補う方法として，地域の公立図書館からの貸出し制度がよく利用されている。

　幼稚園と同様に，乳幼児の生活や学びの場となっている保育所や認定こども園においても図書室等の設置義務はないが，実際には子どもたちの生活環境として絵本や紙芝居を予算の中で揃えている園がほとんどである。

　保育の現場では絵本の読み聞かせは，子どもの成長発達に欠かせない大切な活動として位置づけられている。学校教育法には，幼稚園の教育目的のひとつとして「日常の会話や，絵本，童話等に親しむことを通じて，言葉の使い方を正しく導くとともに，相手の話を理解しようとする態度を養うこと」とあり，

絵本が保育内容5領域[7]の中でも，特に「言葉」の領域と深く関連付けられていることが分かる。子どもたちは，絵本を通して言葉を獲得し，言葉の楽しさや美しさを感じる。また，言葉で紡がれる物語を理解できるようになると，さまざまなストーリーと接する中で対話力や想像力，思考力も育まれる。

　絵本や紙芝居を通して子どもたちが豊かな言葉や物語のイメージを獲得することは，「言葉」以外の領域でも重要な意味を持つ。絵本や紙芝居を通して，基本的な生活習慣を身に付け，自己の内面への認識や他者に共感する感受性を持ち，身近な自然環境，社会環境に関心をもつことができるからである。

　読書環境について秋田（2006）は，3つの視点を指摘している。第1に読書環境が子どもにとって社会文化的活動への参加になっている点，第2に読書環境は与えられるものではなく，子どもと大人が活動を通して構成していくものである点，第3に直接的な環境だけではなく，間接的な環境も含めて読書環境をとらえる点である[8]。この指摘は，多くの図書が用意されているだけでは不十分であり，その中で子どもたちに読み聞かせを行ったり，子どもたちとともに読書を行ったりする大人の存在の重要性を示している。

　保育者は専門教育を受けた優れた読み手として，読書教育の中心的役割を担うことが求められている。最近は，図書の家庭向けへの貸出しを行う幼稚園や保育園が増えている。また保護者向けの読書会や，読み聞かせの講習会を開くなど，保育者がアドバイザーとなって保護者が子どもと読書する機会を支えようという取り組みも進められており，保育現場と家庭が連携して子どもの豊かな読書環境を構成する中で，保育者の専門性が生かされている。

4.　子どもが物語と触れ合うための教材

　子どもが出会う本として，身近な教材は絵本と紙芝居である。本節ではそれぞれの特性と子どもに読み聞かせる際の留意点等を見ていくこととする。

(1) 絵　本

　読書への入口として，最も代表的なものは絵本である。絵と文章の組み合わせで物語を子どもたちの前に展開する絵本が，多くの場合子どもが人生で最初に出会う本であるために，その後の読書生活にとって重要な意味をもつ。なかには絵や写真のみで構成されているものもあるが，そのような場合でも絵や写真を通してひとつのストーリーが物語れるようになっているものを絵本という。

　子どもが触れる絵本を初期段階で選ぶのは大人であるが，その際には子どもの発達や興味に合わせて選ぶようにしたい。結末が悲しいものや，残酷な描写があるものを避けるべきだと考える人もいるが，選ぶのが子ども自身でないため，絵本を選ぶ大人の「子どもに何を伝えたいのか」という意図が選書に反映されることを自覚しておく必要がある。そのため，大人の聞かせたいという思いを押しつけることのないように絵本を選びたい。

　読み聞かせは，同じ空間で読み手と聞き手が同じ物語を共有する。本の見せ方やページのめくり方，声の出し方や大きさなど話し手の動きも含めて，子どもたちは物語に触れている。読み手は環境の一部であることが，絵本の読み聞かせの大きな特徴である。絵本によっては表紙や裏表紙，扉なども含めてストーリーを形づくっているため，最後までストーリーを読み終えたら裏表紙まで一緒に物語を楽しむとよい。

(2) 紙芝居

　絵本以外で子どもたちに物語を語る代表的な教材が紙芝居である。保育現場や図書館に多く所蔵されており，だれでも入手しやすく，家庭でも取り入れやすい媒体である。紙芝居は絵本と同質のものと捉えられることが多いが，子どもへの読み聞かせでは絵本とは異なる工夫が必要となる。よく言われるのが，絵本は「読み聞かせる」ものであり，紙芝居は「演じる」ものである点だ。また，絵本はそこに書かれている絵と文字が一体であり，字も子どもたちに見せながら読むが，紙芝居は絵だけを子どもたちに見せながら読み手は隠れてストーリーを語る。すなわち絵本の読み聞かせは，読み手と聞き手である子ども

たちが共にストーリーを楽しむ空間を演出するのに対して，紙芝居は展開されるストーリーに子どもが入り込めるような読み手の工夫が求められる。

5. デジタル時代の絵本

　デジタルメディアが普及し子どもの環境も変わってきている。保育現場へのデジタルメディアの導入は，これまで決して積極的に行われているといえない状況だった。幼児期に子どもがデジタルメディアに触れることに対して，情操面の発育や身体的・知的発達への影響などを根拠に抵抗感が強かったからである。

　しかし実際には，低年齢の時期から子どもたちは普段からスマートフォン等の機器に触れている。ベネッセ教育総合研究所による2013（平成25）年と2017（平成29）年の保護者対象の調査によれば，0歳から6歳のすべての年齢でスマートフォンとタブレット端末に接触している人の割合が増加しており，特に低年齢での割合の増加が大きかった[9]。スマートフォンでは特に2歳児で「ほとんど毎日」使用する割合が大きく，親子が一緒にいる時間が長いために，子どもが保護者のスマートフォンに接触する頻度の高いことが推察されている。

　小・中学校では1人1台端末が実現される中で，保育現場においても徐々にタイムラプス動画やオンライン会議システムを活用するなど，子どもたちの興味関心を探究活動へと結び付けたり，他機関と連携したりすることで多様な経験につなげている。

　パソコンやタブレットなどで見ることのできる絵本は，電子絵本やデジタル絵本と呼ばれている。電子絵本には映像や音楽をともなうなど，従来の絵本とは異なる方法で子どもたちに物語を提供する優れた作品もみられる。タッチパネル式の電子書籍などは，子どもたちが実際に触れることで物語が展開するなど，子どもが主体的に物語を楽しめるような工夫がなされている。もちろん，こうした媒体が従来の教材の完全な代わりになることはないだろう。しかし，子どもが興味をもって物語と触れ合うためのひとつの教材として，従来のものとどのようにして組み合わせて活用すべきか，議論がさらに進められるべきだ

と考えている。

　大人が幼児期の子どもたちに提供する絵本や物語との触れ合いは，子どもの成長にとって大きな意味をもち，その後の読書活動へとつながっていくものである。私たちは，その点を踏まえて子どもの読書環境を形成していくことが求められるだろう。

注
1）国立青少年教育振興機構「子どもの読書活動の実態とその影響・効果に関する調査研究報告書」2013。
2）国立青少年教育振興機構「子どもの頃の読書活動の効果に関する調査研究（報告書）」2021。過去の読書量と認知機能との関連性は31ページ，意識・非認知能力との関連性は25ページに考察されている。
3）同上，34ページ。
4）NPOブックスタート編『赤ちゃんと絵本をひらいたら』岩波書店，2010年。または「NPOブックスタート」のHP。http://bookstart.or.jp/（最終閲覧日：2023年7月12日）
5）「子供の読書活動推進に関する有識者会議論点まとめ―全ての子供たちの読む喜びを育む読書活動の推進―」（令和4年12月），21ページ。
6）汐﨑順子「子ども文庫が生まれる理由，続ける力，支える仕組み（本文）」慶應義塾大学大学院文学研究科図書館・情報学専攻，2018。
7）保育内容5領域とは幼稚園や保育所での教育目標や保育を行う際の視点を表したもの。具体的には「健康」「人間関係」「環境」「言葉」「表現」。
8）秋田喜代美・黒木秀子編『本を通して絆をつむぐ―児童期の暮らしを創る読書環境』北大路書房，2006，12ページ。
9）ベネッセ教育総合研究所「第2回乳幼児の親子のメディア活用調査レポート（2018年）」2018，22ページ。

参考文献
藤本朝巳『子どもに伝えたい昔話と絵本』平凡社，2002
えほんの会編『耳をすまそう　絵本についての100のお話』開拓社，2008
仲本美央・樋口正春編著『絵本から広がる遊びの世界』風鳴舎，2017
瀧薫『新版　保育と絵本』エイデル研究所，2018
秋田喜代美・宮田まり子・野澤祥子編著『ICTを使って保育を豊かに』中央法規出版，2022

第7章

学校がすすめる読書活動

　読書は，成長期の子どもの心を耕す糧である。これまで学校現場では，熱心な教員を中心に，地道ながらも特色ある読書活動が行われてきた。このような教員個人の個々の取り組みによって積み重ねられてきた読書教育が，学校全体への取り組みへと拡充されていく機運が見られる。このような機運をもたらす社会的背景は何か，そしてどのような動きが見られるのか，本章では，学校が進める読書活動について，特に学校の中の施設として位置づけられる学校図書館に注目して考えてみたい。

1. 学校における読書活動推進に向けて―国の取り組み

　読書教育が学校全体への取り組みへと拡充されるようになったのは，国が学校での読書活動を具体的施策により推進するようになったことが大きい。

　学校全体で子どもの読書活動が推進されるようになったひとつの大きな契機は，2001（平成13）年に「子どもの読書活動の推進に関する法律」が成立，公布・施行されたことである。この法律により，子どもの読書環境を保障する法的整備がなされ，国や地方公共団体の責務として，子どもの読書活動の推進計画を策定・公表することが規定された。国や地方公共団体が家庭，地域，学校での読書活動を計画的に整備する体制がつくられたのである。

　この法律に基づき，国においては，2002（平成14）年に第一次「子どもの読書活動の推進に関する基本的な計画」（以下「基本計画」とする）が制定され，

また，社会の変化を勘案し，子どもの状況に応じて，約5年ごとにその内容が更新されることになった。地方自治体においても，国の基本計画に基づき，「子どもの読書活動推進計画」を策定することが努力義務として規定された。この第一次「基本計画」の内容では，学校図書館法に基づき，2003（平成15）年度以降，12学級以上の学校において司書教諭を配置することとされ，司書教諭の発令が進んだ。このことは，学校教育に学校図書館や読書活動を推進する担当教員が位置づけられたということである。このような「基本計画」が追い風となり，学校一斉朝読書の実施や，読み聞かせボランティアの増加など，学校を取り巻く環境も変化することになった。

　2008（平成20）年3月に策定された第二次「基本計画」では，学校における言語力の育成に資する読書活動の推進と学校図書館の整備がなされた。具体的には，「学校図書館図書整備5か年計画」に基づく，学校図書館図書標準の達成促進のために，単年度200億円，5年間で1,000億円の地方交付税措置が講じられた。また，学校における超高速インターネットの接続が目標とされたが，これについては概ね全国的に達成されたとされる。

　2013（平成25）年5月に出された第三次「基本計画」では，平成20年度及び21年度に公示された学習指導要領に基づき，言語に関する能力の育成に必要な読書活動を充実することが新たに謳われている。

　2018（平成30）年4月に出された第四次「基本計画」では，発達段階に応じた取り組みによる読書習慣の形成，そして読書会，ブックトーク，ビブリオバトル等の友人同士で行う活動等を通じ読書への関心を喚起する内容が盛り込まれ，読書活動の領域として，家庭，学校等，地域に焦点が当てられることになった。

　第一次から第四次に至る「基本計画」に関する重点事項の変遷をまとめると，第一次が司書教諭の発令と全校一斉読書活動の推進，第二次が学校図書館といったハードの整備，第三次が教科と連携した読書活動の充実，第四次が発達段階に応じた自発的な読書習慣の形成があげられる。そして，2023（令和5）年3月，新たに次の5か年計画となる第五次「基本計画」が提出された。

　このように，読書教育は，学校での体制づくりから，教科学習の一環として，教育内容の中枢に位置づけられ，さらに個人の自発的読書の習慣形成に向けた働きかけがなされるようになってきている。国が基本計画を策定することで，子どもの読書活動の場としての学校図書館の人的，物的整備が進み，全国的に同じ水準の読書教育が推進されてきている。

2. 学校における読書活動

　読書活動が学校教育において注目されるようになった理由は，読解力や学力との関連から，言語能力が各教科の学習に重要と考えられ，教育委員会などの行政，教育界等，社会から読書と基礎学力との関係に，広く関心が持たれるようになってきたからである。

(1) 国内外の学力調査の読解力への注目

　文部科学省が実施した2009（平成21）年度「全国学力・学習状況調査」のデータについて読書活動や学校図書館の活用と教科の学力との関係に焦点を当てて分析した結果では，「教科の学力に対する学習活動の影響は大きい」「読書活動は学習活動に大きく影響する」「読書環境は読書活動に影響する」との結果が示されている[1]。

　3 R's（reading, writing and reckoning）や“読み，書き，そろばん”という言葉があるように，「読むこと」は，基礎学力を意味するものとして，古くから広く言われてきた。思考力，判断力，表現力，コミュニケーション力，問題解決能力などの基盤に，言語力や読解力があるということは，多くの者が否定しないことであろう。

　OECD（経済協力開発機構）は，各国の15歳を対象とした学力についての国際比較調査（生徒の学習到達度調査：Programme for International Students Assessment，以下 PISA）を3年ごとに行い，そのデータを参加国に提供している。OECD が15歳で PISA 調査を行うのは，義務教育が終了した時点の基礎学力

の完成度を測定するためである。そして，そこでは基礎学力の指標として，数学的リテラシー，科学的リテラシーとともに，読解力は大きな柱として取り上げられている。

　PISA 調査では読解力を「自らの目標を達成し，自らの知識と可能性を発達させ，効果的に社会に参加するために，書かれたテキストを理解し，利用し，熟考し，これに取り組む能力である」とし，読むことへのモチベーション，読書に対する興味・関心，読書に対する情緒的，行動的特性からなる能力を含むと定義する[2]。

　2018（平成30）年 PISA 調査における子どもの読書への関心を聞いた「読書は，大好きな趣味のひとつだ」「本の内容について人と話すのが好きだ」との項目では，「全くそうだと思う」「そうだと思う」と回答した割合は，調査対象国の平均を上回り，わが国の子どもの読書への関心は先進諸国の中では低いものではない。また，「読書は，大好きな趣味の一つだ」「本の内容について人と話すのが好きだ」などのように読書を肯定的に捉える生徒は，読解力の得点が高い傾向にあることが明らかにされている[3]。

(2) 情報リテラシー教育

　このように，国内外の学力調査が読解力を重要視し，読書活動に注目しているのと同時に，教育関係者があらためて読書活動を取り上げようとするのは，社会におけるテクノロジーの進展とも関わっている。

　知識基盤社会と言われ，またインターネットなどで知識や情報が断片的に膨大に提供される情報社会にあって，その情報を読み解き，批判的思考を持って選択する力が，これからの子どもたちの基本的素養として求められる。

　国においては，すべての小中学生に1人1台端末の提供と学校における高速大容量の通信ネットワークの一体的整備を目指す GIGA スクール構想やデジタル教科書の導入など，ICT 活用により教育の方法も劇的な変化が起きている。今後ますます教科横断的な ICT を活用する情報教育，メディアを批判的に読み解くメディア・リテラシーや図書資料，インターネット情報，電子図書など

の多様な資料・情報の活用能力を学校で身につけることが肝要となる。

　その一方で，社会全体を見れば，ウェブやスマートフォンを介した情報が氾濫し，細分化され断片的情報が速いスピードでわたしたちの脳に入ってくる。ウェブを用いることで，思考プロセスは変化し，集中力と思索力は奪われ，長い文章を没頭して読む能力を失うと言われる[4]。このことは，情報を読み解く以前に，子どもたちの学習の質を左右する重大事である。そのため，集中して学ぶ力を育成するために，紙媒体の，そしてストーリー性を持つ読書が，より重要になってきているとも言える。

　つまり，読書を通じて獲得される集中力や思考力が断片化された知識をつなぎ，教科学習の前提となる学習態度や意欲を形成することもあろう。このことが現在，教育関係者が読書活動に新たに注目する理由のひとつと思われる。

3.　学校が行う読書活動

　それでは，学校では，実際にどのような読書活動がなされているのだろうか。

(1) 朝読書の推進

　第1に，小・中学校の多くで一斉読書が進められている。

　ひとつの実践として，朝の授業開始前10分程度に読書時間を設ける「朝の読書」という活動がある。朝の読書推進協議会によれば，この活動は，「『みんなでやる』『毎日やる』『好きな本で良い』『ただ読むだけ』を原則とした感想文や評価のない自由な読書活動」[5]とされ，子どもたちがみんなで一定時間，自分の好きな本を毎日読むことが必然的に子どもの読書量の増加につながってきた。しかし，一旦増加に向かった始業前に行う朝読書は，令和元年度の小学校での実施率が61.0%，中学校で68.5%，高校が64.4%であり，前回の平成27年度よりも小学校で7.5ポイント減，中学校で4.2ポイント減となり小中学校では鈍化，一方高校はわずかではあるが1.2ポイント増となっている[6]。現状として，朝読書が成立しない学校環境もある。朝読書は，児童生徒が自由に自分

で選んだ本を持ってくることが前提であるが，それが難しい学校現場では，学校図書館や公共図書館等と連携し本をクラス内に置くなどの工夫がなされる。一方で，校長のリーダーシップがあっても，学校の置かれた状況により，子どもの自発的読書を喚起できず，学級経営がむずかしいなど，朝読書を継続できない学校があることも推測される。

⑵　主体的・対話的で深い学びの実現に向けた学校図書館の利活用

　第２に，2017（平成29）年，2018（平成30）年改訂の学習指導要領で「主体的・対話的で深い学び」の実現に向けた授業改善に学校図書館の役割の重要性が謳われ，探究学習の要として学校図書館がクローズアップされている。

　たとえば，平成29年に告示された小学校学習指導要領によれば，その総則に「これからの学校図書館には，読書活動の推進のために利活用されることに加え，調べ学習や新聞を活用した学習など，各教科等のさまざまな授業で活用されることにより，学校における言語活動や探究活動の場となり，主体的・対話的で深い学びの実現に向けた授業改善に資する役割が一層期待されている」と記されている。中学校，高校など他の学校種にあっても，学校図書館が読書のみならず，言語活動の場となることが期待されていることが分かる。

　主体的に何をどのように学ぶかという観点にあっては，「学校図書館の整備充実に関する調査研究協力者会議」において，「学校図書館が学校における言語活動や探究活動の場となり，『アクティブ・ラーニング』を支援していく役割が期待される」[7]とされ，言語活動や探究活動の場である探究学習の授業では，児童生徒自らが，「課題の設定」「情報の収集」「整理・分析」「まとめ・表現」のプロセスを通じた主体的能力の育成が目指されている。

　つまり，学校図書館は，読書活動を超えて，各教科等のさまざまな授業での学びを通じ，思考力，判断力，表現力などを身に付けさせ，主体的に学習に取り組む態度を養成するための利活用が期待されているのである。

4. 学校の読書活動の拠点：学校図書館

　以上のように，学校での読書教育をすすめる上で，読書活動の拠点は，学校図書館である。

　学校図書館法第3条の規定によれば，「学校には，学校図書館を設けなければならない」とされており，学校図書館は，どの学校にも設置されている。しかし，学校図書館の中には，意識の上でも実際にも，長らく学校の片隅に置かれており，ひっそり存在していたところもあったかもしれない。

　ヒト，モノ，カネ，情報が経営の四大資源と言われるが，学校図書館が学校経営において主たる議論になることは少なく，これまで，学校図書館は，いずれの資源も十分に投入されてはこなかった。

　2016（平成28）年10月「学校図書館の整備充実に関する調査研究協力者会議」により「これからの学校図書館の整備充実について（報告）」が提出され，「学校図書館ガイドライン」が提案された。それを受けて，2016（平成28）年11月には文部科学省から「学校図書館の整備充実について（通知）」が出され，学校図書館の目的・機能，運営，利活用，教職員等，図書館資料，施設，評価に関わる「学校図書館ガイドライン」が併せて示された。その目的は全国の学校図書館の標準を決めることにあった。

　ガイドラインの提示後，学校図書館の状況はどのように変わってきているのであろうか。経営の四大資源であるヒト，モノ，カネ，情報別に見てみよう。

(1) 人的整備

　学校図書館は学校の教育現場にある。そのため，学校の管理職である学校長が学校経営方針として，学校図書館の利活用を位置づけることが重要である。

　学校長等の管理職のリーダーシップとともに，通常学校図書館に関わる「ヒト」としては，司書教諭，学校司書があがる。

　司書教諭は，教員として採用された者で，学校内の業務として学校図書館の

運営に中心的な役割を担う者である。学校図書館法によれば，「学校図書館の専門的職務を司る」と規定され，学校図書館を総括する者とされる。司書教諭の資格は，所定の機関で行われる司書教諭講習を受講することで取得できる。司書教諭は，「学校図書館法」第 5 条で規定され設置が義務づけられたが，「学校図書館法」が制定された1953（昭和28）年の段階では，附則に特例措置として，当分の間，司書教諭を置かないことができるとされ，配置がなされない学校がほとんどであった。しかし，1997（平成 9 ）年の学校図書館法の改正により，司書教諭は12学級以上の学校には必ず置くものとされ，現在では12学級以上の学校ではほぼ全校で配置されている[8]。司書教諭は，学校図書館の活用をカリキュラムに位置づけ，読書指導と情報活用能力育成の年間計画の作成を働きかけ，カリキュラム・マネジメントの提案を行う職責を担っている。

　一方，学校司書は，資料・情報を直に扱う担当者である。学校司書は，制度上の設置根拠や資格の定めもなく運用されてきたが，2014（平成26）年の「学校図書館法」の改正により，法律上「専ら学校図書館の職務に従事する職員」と明記された。「学校図書館ガイドライン」によれば，学校司書は，児童生徒や教員に関する「間接的支援」，児童生徒や教員に関する「直接的支援」，教育目標を達成するための「教育指導への支援」の 3 つの職務や役割を担う専門的知識や技能を要する。文部科学省は，学校司書を養成する「学校司書モデルカリキュラム」を策定し[9]，養成の指針を示している。しかし，モデルカリキュラムは資格ではなく履修証明に留まることや，学校司書の採用基準や配置状況は各地方自治体において多様であり，多くは非常勤である。学校司書が学校図書館に恒常的に配置されている場合，学校内の一貫した体制づくりができるが，地域によっては一人の学校司書が複数校を掛け持ちする場合もある。

　学校図書館を活性化する要は「ヒト」であり，司書教諭の活動時間の確保と，学校司書が毎日勤務できる体制づくりが，強く現場から求められている。教育委員会による司書教諭や学校司書対象の研修などを通じて，情報共有は試みられているが，学校司書の資質・能力や資格の保有状態も地方自治体によって異なる。学校司書の質を保証するため，講習などによる資質・能力を向上する機

写真7-1　子どもたちの興味を呼び込む（東京都杉並区天沼小学校）

会や身分保障は，今後も検討されるべきであろう。

⑵ **物的整備**

　次の「モノ」としての本の充実度であるが，小・中学校の学級規模（学級数）に応じて，学校図書館には，「学校図書館図書標準」と呼ばれる整備の目安となる基準が存在する。たとえば，1993（平成5）年3月に制定の公立義務教育諸学校の学校図書館に整備すべき蔵書の標準とされる「学校図書館標準」の算定基準によれば，小学校で1学年2学級，全学年12学級の図書館の目安は，7,960冊である。また中学校で1学年4学級，全学年12学級の中学校の場合は，10,720冊である。

　しかし，学校図書館標準を達成している学校数は2019（令和元）年度末現在で，小学校で全体の71.2%，中学校では61.1%であり[10]，その割合は増加してはいるが，多くの地域で十分に整備がされているとはいえない。国は，「学校図書館図書整備5か年計画」を策定し，学校図書館標準の達成を目標に財政措置を行っている。たとえば，2022（令和4）年度～2026（令和8）年度の第6次「学校図書館図書整備5か年計画」では，学校図書館図書の整備，学校図書館への新聞配備，学校司書の配置が予算化されている。

写真 7 - 2　公共図書館で出番を待つ学校貸出用図書（千葉市立図書館）

　文部科学省による「子供の読書活動の推進等に関する調査研究（令和 2 年度
学校図書館の現状に関する調査）」によれば，小中学校ともに図書館標準達成率
と子どもの平均読書時間との強い相関が確認されており，学校図書館の蔵書の
整備・充実が子どもの読書に大きな影響があることが明らかにされている[11]。
　以前より手厚い予算化がなされてきたとはいえ，学校図書館への予算が現状
を改善するほど潤沢ではない中，児童生徒に必要な蔵書を提供するには，地域
のリソース活用も重要となる。たとえば，公共図書館からの団体貸出等を活用
するなどである。公共図書館によっては，教科書で取り上げられる書籍を用意
し，副教材としての準備を行っているところもある。このように，公共図書館
と学校図書館の連携が，実績とともに制度として確立することが求められてい
る。2019（令和元）年度末のデータによれば，公共図書館と連携する学校の割
合は，小学校で86.0%，中学校で65.4%，高校で54.5%といずれも増加してお
り[12]，連携の取り組みが進んできていることが分かる。

(3) 財政整備

　「カネ」と呼ばれる学校図書館の予算であるが，学校図書館の学校図書館担
当職員や人的整備や物的整備のため，国は，地方財政措置を行っている。その

財源は，地方交付税交付金として，使う内容を特定せずに地方に交付されるため，各市町村で学校図書館の経費として使用する場合は，あらためて予算化がなされなければならない。このように，学校図書館経費として算定されている国の予算であるが，その使用は地方自治体に任されている。そのため，読書活動に熱心な市町村では学校図書館が充実するが，そうでない場合には，別の経費として用いられることもある。このことが，地方自治体によって学校図書館の充実度が異なる結果となっている。そのため，学校図書館の標準化された質を維持するため，国や関係団体の働きかけが望まれるのである。

⑷　情報整備

　学校図書館にコンピュータはあるが，学校図書館の蔵書のデータベース化が行われているところは少なく，また，蔵書を相互貸借するための各学校間，あるいは公共図書館とのオンライン化や物流システム確立も将来的課題であろう。とはいえ，このことは各地方自治体の厳しい財政状況の中では一気呵成にすすむものではなく，国の整備計画が期待されるところである。

　一方で，「学校教育の情報化の推進に関する法律」が2019（令和元）年6月に公布，施行された。また，すべての小中学生に1人1台端末と高速大容量の通信ネットワークを整備しようとする「GIGAスクール構想」が推進され，デジタル教科書の導入も検討されている。全国学校図書館協議会指導主事研修委員会では，教育委員会や学校ができることとして，情報化における学校図書館の整備やICT担当者の協働に向けて「学校図書館担当指導主事研修会」を実施するなど，情報化への対応に向けた学校図書館担当者への啓発を行っている[13]。しかし，情報活用が学校教育で重視され，また，伝統的に「情報」を扱ってきた施設として学校図書館が存在しているにもかかわらず，情報教育と学校図書館は，その接点がなく協働することがない現状となっている[14]。しかし，今後ますます学校図書館は，ICT活用により情報教育を意図した組織として，1人1台端末に対応し，情報活用能力（デジタル・リテラシー）の育成に大きな役割を果たすことが望まれている[15]。

　以上のように，近年の「基本計画」により，国の施策による学校図書館整備
への働きかけや地方自治体の取り組みが進み，学校図書館の持つ意義や可能性
があらためて検討されるようになった。学校図書館に学校司書という「ヒト」
を常置することで，まだ不十分な状況とはいえ，学校図書館に命が吹き込まれ，
学校図書館が機能し始めている。しかし，児童生徒の「読書センター」「学習
センター」「情報センター」[16]の役割が期待される学校図書館が，これらの機
能を十分に有するようになるには段階を踏んだ整備が必要である。

　堀川（2018）は，学校図書館の機能が充実していく段階を図7−1のように
5段階で図示化している[17]。第1段階は本の倉庫として存在し，学校図書館
が本来の機能を果たしていない状態である。第2段階は「読書センター」とし
て書籍が充実した空間ができる状態，第3段階と第4段階は学習センター，第
5段階は情報センターとして機能する。この図によれば，それぞれの機能は発
展的に，かつ蓄積した形で進展していく。学校図書館が情報センターとしての
機能を持ち，情報化教育の一端を担うためには，第5段階までの発展がそれぞ
れの学校で望まれよう。

　学校図書館は，加えて，教員のサポート，子どもたちの「居場所」，家庭・
地域における読書活動の支援といった機能も期待されており，取り組みに積極
的な学校にあっては学校経営の中核を占めるに至っている。

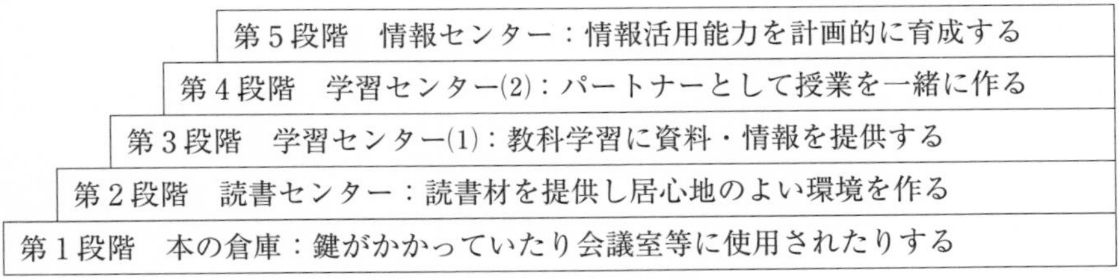

| 第5段階　情報センター：情報活用能力を計画的に育成する |
| 第4段階　学習センター(2)：パートナーとして授業を一緒に作る |
| 第3段階　学習センター(1)：教科学習に資料・情報を提供する |
| 第2段階　読書センター：読書材を提供し居心地のよい環境を作る |
| 第1段階　本の倉庫：鍵がかかっていたり会議室等に使用されたりする |

注）図のタイトルは筆者による。

図7−1　学校図書館の機能の充実段階

出所）堀川照代『「学校図書館ガイドライン」活用ハンドブック解説編』悠光堂，2018，5ページ．

5. 今後の展望

　それでは，このような動きを受けて，学校で読書活動をすすめる上で，どのような配慮が必要であろうか。

(1) 学校経営における位置づけ

　学校の中で，読書活動をすすめる中心は，司書教諭や学校司書である。しかし，これらの担当者のみに学校内の読書活動が委ねられるのではなく，学校全体で，読書を通じた学習や読書活動を推進していく体制づくりが重要とされる。そのため，学校長が読書活動を推進するビジョンを，その他の教職員と共有することが必要となる。

　司書教諭のほとんどが学級担任を持つ通常の教員であり，また学校司書が必ずしも常勤でない状況では，読書教育の推進がうまくなされるかどうかは，学校長が積極的に読書教育を教育目標に据え，司書教諭や学校司書をいかに支えるかに拠る。実際，事例を見れば，学校長が学校図書館長である学校は，学校図書館を活用する教育に向けて教職員全体の連携・協力や校内組織が整備され，

写真7-3　学問へ誘う知的な空間（千葉市立稲毛高等学校・附属中学校図書館）

学校でのカリキュラム・マネジメントが容易になる。学校長が積極的であれば，教職員全体の意識の高揚も図れ，司書教諭や学校司書とそれぞれの教員との連携が円滑になり，学校として一貫した取り組みが期待されるであろう。

(2) 探究学習の場としての学校図書館

　学校図書館は「読書センター」のみならず，子どもたちの主体的な学習を支援する「学習センター」「情報センター」としての機能強化が求められている。

　「学習センター」の機能は，児童生徒の能動的学びのために教科学習，教科横断的な学習や探究学習のための資料・情報を提供することにある。

　一方，「情報センター」としての機能では，司書教諭は「学校内情報メディア専門家」[18]の役割が期待され，学校司書にあっても情報専門職としての役割も期待されることになる。そこでは，教科指導におけるICT活用，つまり，教科学習，教科横断的学習，探究学習がなされるためにICTをツールとして活用した支援が期待されるのである。司書教諭，学校司書を取り巻く環境は，情報化の中で日々変化していく。そのため，司書教諭，学校司書の専門職としての養成，継続教育が検討されるべきであろう。

(3) 学校で読書教育を行う意義

　最後になぜ，学校が読書教育をすすめるべきなのか，という問いをあらためて考えてみたい。

　文部科学省「親と子の読書等に関する調査」[19]では，親が「家に本をたくさん置く」「図書館に連れて行く」などの読書支援を行う場合，子どもは本を読むことが好きになり，読書好きの保護者の子どもは読書好きという傾向が明らかにされている。家庭の蔵書数や親の教育意識が子どもの学業成績に影響を与えることは，かねてから社会学者[20]らによって実証されてきた。逆に言えば，家庭に本がなく，保護者が子どもを図書館に連れて行かない，あるいは，保護者が読書嫌いな場合，その子に読書への関心が芽生えることは少ない。そのため，どのような家庭に生まれた子どもであっても，学校教育による読書活動へ

の参加機会を平等に提供することが社会的公正であり，公教育で重視されるべき観点である。学校における読書活動，あるいは学校図書館や公共図書館で自由に本を借りられれば，子どもは家庭環境に左右されずに読書を楽しみ，読書から学び方を獲得し，読書で世界を広げることができる。学校での読書活動は，家庭環境のもたらす教育格差を是正する試みとも言える。

福沢諭吉は，その著『学問のすすめ』で，「読書は学問の術なり，学問は事をなすの術なり」と言っている。読書は学問の技術であり道具である。学校教育，とりわけ，小学校の早い段階でこの技術を身に付け，道具としての活用ができることは，子どもたちにとって武器となり，また，セーフティネットとなる。なぜなら，変化のスピードがより速く，ますます混沌としていくであろう未来の社会にあって，これからの子どもたちは，自ら学習することで，この変化や混沌に対応していかなければならないからである。このことを振り返って考えれば，学校での読書活動は，子どもたちの未来への保障であり，学校関係者の見識ある，誠実な教育の取り組みのひとつと言えるのではないだろうか。

注

1）平成21年度文部科学省委託調査研究『学力調査を活用した専門的な課題分析に関する調査研究C．読書活動と学力・学習状況の関係に関する調査研究分析報告書』（静岡大学）46ページ。

2）国立教育政策研究所編『生きるための知識と技能4 OECD 生徒の学習到達度調査（PISA）2009年調査国際結果報告』14-17ページ，2010。

3）国立教育政策研究所『OECD 生徒の学習到達度調査（PISA）Programme for International Student Assessment ～2018年調査国際結果の要約～』2019，14ページ，https://wer.go.jp/kokusai/pisa/pdf/2018/03_result.pdf（最終閲覧日：2023年1月15日）。

4）ニコラス・G. カー（篠儀直子訳）『ネット・バカ―インターネットがわたしたちの脳にしていること』青土社，2010，18-19ページ。

5）中村豊「朝の読書」『生涯学習研究 e 事典』http://ejiten.javea.or.jp/content1f63.html（最終閲覧日：2023年1月15日）。定義については，TOHAN「朝の読書」https://tohan.jp/csr/asadoku/（最終閲覧日：2023年1月15日）から引用した。

6）文部科学省令和2年度「学校図書館の現状に関する調査」https://mext.go.jp/a-menu/shotou/dokusho/link/1410430_00001.html（最終閲覧日：2023年1月15日）。

7）学校図書館の整備充実に関する調査研究協力者会議「これからの学校図書館の整備充

実について」（報告）2016。

8 ）文部科学省令和 2 年度「学校図書館の現状に関する調査」（前掲）によれば，司書教諭を置かなければならないとされる12学級以上の学校での発令状況は，令和 2 年 5 月 1 日現在，小・中学校でそれぞれ99.2%，97.0%，高等学校では93.2%であり前回の平成28年 4 月 1 日現在の調査と比べると微減している。また，学校司書については，令和 2 年 5 月 1 日現在，小・中学校ではそれぞれ全体の68.8%，64.1%，高等学校では63.0%となっており，前回調査である平成28年 4 月 1 日現在と比べると小中学校では増加，高等学校では減少している。

9 ）学校図書館の整備充実に関する調査研究協力者会議「これからの学校図書館の整備充実について（報告）」平成28年10月。

10）令和 2 年度「学校図書館の現状に関する調査」（前掲）。

11）文部科学省「子供の読書活動の推進等に関する調査研究（令和 2 年度学校図書館の現状に関する調査）調査分析報告書」令和 4 年 3 月。

12）令和 2 年度「学校図書館の現状に関する調査」（前掲）。

13）指導主事用の資料として下記が作成された。
全国学校図書館協議会指導主事研修委員会「 1 人 1 台端末時代の学校図書館担当指導主事の仕事と知識」（文部科学省委託事業指導主事の資質・能力向上と指導主事ネットワークの構築に関する取組）2021年 9 月。

14）今井福司『情報教育と学校図書館が結びつくために』悠光堂　2022。

15）全国学校図書館協議会『どう使う？学校図書館と 1 人 1 台端末　はじめの一歩』編集委員会編著『どう使う？学校図書館と 1 人 1 台端末　はじめの一歩』公益社団法人全国学校図書館協議会，2022，17-19ページ。

16）文部科学省「全国図書館ガイドライン」，公益社団法人全国学校図書館協議会などでも学校図書館の機能として，「読書センター」「学習センター」「情報センター」の三つを挙げる。

17）堀川照代『「学校図書館ガイドライン」活用ハンドブック解説編』悠光堂，2018，5 ページ。

18）LIPER 学校図書館班『「情報専門職の養成に向けた図書館情報学教育体制の再構築に関する総合的研究（LIPER）」学校図書館班中間報告—「学校内情報メディア専門家」の可能性—』2005年 9 月。

19）文部科学省，平成22年度「学校図書館の現状に関する調査」。

20）ブルデュー，P. ＆パスロン，J.（宮島喬訳）『再生産』藤原書店，1991。

第8章

教科等で行う読書教育

学校図書館には読書センターと情報センターとしての役割があるので，読書教育にも「豊かな感性や情操を育むための読書」「調べ学習のための読書」の2つの面があるといえよう。本章では，教科等における読書教育の進め方について，この2つの面から小学校に焦点化して述べる。

1. 小学校学習指導要領における読書教育

平成29年3月に告示された小学校学習指導要領の第1章総則において，教科等で行う読書教育について次のように述べられている。

「言語能力の育成を図るため，各学校において必要な言語環境を整えるとともに，国語科を要としつつ各教科等の特質に応じて，児童の言語活動を充実すること。あわせて，(7)に示すとおり読書活動を充実すること[1]」（下線部は筆者）

このように小学校学習指導要領のもとでは，国語科を要としつつ各教科等の特質に応じた言語活動の充実が求められている。それに合わせて読書教育に関しては「学校図書館を計画的に利用しその機能の活用を図り，児童の主体的・対話的で深い学びの実現に向けた授業改善に生かすとともに，児童の自主的，自発的な学習活動や読書活動を充実すること。また，地域の図書館や博物館，美術館，劇場，音楽堂等の施設の活用を積極的に図り，資料を活用した情報の収集や鑑賞等の学習活動を充実すること[2]」と述べられている。つまり，読書教育においても，言語に関する能力を育成する中核的な教科である国語科のみ

ならず，各教科等における学校図書館などを活用した学習活動を充実させることの重要性が指摘されている。

　小学校学習指導要領においては，学校図書館などの利活用について，国語科だけでなく社会科，総合的な学習の時間，特別活動でも述べられている。下記に学校図書館などの利活用について，それぞれどのように述べられているのかを整理する。

＜国語科＞

○内容の指導に当たっては，学校図書館などを目的をもって計画的に利用しその機能の活用を図るようにすること。その際，本などの種類や配置，探し方について指導するなど，児童が必要な本などを選ぶことができるよう配慮すること。なお，児童が読む図書については，人間形成のため偏りがないよう配慮して選定すること[3]。

＜社会科＞

○学校図書館や公共図書館，コンピュータなどを活用して，情報の収集やまとめなどを行うようにすること。また，全ての学年において，地図帳を活用すること[4]。

＜総合的な学習の時間＞

○学校図書館の活用，他の学校との連携，公民館，図書館，博物館等の社会教育施設や社会教育関係団体等の各種団体との連携，地域の教材や学習環境の積極的な活用などの工夫を行うこと[5]。

＜特別活動＞

○学ぶことの意義や現在及び将来の学習と自己実現とのつながりを考えたり，自主的に学習する場としての学校図書館等を活用したりしながら，学習の見通しを立て，振り返ること[6]。

　上記のことから，国語科を中心にして豊かな感性や情操を育むための読書教育を進めるだけではなく，各教科等においても，児童が自分の追究する疑問や

問題解決を図るために学校図書館などを有効に活用することが求められていることがうかがえる。その実現のためには学校図書館などにおける指導を計画的に行うことが大切であり，国語科を中心にして学校図書館などの仕組みの理解や利用の仕方に関する実践的な学習活動を行う必要があるといえよう。

2. 国語科における読書教育の具体的実践

　小学校学習指導要領の第2章第1節国語「指導計画の作成と内容の取扱い」において，読書教育に関して次のように示されている。

　「『C読むこと』に関する指導については，読書意欲を高め，日常生活において読書活動を活発に行うようにするとともに，他教科等の学習における読書の指導や学校図書館における指導との関連を考えて行うこと[7)]」

　つまり，国語科を要としつつ各教科等の特質に応じて学校図書館を計画的に利用し，必要な本や文章などを選ぶことができるように指導することが重視されている。それは，小学校学習指導要領の第2章第1節国語において，各内容を指導する際の具体的な言語活動の例示に反映されている。ここでは第5学年及び第6学年の言語活動例から読書教育に関係するものを抜粋して取り上げる[8)]。

「C読むこと」第5学年及び第6学年の言語活動例

> ア　説明や解説などの文章を比較するなどして読み，分かったことや考えたことを，話し合ったり文章にまとめたりする活動。
>
> イ　詩や物語，伝記などを読み，内容を説明したり，自分の生き方などについて考えたことを伝え合ったりする活動。
>
> ウ　学校図書館などを利用し，複数の本や新聞などを活用して，調べたり考えたりしたことを報告する活動。

　以下では，言語活動例「イ　詩や物語，伝記などを読み，内容を説明したり，自分の生き方などについて考えたことを伝え合ったりする活動」の実践事例を

取り上げて紹介する。自分の読んだ本の内容や考えたことについて他者に伝える文章を書くためには，本の主題や表現などの特徴をどのように捉えるのかが大切であり，そのために，本をしっかりと読み込んで特徴をつかみ，相手に伝わるような構成や表現方法を工夫することが求められるであろう。また，その方法としては，本の帯や，ポップ，リーフレット，ポスターなどが考えられる。

　以下に資料として紹介するのは，筆者が勤務する武庫川女子大学の授業において小学校の読書活動のあり方を学ぶために大学3年生が作成したものである。

(1) リーフレット

　資料8-1は，6年生の文学教材「海のいのち」（東京書籍6年）を読み取った後，学習のまとめとしてリーフレットに表したものである。本教材のあらすじと主題である少年の成長と自然の荘厳さについて言葉を選んで簡潔にまとめている。さらに，小見出しとイラストを添え，読み手に伝えやすいレイアウトの工夫をしている。このように，まず，共通の教材文をもとにして内容や考えたことについて伝える文章を相手に読みやすいリーフレットなどに表すポイントを学級全体で学び合わせることは大切である。それは，その後，

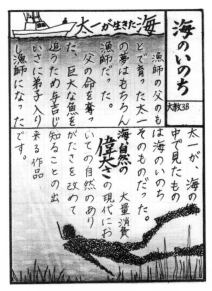

資料8-1　「リーフレット」

児童は自分の興味・関心に応じて，本を選び，自分が他者に紹介したい本を選んで，その紹介の文章を多様な方法で表現することができるようになるからである。

(2) 本の帯

　資料8-2は，上記の文
学教材「海のいのち」の作
者である立松和平氏の他作
品「街のいのち」を比べ読
みする教材として取り上げ，
読み取った内容をもとに本

資料8-2　「本の帯」

の魅力をアピールする帯に表現したものである。同じ書き手の作品を比べ読み
することにより，2つの作品の違いを発見するだけでなく，教材「海のいの
ち」の主題や作者の表現手法もより明確にすることができた。本の帯が完成す
るまでは「街のいのち」に実際の絵本に付けられている帯は見せずに，完成し
た後，プロの作成した作品と比較させた。

(3) 読書新聞

　資料8-3は，資料8-1のリーフ
レット作りを学んだ後に，自分が友
達に紹介したい本を「はがき新聞」
の形式で表現するものである。「は
がき新聞」とは，葉書サイズの新聞
用原稿用紙を利用して作成するもの
で，短時間で新聞を作成することが
できる。縦書き3段で，あらすじや
自分の感想などの文章を書き，小見
出しやイラストを読み手を意識して
レイアウトしている。完成した作品
は，教室に掲示したり，印刷して学
級で配布したりすることにより，学
級の児童に，友達の選んださまざま

資料8-3　「読書新聞」

なお勧めの本を紹介することができる。また，この新聞を資料として，ブックトークをさせることも可能である。

3. 各教科等における読書教育の具体的実践

(1) 理科…観察記録カードの工夫

理科における調べ学習においても，学校図書館などを利活用して読書教育と関連させて進めていくことが大切である。資料8-4は小学校4年生における生き物の観察カードである。この学級では国蝶であるオオムラサキを冬越し幼虫から飼育し，さなぎを経て羽化するまでの一連の変化を観察した。以前は，観察を通して，分かったことを絵や言葉で表すだけであったが，観察カードの項目に疑問や不思議に思ったことを図書館の本で調べるという項目を加えた。このカードに観察記録を書いた児童は，オオムラサキの幼虫を観察して，幼虫が「小さい体でどうやって葉に付いているのか」という疑問を持った。そこで，学校図書館のオオムラサキの生態に関する本を探して読み，「幼虫は台座にしている葉のつけねや葉先のあたりに糸をはき，その糸に腹部の足にあるかぎをひっかけて

資料8-4　「観察カード」

います。ですから，風や雨の日でも葉からすべりおちないのです」と自分の疑問の答えに当たる部分を見つけ，カードに書き出している。このように読書教育の視点からワークシートの項目を工夫することにより，観察を通して出た疑問を自ら図書館を利用して解決しようとする意欲的な態度を育むことができた。

(2) 始業前の時間…新聞を読む習慣

　上記と同じオオムラサキを観察した学年で，始業前の時間を利用して，週に1回の割合で児童の興味・関心に応じた新聞記事を読むという活動を行った。たとえば，児童が夢中になって観察しているオオムラサキの羽化に関する短い新聞記事を配り，まず，教師が音読して難しい言葉は説明を加える。その後，新聞記者の書いた記事の良いと思う記述と，自分だったら，このように書くと思う記述に傍線を引かせる。優れた叙述を見つけるだけではなく，批判的に新聞記事を読むという視点を4年生から育てることで高学年の国語の学習につなぐことができると考えた。

　児童は新聞記事の良いと考えた日時が書かれた箇所を傍線で指摘し，「しっかりと何日の午前や午後を書けていたので，いつ羽化したか分かりました」とその箇所を選んだ理由を書いている。また，自分ならこのように書くと考えた所として，記事の小見出し「おはようオオムラサキ」をあげ，自分ならば記事の小見出しとして「成虫になったよ　オオムラサキ」と書くとしている。理由として「おはようオオムラサキだったら，たまごから生まれてきたんだと思ったからです」と書いている。つまり，さなぎから羽化する場合は変身したのであって，オオムラサキは眠っていないと考えたのであろう。

　その後も，オオムラサキに関すること以外に各新聞社の発行する子ども新聞を教室において読ませ，自分が気に入った記事を切り抜き，同様に新聞の良いところ，分かりにくい点を理由も添えて書かせる活動を継続して行った。それにより，読書の一環として，毎朝，学校に来ると子ども新聞を読むという習慣がつき，時事的な事柄にも興味をもつようになった。

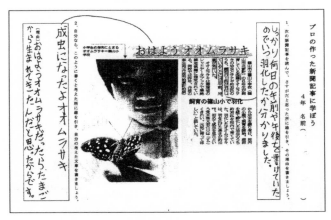

資料 8-5　「新聞記事に学ぶワークシート」

(3) 総合的な学習の時間…本を参考にしたパンフレット作り

　次に紹介する事例は，総合的な学習の時間に児童に人気があるカブトムシを題材として取り上げた3年生のものである。博物館と連携して地域の子どもたちにカブトムシの幼虫をプレゼントするという目標を設定した。その際，幼虫と一緒に渡すカブトムシの飼育方法や生態の不思議などをまとめたパンフレットを学校図書館のカブトムシに関する本を参考にしてパソコンで作成した（資料8-6）。

　児童は春から6年生から譲り受けたカブトムシの幼虫の飼育を始めた。児童にとって飼育の仕方を知ることはカブトムシの生死に関わる重要な問題であり，学校図書館を利用したカブトムシの飼育の学習は必然性を持った。さらに，パンフレットを作成させる際にも，学校図書館の本の文章構成や写真のレイアウトの方法を参考にさせた。パンフレットの内容は読み手を意識して飼育の実体験から得た情報を中心に書かせ，使用した写真も児童がデジタルカメラで撮った写真を利用させた。

　パンフレットは1ページにひとつの班を担当させ，「成虫の飼育の仕方」「幼虫の飼育の仕方」「さなぎの観察の仕方」「幼虫の体の不思議」などの章立てを

して，班で分担して作成させることにより，効率的に1冊のパンフレットが仕上がった。なお，ワープロソフトの入力においては，春から計画的に練習をさせておいた。

　総合的な学習の時間において，学校図書館を活用しながら飼育活動を行い，また，本の小見出しやレイアウトを学びながら，学んだことをパンフレットにまとめることは学校図書館を活用する意義を児童に感じさせる学習となった。

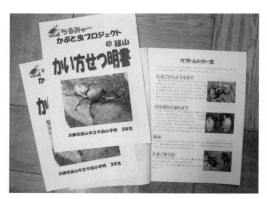

資料8-6　「カブトムシのパンフレット」

注
1）文部科学省『小学校学習指導要領（平成29年告示）』2018，22ページ。
2）同上，23ページ。
3）同上，40ページ。
4）同上，62-63ページ。
5）同上，181-182ページ。
6）同上，184ページ。
7）同上，39ページ。
8）同上，37-38ページ。

第9章

小学校の読書
——物語を楽しみ，言葉を育む

子どもの読書の意義と読書指導

　子どものことばの獲得は，基本的には家族・地域の人びと・友人・先生等周囲のたくさんの人たちとのコミュニケーションの中で行われている。もうひとつの極めて重要な方法が読書である。幼い子どもは母親が読み聞かせる絵本の中からたくさんの言葉を獲得する。自分で読めるようになると，読書の体験から間接的に多様な世界に入り込み，豊かな人物と出会い，未知の世界を楽しみ，共感や感動を覚えながらことばを獲得していくのである。

　読書により，言葉を学び，感性を磨き，思考力を育み，確かな知識や判断力が身につくようになる。読書により，文章の価値や論理を学ぶ力がつき，表現力を高め，創造力を豊かなものにし，個々に自己が形成される。読書によって得たものは，生活のさまざまな場面で活きて働くようになり，人生をより深く生きる力を身につけていく。

　しかし，そうした読書活動が強制的に行われることには危険がともなう。読書の自律性や主体性を損なえば，読みの楽しみや学びの楽しみを身につけることがむずかしくなるからである。読書は，教員から教えられて知識を得る一方的な学習ではなく，児童自身が学び取っていく自発的で主体的な学習である[1]。

　一方，読書指導とは，図書資料を中心とした媒体を通して，事物・事象の認識を深めながら，人間形成を図ることを，意図的・計画的・継続的に支援する

働きである。読書指導は，単に読み物としての文学作品を読み，本に親しませるばかりではなく，自然科学や社会科学などに関する知識・情報としての本・新聞・雑誌などを読んだり，何かを調べるために読んだりするという探究的な学習を視野に入れた読書活動を指導することでもある[2]。

　ただし，家庭における児童を取り巻く読書環境には大きな差があることを考えれば，学校教育における読書指導の課題は，第1に，読書離れの進んでいる現代の児童の生活の中に，読書をどう取り入れ，習慣化させ，自律的な活動に導くかという点にある。読書の主体性や自律性の形成である。第2に，漫画や雑誌，軽い読み物中心の軽読書傾向，つまり読書の幅の狭さと内容の貧しさがみられる児童の読書状況に対し，積極的に優れた本を紹介し，発達段階に応じてより高度な読書活動へどう導いていくかという点にある。読書の深化と拡大や高度化である。第3に，学校教育における読書指導においては，言語活動の充実という目標がさらに重要となる。小学校のカリキュラムでは，「読む」ことだけではなく，「書く」こと，「話す・聞く」ことと同時に，「伝統的な言語文化」に親しみ，豊かな言語文化への態度を身につけることが重視されているからである。書くことや話すことといった表現力が高まれば，読書という読む行為の力もいっそう高まる。こうした多様な能力の育成という視点から読書の指導は，各教科の基礎となる言語力そのものの向上にもつながる。

2.　小学校段階の読書指導

　小学校においては，児童が自ら読書に親しみ，読書の習慣を身につけるようにすることが大切である。そのためには児童の発達に応じて，読書の楽しさを知り，読書のスキルの基礎を培い，その体験を広げて，読書の力の向上を図っていくことが重要である。児童が知りたい，学びたいと思った時に，興味や関心を持って感動する本に出会い，心身の発達や実際の生活体験に応じて読書活動を続け，向上していく工夫がいる。たとえば，渡辺暢恵は小学校第1学年から第6学年までの読書力の発達を，次のように示している[3]。

- **第1学年**：読み聞かせをしてもらい，本の楽しさを知り，自分で読み始める。図鑑が好きだが，写真や絵を中心にみている。
- **第2学年**：少し長い物語が読める。図鑑に関心を持って説明の文章をよく読んでいる。
- **第3学年**：怪談シリーズなどの面白い本のシリーズを進んで読む。
- **第4学年**：文字が小さいシリーズが読めるようになる。本をよく読む，読まないがはっきりしてくる時期である。
- **第5学年**：内容のある物語，伝記，ミステリーを読む。小学生向き文庫サイズの本を読む。（伝記は筆者が付け加えた）
- **第6学年**：こころの問題を扱った本が読めるようになる。歴史，名作，話題になった本を読む

　この読書体験をどのように学校の各教科や特別活動の学習，そして学校行事と結びつけるかが，読書指導では重要となる。そこで，各教科の指導，とりわけ，基本となる国語教育との関連をみておくことにしたい。小学校国語の学習指導要領では，読書教育の目標と内容や方法が以下のようにまとめられている。

(1) 学習指導要領における言語活動の充実と読書活動の推進

　2008（平成20）年度より小学校から順次実施されてきている学習指導要領の充実すべき事項のひとつとして，各教科における言語活動の充実があげられている。

　「各教科の指導に当たっては，児童の思考力，判断力，表現力等をはぐくむ観点から，基礎的・基本的な知識及び技能の活用を図る学習活動を重視するとともに，言語に対する関心や理解を深め，言語に関する能力の育成を図る上で必要な言語活動を整え，児童の言語活動を充実すること。」（平成20，21年改訂学習指導要領第1章総則第4の2の(1)）「学校図書館を計画的に利用しその機能の活用を図り，児童の主体的，意欲的な学習活動や読書活動を充実すること」（同第4の2の(10)）。

⑵　**各学年の読書の目標，内容，指導方法**

　小学校における「読書（読むこと）」の学年ごとの目標や内容，指導方法は次のようなものとなっている（小学校学習指導要領（平成29年告示）解説　第2章　第1節　国語）。

・**第1学年及び第2学年**

　目標：言葉がもつよさを感じるとともに，楽しんで読書をし，思いや考えを伝え合おうとする態度を養う。

　内容：身近なことを表す語句の量を増やし，話や文章の中で使うとともに，言葉には意味による語句のまとまりがあることに気付き，語彙を豊かにすること。語のまとまりや言葉の響きなどに気を付けて音読をすること。昔話や神話・伝承などの読み聞かせを聞くなどして我が国の伝統的な言語文化に親しむこと。読書に親しみ，色々な本があることを知ること。具体的には，時間的な順序や事柄の順序などを考えながら内容の大体を捉えること。場面の様子や登場人物の大体を捉えること。文章の中の重要な語や文を考えて選び出すこと。場面の様子に着目して，登場人物の行動を具体的に想像すること。文章の内容と自分の体験を結び付けて，感想を持つこと。文章を読んで感じたことや分かったことを共有すること。

　指導方法：以下の言語活動を通して指導する。事物の仕組みを説明した文章を読み，分かったことや考えたことを述べる活動。読み聞かせを聞いたり物語を読んだりして内容や感想を伝え合ったり，演じたりする活動。学校図書館などを利用して，図鑑や科学的なことについて書いた本などを読み，分かったことなどを説明する活動。

・**第3学年及び第4学年**

　目標：言葉がもつよさに気付くとともに，幅広い読書をし，思いや考えを伝え合おうとする態度を養う。

　内容：様子や行動，気持ちや性格を表す語句の量を増やし，話や文章の中で使うとともに，言葉には性質や役割による語句のまとまりがあることを理解し，語彙を豊かにすること。文章全体の構成や内容の大体を意識しながら音読する

こと。優しい文語調の短歌や俳句を音読したり暗唱したりするなどして，言葉の響きやリズムに親しむこと。幅広く読書に親しみ，読書が必要な知識や情報を得ることに役立つことに気付くこと。具体的には，段落相互の関係に着目しながら，考えとそれを支える理由や事例との関係などについて，叙述を基に捉えること。登場人物の行動や気持ちなどについて叙述を基に捉えること。登場人物の気持ちの変化や性格，情景について，場面の移り変わりと結びつけて具体的に想像すること。文章を読んで理解したことに基づいて，感想や考えをもつこと。文章を読んで感じたことや考えたことを共有し，一人ひとりの感じ方などに違いがあることに気付くこと。

　指導方法：以下の言語活動を通して指導する。記録や報告などの文章を読み，文章の一部を引用して，分かったことや考えたことを説明したり，意見を述べたりする活動。詩や物語を読み，内容を説明したり，考えたことなどを伝え合ったりする活動。学校図書館などを利用し，事典や図鑑などから情報を得て，分かったことなどをまとめて説明する活動。

・第5学年及び第6学年

　目標：言葉がもつよさを認識するとともに，進んで読書をし，思いや考えを伝え合おうとする態度を養う。

　内容：文の中での語句の関わり方や語順，文と文との接続の関係，話や文章の構成や展開，話や文章の種類とその特徴について理解すること。文章を音読したり朗読したりすること。親しみやすい古文や漢文，近代以降の文語調の文章を音読するなどして，言葉の響きやリズムに親しむこと。日常的に読書に親しみ，読書が自分の考えを広げることに役立つことに気付くこと。具体的には，事実や感想，意見などの関係を叙述を基に押さえ，文章全体の構成を捉えて要旨を把握すること。登場人物の相互関係や心情などについて描写を基に捉えること。目的に応じて文章と図表などを結び付けるなどして必要な情報を見つけたり，論の進め方について考えたりすること。人物像や物語などの全体像を具体的に想像したり表現の効果を考えたりすること。文章を読んで理解したことに基づいて，自分の考えをまとめること。文章を読んでまとめた意見や感想を

共有し，自分の考えを広げること。

　指導方法：以下の言語活動を通して指導する。説明や解説などの文章を比較するなどして読み，分かったことや考えたことを話し合ったり文章にまとめたりする活動。詩や物語，伝記などを読み，内容を説明したり，自分の生き方などについて考えたことを伝え合ったりする活動。学校図書館などを利用し，複数の本や新聞などを利用して，調べたり考えたりしたことを報告する活動。

　以上のように学習指導要領では音読，朗読，比べ読みなど，具体的な指導方法が書かれており，まずは，言語活動の充実をねらいとしている。その指導のためにも，読書が楽しい体験であることを知り，児童と読書を結びつける工夫がいる。特にその際に，読書の楽しさを知るためにも，読書を個人的な活動と捉えるのではなく，児童同士の交流を図る機会を提供する集団的な指導法も重要となる。たとえば，学校の集団活動として，「読み聞かせ」「ブックトーク」「ストーリーテリング」「パネルシアター」「群読」などの集団交流ができる指導方法を，教員が司書教諭や学校司書と練ることが期待される。読書を学校の「集団文化」として育て，児童同士の交流の中で読書に親しむプログラムや読書環境を豊かにしていくことが大切である。

3. 読書指導の計画

　学校における読書指導を進めるうえでは，まず学校の教育計画の中で，各教科や特別活動の年間指導計画に，読書指導を位置づけることが重要となる。児童の読書力の発達段階に沿った読書指導計画を立て，その計画を基に司書教諭と学校司書が活動できるようにする。司書教諭と学校司書は，学校図書館の利活用を進めるために「本を読みましょう」と呼びかけるだけでなく，学校の実情や読書環境，児童の興味・関心を考え，教科担任，学年主任，各学級担任との連携を密にしてその学校の実態に合った読書指導計画を立てるようにする。その時に，他校の指導計画や研究書の計画例を参考にしながら，各学校の環境

に応じた計画の目標や方法を考えることが重要である。

　たとえば，司書教諭は，学校司書とともに教育課程の展開に寄与する支援や働きかけを行い，読書指導計画に沿いながら，担任の各単元の指導案作成から実際の指導までを支援する。具体的には，学校図書館の資料や情報を基に，学校図書館利活用を計画に組み入れる。また，学年系統における読書指導の内容体系表を基に読書を取り入れた指導法を授業に組み入れることを提案して，指導案の作成や教材の準備・作成を支援する。各教員への個人的支援に加えて，全校的な教育活動の中に読書を位置づけた読書指導計画を立てる。司書教諭は，学校司書と協働して基本的な読書指導計画を立て，職員会議等を通じて全教職員の共通理解を深め，各学年，各教科との調整を図る。つまり，司書教諭は，読書指導計画を立て，学校運営計画の中に読書指導を明確に位置づけ，組織的に進めることが求められるのである。

(1) 読書指導の内容体系を考える

　読書指導は国語科を基礎とすることが多いが，特定の教科に限定せずそれぞれの教科などと関わることで，よりその効力が発揮される。したがって，読書指導は，教科などを読書と有機的に関連づけ，その目標の具現化を図る。そのためには，年間や学期を見通し，学年や学級に即しながら，学校教育全体の中に意図的，計画的，継続的に取り組める読書指導計画が必要となる。その計画によって，いつ，どこで，誰が，どのような内容を，どのような方法で指導するのか，が明らかになる。

　たとえば，読書指導計画の例として，横浜市教育委員会では『学校図書館教育指導計画作成の手引き：子どもたちの学びを豊かにする学校図書館』（2012年）をまとめており，そこでは読書指導の領域を，A　習慣形成，B　読書力の育成，C　心情形成，D　表現の4つに分けて考えている（表9-1）[4]。

　このように，読書指導の目標と内容は多岐にわたる。実際の読書活動では，これらの目標と内容は相互に重なり合うことが多い。そこで，系統だった読書指導を行うためには，学年に沿った読書指導計画が必要となる。

表9-1　横浜市の学校図書館教育指導計画の例

A　習慣形成
〔目標〕　色々な本や文章に触れる機会を設け，本や読書に対して日常的に親しみ，興味・関心を持ち続けようとすること。
〔内容〕　①読書の習慣化　②読書の領域の拡大　③読書の量の拡大
B　読書力の育成
〔目標〕　目的や意図に応じて，必要な本や文章を選んだり，言葉や文章を的確に読み取り，内容を捉え，人物の心情を考えるとともに，文章表現の特徴を捉えたりする。
〔内容〕　①選書（目的や意図に応じた本を選ぶ）　②文章表現の特徴を読む　③効果的な読み方　④解釈・感想・意見（1．語句・文の把握と理解，2．内容の把握と理解，3．要旨・主題の把握と理解，4．感想・意見を述べる）
C　心情形成
〔目標〕　ものの見方や考え方を広げたり深めたりしながら，豊かな心情を培い，自分らしく生きようとすること。
〔内容〕　①自己の変容　②人間性の向上
D　表現
〔目標〕　目的や意図に応じて，読書で得た感動や，ものの見方や考え方，新たに発見した事実や獲得した知識などを伝え合ったり，表現し合ったりすること。
〔内容〕　①音声で表現　②文字で表現　③絵や立体で表現　④身体及び総合的な表現

(2) 読書指導計画を立てる

　児童の読書の発達段階を基に，以下のような手順の読書指導計画を立てる。

①　読書指導の目標をはっきりさせる。指導目標はその学校の教育目標と関連付けて考える。

②　読書指導の内容を発達段階に合わせてきちんと押さえる。低学年，中学年，高学年ごとに何を指導するのか，どのように指導するのかを明確にする。指導内容を発達段階に即して設定することにより，各学年で何を指導するのかが明らかになっていく。さらに，指導内容にふさわしい資料を選び，リストにすることも大切である。

③　指導の場面や指導者と支援者を明確にし，それぞれの役割分担を明らかにする。教科での指導などでどの場面で誰が指導するのかについての共通理解をもつことで学校全体のものとなり，日常の教育活動としての定着を図る。

④　学校図書館の機能（読書センター，学習センター，情報センター）を読書指導計画に位置づける。学校図書館を校内の読書センター，学習センター，情

報センターとして位置づけることで一層の効果が期待できる。

　この基本的な学校全体の指導計画を前提にしながら，各学年，教科ごとの年間指導計画へと，読書の指導を組み入れていく。たとえば，小学校3年生の国語に，読書指導を取り入れた例として，表9-2のような計画を教科担当の教員とともに作成していくことができる[5]。

　この指導の実践にあたって重要なポイントは，教員自身が読書に親しむことである。学級担任自身が優れた学習者として児童のモデルとなること，自分がおもしろいと思う本で子どもたちにも役立つだろうという本を薦めることは，子どもたちが本を読むきっかけとして非常に重要である。児童がどんな本を読んでいるか，また個々の児童がどんな分野を好きなのかなど児童の読書の実態を知らなくては，強制，押しつけになり，読書離れの原因となる。児童と本について教員自身が関心をもち，「あの子にはこの本を」「この子にはこの本を」と常に考える習慣や姿勢が大切である。読書の習慣を児童に育てるためには，まずは教員自身が読書を楽しみ，感動する習慣をもつことから始めてほしい。

(3) 読書の環境づくり

　読書指導を充実する必要条件は，学校図書館の整備を含めた施設や費用，そして人材であることはいうまでもない。特に学校の読書の環境づくりの要となり，読書活動の中心となるのが学校図書館である。学校図書館の読書センター，学習センター，情報センターとしての機能を充実し，児童にとっても教員にとっても魅力のある場所にすることである。学校全体でも学級文庫の充実を図ったり，校内の各所に読書コーナーを設置したりするなど，児童の身近にいつでも本があるような環境づくりが求められる。

　読書の環境づくりの第1は，資料の充実である。学校図書館の資料の充実はいうまでもない。同時に，いっそう身近な学級文庫の整備が重要となる。学校図書館で廃棄された本を回したり，児童の発達段階に合わない本をそのまま置いたりせず，身近で利用できる「学校図書館の先端の場」として学級文庫を捉えたい。頻繁に学習に用いる資料の整備とともに，新しい本の動向が分かる新

表9-2　学校図書館支援表：小学校3年生国語科での活用例

小学校3年生					
単元及び教材		活用法			
		本の紹介	利用教育	関連して できる授業	ブック トーク
上	1（本にしたしもう）「すいせん のラッパ」	工藤直子の本	国語辞典の使 い方	読書記録・感 想カード	春
	2（だんらくに気をつけて読も う）自然のかくし絵		国語辞典の使 い方・図鑑の 使い方	昆虫調べ	
	3（物語のあらすじをとらえよ う）「ゆうすげ村の小さな旅館」	茂市久美子の 本	漢字辞典の使 い方		不思議なお 話
	4（書く人のくふうを考えよう） 「ほけんだより」を読みくらべよ う。慣用句を使ってみよう。	3年生の本棚		慣用句探し	
	詩を読もう。話したいな，夏休み の出来事。案内の手紙を書こう。 ローマ字	詩の本・言葉 遊びの本・ ローマ字絵本			
	じゅげむ。手紙を書こう。聞いて みよう。	おもしろいお 話			
下	1（人物の気持ちを考えながら読 もう）「サーカスのライオン」	川村たかしの 本			サーカス・ 動物
	2（はたらく犬について調べよ う）もうどう犬の訓練			はたらく犬調 べ	
	3（調べたことを整理して書こ う）研究レポートを書こう。俳句 に親しもう。			研究レポート を書こう	
	4（世界の民話を読もう）「木か げにごろり」	世界の民話		俳句・季語の アニマシオン	
	5（調べたことを整理して発表し よう）わたしたちの町の行事を しょうかいしよう		漢字辞典の使 用法	地域の行事調 べ	
	6（世界の家のつくりについて考 えよう）人をつつむ形―世界の家 めぐり			世界の家，日 本の家調べ	
	7（場面の様子を思いうかべなが ら声に出して読もう）「手ぶくろ を買いに」	新見南吉の本			冬，きつね
	目次やさくいんを使おう。インタ ビューをしよう。		図鑑の使い方		

出所）内川育子「いつでも司書がいる"ふだん使い"の学校図書館」学校図書館問題研究会『学校司
　　書ってこんな仕事』22ページより加工。

鮮な設備として充実させたい。

　読書の環境づくりの第2は，「司書教諭」「学校司書」という人材である。学級担任の行う読書指導を司書教諭や学校司書が支援できる環境には大きな意味がある。児童の学習の進捗状況に応じて，適切な資料を提供し，児童の学習を読書を通じて拡げていく。学級担任と協力しながら行うこのような読書指導は，児童にとっても学習を発展させる重要な足場となる。

　司書教諭や学校司書は担任と協力してプランを作成するだけでなく，できる限り実際の指導の場でも担任と授業を協働で行うようにしたい。さらに，休み時間などの授業時間外において，図書館での読書指導を実施し，児童に読書活動の支援や働きかけを行う機会を増やすことがのぞまれる。

　この点では，司書教諭だけでなく，学校司書が正規に配置され，その専門性が保障され，専任として継続して働ける環境にあるかどうかは，学校全体の読書活動の発展や学習にとって重要な分かれ目となる。読書の環境づくりだけではなく，学校の学習環境の整備にとっても，司書資格や「学校司書モデルカリキュラム（後述）」を履修した学校司書が専任となり，継続的に働けることが重要である。学校図書館法の改正（2014）により，学校司書の法制化が成立したが，条文では学校司書の資格要件は示されず，配置は「努力義務」となっており，必置とはならなかった。しかし，現在，「学校司書モデルカリキュラム」が各大学で作られ，学校司書の資質の向上が目指されている。今後，全国で学校司書の配置が進み，学校図書館に専門性のある人材が配置されるようになれば，児童を読書と結びつけ，児童の読む自由，知る自由を保障し，教員の授業と児童の学習を支援することで，学校全体の交流の活性化が期待される。

4. 読書指導の方法

(1) 導入的な読書指導——読書の楽しさを知る

　本を読まない児童にその理由を聞くと，「特に本を読みたいと思わない」「何を読んだらよいか分からない」「本を読む時間が無い」などの答えが返ってく

る。本を読まない児童は何の働きかけもしないと本を手にすることはなく，学校図書館に進んでやってこようともしない。そのような児童に本を読む楽しさを知らせ，読書を習慣化させるのはとても大変なことである。

　このような児童には，読書のきっかけを与え，その楽しさを伝えることが第一である。何らかの働きかけがなければ決して本を手にすることがない児童に本への興味をもたせ，本を読む楽しさを実感させ，読書の習慣化を図る読書指導が必要である。たとえば，読書の記録を書かせ読書量を競わせる読書活動がある。このような読書活動は児童の興味を本に向けさせ読書量を増やす点では非常に効果的であるが，読書の質的向上には直接つながらないだろう。

　読書に親しむことを目的に，以下のような導入的な読書指導がある。

1）朝の読書

　朝の読書は，みんなでやる（全校一斉で行う），毎日やる（1日10分程度は短いように思われるが，毎日根気よく続ける），好きな本で良い（読む本は子ども自身に選ばせる），ただ読むだけ（読むことがすべてであり，それ以外は求めない）の4つの原則をもって実施されることが多い。

　この活動は，日ごろ本に親しむことの少ない児童に短時間であれ読書の時間を確保し，毎日続けることで読書習慣を身につけさせるという点で非常に効果

写真9-1　朝読（中学年）

的である。

　一人ひとりが自分が読みたい本を10分程度ただじっと静かに黙読するという読書の仕方のほかに，担任が読み聞かせやブックトークで読書案内したりするのは，朝の読書に変化をもたせ，読書の幅を広げることにつながる。

２）読み聞かせ

　読み聞かせとは，読み手が聞き手に本を読んでやり，児童の読書活動を応援することである。したがって，文字が読めない，また，読めても文章として読み取れない児童でも，読み聞かせによって本を読むことができる（耳からの読書ともいえる）。また，本に興味をもたない，読書に抵抗を感じて自分では本を手に取ろうとしない場合でも，読み聞かせで出会った作品には興味をもち，それをきっかけに読書へ関心を示すようになった例も多い。

　学校では，集団で行われる「読み聞かせ」である。大勢の児童が一冊の本に同じ場所で同時に出会える点で，集団としての読書指導の効果をもつ。読み手による音声化された文章を耳から受け止め，目から画面の展開を受け取る。その結果，作品世界がより身近なものになり，理解したり，思考したり，想像してイメージを描いたりする活動を活性化させる。そこで生まれる感動は実に豊かなものになる。また，多くの児童が一冊の本を通してひとつの作品の世界を共有することで，聞き手と読み手，聞き手同士の触れ合いや交流が育まれ，読書の喜びや楽しみが倍増される。友人たちの笑いやつぶやき，感想や意見の中から自分の考えを意識することができる。みんな一緒だからこその良さや楽しさや喜びが，一人ひとりの読書をさらに育てていくのである。

　松井直は，学校での読み聞かせについて次のように述べている。

　　「保育や学校という集団生活の場で，先生方が日々，子どもたちに本を読んでやる―教えるのではなく，ひとりの大人として語りかける―ことが大切です。友達と一緒に言葉を共有し，喜びを共にする体験は生きる力です。小学生だけでなく，中学生にも教室で本をもっと読んでやってほしいものです。聞く力が教育の土台です」[6]。

写真 9-2　読み聞かせ（低学年）

3）紙芝居

　　紙芝居は日本独特のメディアだが，最近ではアジア諸国やヨーロッパ諸国で
も注目され国際的に広がり始めている。

　　紙芝居は一連の絵（主に12枚または16枚組）を舞台の枠の中に入れ，演じ手
が絵を1枚ずつ「抜く」「差し込む」動きに合わせて聞き手に語りかけていく
方法をとる。紙芝居には，作品の構成が作品そのものの中で完結している「物
語完結型」と，作品の構成が観客の参加を必要としている「観客参加型」の2
つの型がある。児童は演じ手の声を聞き，演じ手の存在そのものを受けとめな
がら紙芝居を楽しむ。同時に，友達と一緒にハラハラ・ドキドキしながら楽し
み，観客同士の心がつながり，その場がひとつとなり「共感」を体験する。こ
のことを絵本作家のまついのりこは，絵本と紙芝居の違いとして次のように定
義している。「絵本はページをめくる時間の中で自分という作品の世界を自分
自身のものにしていき，その喜びによって『個』の完成を育むのに対して，紙
芝居は観客が共感によって作品の世界を自分自身のものにしていき，その喜び
によって『共感』の感性が育まれていくのである」。

4）ブックトーク

　　ブックトークとは，あるテーマに沿って数冊の本を選び，ひとつながりの話

写真9-3　ブックトーク「ホロコースト」（高学年）

の中でそれらの本を順序立てて紹介していく方法である。本の紹介と似ているが，ブックトークの方が話の道筋を考え，聞き手をより意識している。また，読み聞かせは一冊の本すべてを読むが，ブックトークは一冊の本のある部分を紹介する。

　ブックトークの目的は2つある。第1に，語り手の肉声で本の楽しさを伝え，児童に「あの本を読みたい」という気持ちを呼び起こすこと。第2に，教育活動と結びついてさまざまなジャンルの資料を紹介することで，テーマの理解を深めたり，テーマをより発展させたりすることである。

　取り上げる本の冊数，時間に決まりはないが，聞く年齢に合わせることが大切である。小学校の低学年では冊数を多くすると混乱してしまうことがあるので注意が必要である。中学年以上では，紹介する本のジャンルを文学だけでなく，科学読み物，詩，ノンフィクション，写真集などを入れ，やさしいものからむずかしいものまで幅広く揃えるのが望ましい。そのようにすることで，発達段階に応じた資料を児童に提供することになる。

5）ストーリーテリング

　ストーリーテリングには，「語り」「素話（すばなし）」「お話」などの言い方がある。語り手が物語を覚えて，本も何も持たずに，児童を目の前にして語る。読み聞かせが本や絵本を書いてある通りに読んで聞かせるのに対し，ストー

リーテリングは語り手が語り手自身の言葉にして語るところにその特徴がある。そのため，同じ物語でも語り手によって違った味わいをもたせることができる。また，映像などの視覚情報に頼ることなく，より直接的に児童と向き合うことができるため，語り手は，児童の反応を見ながら語りを進めていくことができる。ストーリーテリングによって，聞き手の児童は想像力を養い，頭の中でそれぞれのイメージを描きながら，耳から入ってくる物語をゆったりと楽しむことができる。

6）パネルシアター

　パネルシアターとは，フランネルまたはパネル紙を貼ったボードに，不燃布で作った絵や図形を貼ったり，外したりしながらお話をする手法である。真っ白なパネルに小さな絵が置かれて話を聞いたり，演者とともに歌ったりするうち，いつの間にか演じ手と子どもの間に暖かな関係が育っていくところに良さがある。観客である子どもたちは，単なる受け身ではなく，演じ手との対話もでき，内容によっては能動的に参加しやすいものもある。発音学習，言語表現，言葉遊び等の学習面での利用効果は大きい。しかし，紙芝居や絵本のように文字を読んでめくるという簡単な操作とは異なり，話しながら絵や図形を操作する点で，準備・練習をきちんと行う必要がある。

　以上のようなさまざまな読書指導によって，本に興味を持ち始め，読書量が増えてきた児童には，逆に1冊の本をじっくり読む楽しさや喜びをもつ深い読書の機会を提供したい。
　導入的な読書指導法において大切にしたいことは，現在その児童がもっている読書の力に応じ，十分に楽しめる内容の本を手渡すことである。まずは読書好きな子どもを育てることが大切なので，導入段階の指導をしっかりと行いたいものである。

(2) 発展的な読書指導——読書の幅を広げ読みを深める

　読書は「たくさん読めばいい」というだけでなく，「何を読むか」「どう読む
か」も重要な課題である。そこで行われる指導が，「導入的な読書指導」に続く，「発展的な読書指導」である。この指導で大切な点は，読書の指導を，次第に読者である児童の自主的・自発的な活動に委ねていくことである。「これを読め」「こう読め」といった強制から解き放ち，児童の読む力を引き出し，高めることに目標が置かれる。

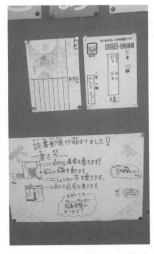

　「発展的な読書指導」には，以下のような実践がある。

1）読書郵便

写真9-4　読書郵便の葉書

　自分のすすめる本を葉書に書いて「ゆうびん」の形で相手に送るというものである。本を読んで，感動したところを絵や文章ではがきに表現する。「ゆうびん」の宛先にはすすめる本を読んでもらいたい人を選ぶ。人に本をすすめるためには，本をしっかり読んで，自分の思いを確かめ，そのうえ，葉書という決められたサイズに合わせて書かなくてはならない。児童はこの活動で深い読みを体験し，また，相手に本をすすめるという活動を通して，読書の幅を広げ読書を深めることができる。

2）読書へのアニマシオン

　読書へのアニマシオンは，本の内容に関する問いを投げかける読書指導法である。これは，スペインのサトル氏の提言「『読め』というだけでは，子どもは本を読むようにはならないのです。当然なすべきことは，子どもが本を読まない原因を探すことです。その原因は，大人たちが読み方を教えても読む力を引き出していないのではないか」がきっかけとなり始まった。

　この活動には多くの実践方法がある。「これ，誰のもの？」「いつ？　どこで？」などのタイトルをつけ，それらを「ゲーム」「作戦」と称する。ゲームを進める読書指導者を「アニメーター」「アニマトゥール」と呼び，児童は事前にゲームの対象になる本を読んでくる。該当の本に関する質問をアニメーターが行い，児童は物語を思い起こしながらその質問に答える。物語を思い出しながら物語をもう一度味わうなど物語を緻密に深く読むことになる。アニメーターは，ゲームの単なる進行役ではなく，児童の読書が深められるように，ゲームのねらいや展開をきちんと設定し，そのための周到な準備をして臨まなければならない。

　読書のアニマシオンの取り組みで最も重要な点は，「児童一人ひとりが静かにじっくりと考えることにより，読んだことを自分の中で内面化する」ための活動であり，「創造的な遊び」である。児童が楽しみながら深く，じっくりと本を読むことができるという点でこの読書活動は多くの可能性を秘めている。また，探究学習（調べ学習）の際にアニマシオンを実施することで，情報を引き出すという観点からもこの方法の有効性が認められつつある[7]。

3）探究学習（調べ学習）

　探究学習（調べ学習）はテーマ（課題）の発見と設定から始まる。テーマの設定は児童の興味・関心によるが，テーマはすぐにみつからないことが多い。そこで，人の話を聞いたり，資料を見たりして考える必要が出てくる。ここで学校図書館などの資料を活用した読書活動が始まる。その読書の方法は，「調べ読み（比較読み）」「考え読み」である。

　「調べ読み（比較読み）」とは，調べたい事象について参考となるさまざまな種類の資料（図書，雑誌，新聞など）や見方・考え方の違う資料などを比較しながら読むことである。そのためには，何をどのように調べたらよいかの知識と技能が必要となる。この知識・技能を身につけるために，探究学習（調べ学習）を始める前に資料の種類と資料の使い方等の学び方の指導が必要になる。

　学び方の指導は，全国学校図書館協議会の作成した「情報資源を活用する学

びの指導体系表（2019年）」が参考になる。この指導体系表では，学習の発達
段階を次のように捉えている。低学年における体験学習を中心とした学習活動
から，中学年では課題解決を意識した学習活動へと移り，高学年では自ら課題
を立て追究する学習活動へ発展していく。以上のような学習の発達段階に合わ
せた情報活用能力の指導方法がこの指導体系表に示されている。具体的には以
下に示す4つの視点を発達段階に応じて指導することになる。

1．課題の設定（課題をつかむ，学習計画を立てる）
2．メディアの利用：情報の収集（学校図書館の利用方法を知る，学校図書館
　　メディアの利用方法を知る，公共図書館の利用方法を知る，各種施設を利用
　　する）
3．情報の活用：情報の整理・分析（情報を集める，記録の取り方を知る，集
　　めた情報を目的に応じて分ける，情報の利用上の留意点を知る，情報を比較
　　して評価する）
4．まとめと情報発信：まとめ・表現（学習したことを相手や目的に応じた方
　　法でまとめ・発表する，学習の過程と結果を評価する）

「考え読み」とは，何が問題なのか，何ゆえに問題なのか，何をどうしたら
良いのか，何を考えていけばよいのかを資料を読んで考える方法である。その
考えを深めたり進めたりするためにも必要な資料を探すことになる。児童は適
切な図書資料を読んで考えるほか，読んだ後に児童同士が話し合い，さらに読
みを深め，考えを掘り下げていく活動へとつながる。このような読書法は，学
習経験によって技能が高められる。こうした読書法のための学習経験の場をカ
リキュラムに組み込んでいくことが重要である。

　以上のように，単に本を読むという目的を達成するだけでなく，その過程の
中から生じてきた問題や疑問をそのままにしておかないで，児童がそれらの問
題や疑問を新たな自分の課題として設定し，取り組めるような教育的支援が大
切である。児童の「主体性」は，教員から与えられた問題を解決していくだけ
では育たない。児童自身が新しい問題に挑戦していくためには，教員による適
切な支援がこの学習を意味のあるものに育てていくことになる。

　このように，発展的な読書指導はできるだけ児童個々の問題をその児童の力に応じて支援する必要がある。この段階の指導として，教員は，司書教諭はじめできるだけ多くの同僚や学校司書に相談相手になってもらい，公共図書館や地域の人びとにも協力を仰いだりすることもひとつの方法である。教員はこれらのことをひとりで解決しようとするのではなく，自分の周りの人びとと協働することで，児童をつなぐコーディネーターとしての役割を担うようになっていく。そのためにも，日ごろから積極的に学校や地域における人的ネットワークやコミュニケーションを豊かにしておきたい。

5.　学校図書館の発展に向けて

　学校図書館を利活用する教育を学校全体に広めるためには，共通認識をもつ教員をどのようにして増やしていくか，学校内に学校図書館を活性化する組織をどのように作っていくか，組織的な活動として，学校図書館を発展させていくことが重要である。多くの教員が学校図書館を活用して，児童に読書をすすめるためにも，学校図書館の役割を学校全体として高めていくことが求められる。学校図書館として，これまでに述べた，教員の読書指導に加えて，以下に示した活動が学校図書館の発展をさらに豊かなものとしていくだろう。

(1) 図書委員会の活動

　図書委員会活動は，図書館を通じた重要な教育活動である。図書委員会活動が教育活動である以上，学校の教育計画に基づいた適切な指導が必要となる。図書委員はクラスの代表であり，図書館とクラスを結ぶ役割を担っている。図書館からの連絡事項をクラスに伝えたり，図書委員会主催の活動に全校の参加を呼び掛けるなど常に全校規模での活動を考えるようにしたい。

　図書委員は各学級の図書館活動の中心的存在となり，学校図書館とクラスを結ぶ重要な役割を担う。図書委員の活発な活動は学校図書館活動の発展を支えながら，校内の読書推進をねらいとしたさまざまな活動をリードする。図書委

員会活動での発表，読書週間での読み聞かせやおすすめの本のポップ作りなどのリーダー的役割を果たす。また，貸出返却を行うカウンター活動，館内整備活動として，返却された本の配架，書棚の整理整頓，本の予約の受け入れ・案内，来館者人数の確認，図書日誌の記入など，その活動は多岐にわたり，校内における図書館の充実と発展を図る上で重要な教育活動である。

(2) 広報・展示活動

　広報活動は，学校図書館活動を効果的に展開するうえで，非常に大切な活動であり，読書を推進するうえでも欠くことのできない活動である。何の働きかけもなければ，図書館へやってくることもなく，本を手にすることもない児童や教員に対し，広報活動は，学校図書館の活動を広く伝えることにその意義がある。学校の実情に合わせ，広報活動を活発に展開したい。読書推進を図る広報活動としては，ブックリストの作成と配布，図書館便りの作成と配布，展示や掲示などがある。図書館便りは，児童向けのものだけでなく，教員向けのものを作成することで，教員の学校図書館に対する認識を喚起し，学校図書館活用につながる。

(3) 図書館ボランティアの活動

　地域や保護者のボランティアを募って学校図書館に関わる業務を補佐してもらっている学校も多い。図書館ボランティアの業務内容は，司書教諭と学校司書が中心になりつつも，ボランティアと相談しながら決めることが重要である。たとえば，図書の配架の仕方や，貸出し・返却の方法，環境づくり等の日常的な運営のすべてを司書教諭と学校司書，ボランティアで綿密な打ち合わせのうえで行うことが前提である。ボランティアは無償の善意によって奉仕される行為であり，児童にもこの点を十分に知らせたい。全校の教職員がボランティア活動を理解し，児童に感謝の挨拶をさせたり，指導を徹底することが大切である。図書館ボランティアは，児童の読書活動を学校外から推進する読書支援者である。読書活動を内外から支援する存在としてその活動の発展を図ることが

地域との交流にもつながる。

⑷ 行事・集会活動

　行事・集会活動の目的は，広報活動と同様に児童に図書館および各種資料について認識を新たにさせ，活発な利用を促すことにある。学校図書館が機会あるごとに全校の児童に各種の行事・集会を主催し，働きかけることで児童を読書に誘うことができる。行事活動には，図書館祭り，読書週間，展示会，読書クイズ，読書郵便，読書感想文等がある。集会活動としては，読み聞かせ，ストーリーテリング，パネルシアター，ブックトークなどがある。各学校に即した楽しい行事・集会を実施したい。

⑸ 学校の読書活動を地域とともに
1）家庭との連携

　学校内における読書推進だけでなく，学校外での児童の生活のさまざまな場面でも読書への働きかけが行われることも非常に大事である。学校図書館の努力や配慮で学校外での読書活動が活性化し，読書の環境づくりが進められることは学校図書館の活動にも好影響をもたらす。

　児童の読書活動には，児童が多くの時間を過ごす家庭の役割・影響も大きい。日ごろから児童の読書に関連したお知らせを家庭に向けてできるだけ頻繁に発信し，家庭における読書の関心を高め，家庭での読書の環境づくりの大切さを伝え，読み聞かせや親子読書などを家庭でも進めるよう推奨するのも読書活動に大きな効果がある。「家読（うちどく）」，読書に関する講演会の実施など，母親だけでなく，父親とその家庭をまきこんだ読書推進につなげたい。

2）公共図書館との連携・協力

　学校図書館サービスは，学校図書館での資料提供が基本となる。教科学習に必要な情報や資料を子どもたちに適切に提供できる司書教諭や学校司書の常時の存在により，学校図書館としての基本的機能が果たされるのである。

保護者の皆さまへ　　　　　　　　　　　　　　　　　　　　　　2012 年 12 月

冬休みに親子で本を読んでみませんか

清瀬第三小学校図書館運営支援員　松本美智子

　いよいよ待ちに待った冬休みが始まります。学校の図書室では冬休みに一人 2 冊ずつ本の貸し出しをしています。お子さんたちは、冬休みに読む本を図書室で一生懸命探して借りています。お子さんが本を読んでいましたら、「何を読んでいるの？」とお声をかけていただけましたら幸いです。

　お休みの間に、お母さん、お父さん、おばあちゃん、おじいちゃん、ご兄弟で 1 冊の本を読んでみませんか？たまには、おひざに抱っこして読み聞かせをしてあげるのも良いのではないでしょうか。おひざに抱っこされて絵本を読んでもらう時、お子さんは肌の触れ合いを感じながら、本を読んでくれる人の温もりを全身で受け止め、幸せを感じることでしょう。

　素敵な本をお読みになったら、皆さんに紹介してみませんか？

　お子さんと一緒に本の紹介を書いてみませんか？

　3 学期になりましたら、図書室の前にポストを置きますので、児童に持たせて下さい。図書室にお持ち下さるのも大歓迎です。出していただいた作品は図書室前に掲示させていただきたいと思っております。

この本をおすすめします

本のなまえ：

作　者：文　　　　　　　　　絵

おすすめのポイント（絵でも言葉でもどちらでもどうぞ）

　　　　　　　　年　　組　　　児童の名前

写真 9－5　親子読書おすすめの手紙と提出された親子で書いたおすすめの本

　近年，探究学習（調べ学習）や総合的学習の時間が重視されるようになり，授業において社会的課題解決を目標とした学習活動が広がってきている。しかし，限られた範囲の情報や資料では足りず，児童や教員の資料提供への要求が大きくなり，学校図書館資料では対応できない状況が生じている。こうした課題への対応のために，学校図書館をバックアップするのが公共図書館の役割である。学校図書館から公共図書館に資料の貸出を依頼すると，学校に該当資料を見繕って届けてくれる。さらに，司書教諭，学校司書と公共図書館担当者のミーティング，公共図書館司書による学校訪問（新 1 年生への公共図書館の紹介など），公共図書館の広報の紹介（ブックリスト・イベント紹介など），ボランティア向けの資料の修理の方法の講習なども多くの学校で実施されている。

　他方，学校図書館は公共図書館からの支援を受けるばかりではなく，学校図書館からも公共図書館へ，学校図書館便りの紹介，学校図書館資料を活用する教科の情報，借りた資料の中で教科で活用された資料の情報を伝えるなどの情報提供を行い，連携，協働を活発に進めていきたい。

　公共図書館の活性化のためにも学校図書館とのネットワークを積極的に進めることが重要である。学校と公共図書館をつなぐ情報ネットワークを構築し，資料の迅速で確実な物流システムを構築するのが教育委員会の役割となる。

　学校での読書活動から，生涯にわたる読書活動として公共図書館を利用する生涯学習者としての市民が育つこと，その基本的な力の育成が学校図書館に期待されている。

6.　GIGA スクール構想と学校図書館

(1) GIGA スクール構想と学校図書館[8]

　2020年，新型コロナウイルス感染拡大に伴い，学校教育のあり方に変化が求められ，すべての小中学校に 1 人 1 台の端末が整備される「GIGA スクール構想」(Global and Innovation Gateway for All) が加速された。この構想の目的は，文部科学省のパンフレット「GIGA スクール構想への実現へ」によると次の 2

点である。第1に，1人1台端末と高速大容量の通信ネットワークを一体的に整備することで特別な支援を必要とする子どもを含め，多様な子どもたちを誰一人取り残すことなく，公正に個別最適化され，資質・能力が一層確実に育成できる教育 ICT 環境を実現すること。第2に，これまでの我が国の教育実践と最先端の ICT のベストミックスを図ることにより，教員・児童生徒の力を最大限に引き出すこと[9]である。

　第1の目的は，ICT 環境整備の実現である。第2の目的は，「これまでの我が国の教育実践」を，印刷資料，AV 資料，デジタル資料等を活用した授業とすること，授業内で PC 端末をツールとして有効に活用することである。つまり，学校図書館活用授業と ICT 活用授業のベストミックスを図ることである。

(2) 学校図書館活用授業と ICT 活用授業のベストミックス

　学校図書館活用授業と ICT 活用授業のベストミックスへの取り組みは学校や自治体，教員個人の取り組みとして既に始まっている。たとえば，調べ学習でインターネット検索後に印刷資料でも調べさせ確認させたり，印刷資料の百科事典で調べさせてからインターネットを利用させるなどの実践がある。また，レポート作成において，まず，印刷資料のみを使用してレポートを書かせ，次に，印刷資料とインターネット資料を含めてレポートを書かせるなど，利用する資料の制限をかけるといったことも行われている。

　以上のようなことを推進するには，教員は学校図書館担当者と ICT 担当者と協働して，単元の目的を明らかにし，目標達成のためにはどのメディアを用いてどのように授業を展開したら良いのか，このようなカリキュラム・マネジメントを全校で実施する必要がある。

(3) 1人1台端末前提の学校図書館の整備

　今後の学校図書館は，児童が1人1台端末を持っていることを前提に整備を進める必要がある。たとえば，児童が端末から学校図書館にアクセスして蔵書検索するには，学校図書館資料がデータベース化されていることが前提となる

（2020年：小学校は80.5％データベース化済み）。データベース化されていない学校は早急に整備する必要がある。さらに，図書館に無線LAN，電子黒板を設置し，教室と同様に授業が実施できるようにする。さらに，個別学習やグループワークに柔軟に対応できるスペースが必要である。また，学校図書館のホームページ作成，新聞データベース，電子書籍等の導入について各自治体や学校で検討する必要がある。学校図書館担当者（司書教諭，学校司書）にも業務上，児童と同様の端末が配布されることは必須である。

　学校図書館担当者は，「読解力」「情報活用能力」の育成に関して教科間の連絡・調整等のカリキュラム・マネジメントを全校に周知する必要がある。さらに，印刷資料とデジタル資料の利用の調整を図り，どの学年のどの単元で，どのように情報活用能力を育成するか，印刷資料とデジタル資料をどのように利用すれば，児童にとり確かな学びとなるか発達段階に応じて授業支援することが求められる。以上のような工夫をすることで学校図書館活用授業とICT活用授業のベストミックスが図られ，教員・児童の力を最大限に引き出すことになると考えられる。つまり，主体的・対話的で深い学びの視点からの授業改善が求められているのである。

(4) デジタル読解力と情報活用能力と読書指導

　「読解力」とは，"自ら目標を達成し，自らの知識と可能性を発達させ，効果的に社会に参加するために，書かれたテキストを理解し，利用し，熟考し，これに取り組む能力"とPISA（Programme for International Student Assessment）では定義している。「書かれたテキスト」には，印刷資料だけでなくインターネットやコンピュータ上でアクセスできるようなデジタル資料も含まれる。つまり，「デジタル読解力」（digital literacy）は，「読解力」（reading literacy）に含有される。「読解力」と「デジタル読解力」に必要な技術は基本的に同じであるが，媒体としての性質の違いがある。たとえば，「情報へのアクセス・取り出し」は，両者とも情報を選択，収集し，取り出す能力が求められるが，デジタル資料では，それらに加え情報機器を活用して複数のページを横断しなが

ら特定の情報を見つけ出すスキルが求められる。また，「統合・解釈」では，印刷資料の場合はすでに構築されている連続的な資料の内部において情報をまとめるのに対し，デジタル資料ではリンクを選択し，情報を収集，理解するプロセスにおいて，それぞれの資料の重要な側面を自ら構築することがプラスされる。さらに，「熟考・評価」では，印刷資料以上にデジタル資料では情報の出所や信頼性，正確さを判断しなければならない。すなわち，「デジタル読解力」には今までにない新たなスキルが求められるのである[10]。

　つまり，「デジタル読解力」には，「情報を使う力」という認知的な面ばかりでなく，「情報機器」を用いる操作的な面が加わる。これまでの学校図書館では，資料・情報の利用に関する支援・指導を行ってきたが，今後は，「デジタル読解力」を含めた「情報活用能力」の概念を共有し，学校図書館活用とICT活用を統合した「情報活用能力」の指導を進めていくことが重要である[11]。

　このような「デジタル読解力」は今日の児童生徒が必要としている能力である。それは，デジタル資料を批判的に評価する能力（その情報は信用できるか，偏見があったり，事実でなかったりしないか）と，デジタル資料を自身で効果的に作成することのできる能力である。「デジタル読解力」が学校の読書指導に及ぼす影響は，まず，高学年の児童に現れ徐々に低学年の児童へと及んでいく。現在，児童は日常的にデジタル技術と必然的に関わり合いながら育っている。つまり，教員は全カリキュラムにおいて「デジタル読解力」に留意して対処すること，児童の行うさまざまなタイプの読み書きについて深く考える必要がある。児童の「読解力（デジタル読解力も含む）」の現状やその教育的意義を考え，彼らの読み書きの嗜好・傾向も考慮した「情報活用能力」の指導及び，質の高い「情報活用能力」の指導が求められている[12]。

注
1）子どもの読書活動の推進に関する法律第2条。
2）学校図書館研修資料編集委員会『学校図書館 ABC：運営から指導まで（改訂3版）』全国学校図書館協議会，2004，106-107ページ。
3）渡辺暢恵『学校図書館入門』ミネルヴァ書房，2009，210ページ。

4 ）横浜市教育委員会『学校図書館教育指導計画作成の手引き：子どもたちの学びを豊かにする学校図書館』時事通信社出版局，2012，99ページ。

5 ）学校図書館問題研究会『学校司書ってこんな仕事』かもがわ出版，2014。

6 ）松井直「聞くという読書」『読書活動推進運動』369号，読書運動推進協議会，1998，1 ページ。

7 ）渡辺康夫『読む力を育てる読書へのアニマシオン』全国学校図書館協議会，2005，49ページ。

8 ）全国学校図書館協議会指導主事研修委員会編『 1 人 1 台端末時代の学校図書館担当指導主事の仕事と知識』全国学校図書館協議会，2021，105ページ。

9 ）「GIGA スクール構想の実現へ」文部科学省リーフレット
https://mext.go.jp/content/20200625-mxt_syoto01-000003278_1.pdf（最終閲覧日：2023年 5 月 3 日）

10）国立教育政策研究所「OECD 生徒の学習到達度調査 Programme for International Student Assessment 2009年デジタル読解力調査〜国際結果の概要」
https://nier.go.jp/kokusai/pisa/pdf/pisa2009_Result_Outline.pdf（最終閲覧日：2023年 5 月 3 日）

11）全国学校図書館協議会『どう使う？学校図書館と 1 人 1 台端末　はじめの一歩』編集委員会『どう使う？学校図書館と 1 人 1 台端末　はじめの一歩』全国学校図書館協議会，2022，14ページ。

12）日本読書学会編『読書教育の未来』ひつじ書房，2020，346-349ページ。

第10章

中学校・高校の読書教育
──言語教育と科学的探究の融合

1. **自然や科学への興味・関心を高める**

　新しい学習指導要領では「生きる力」をはぐくむことを目指し，基礎力・基本的な知識及び技能を習得させ，これらを活用して課題を解決するために必要な思考力，判断力，表現力等をはぐくむとともに，主体的に学習に取り組む態度を養うため，「言語活動」を充実することとされている。

　国語だけでなく各教科でも実践することが期待され，「特に理科では，観察・実験のレポートで視点を明確にして，差異点や共通点をとらえて記録・報告したり，比較や分類，関連付けといった考えるための技法，帰納的な考え方や演繹的な考え方などを活用して説明する，また，仮説を立てて観察・実験を行い，その結果を評価し，まとめて表現すること」などが明記されている（文部科学省初等中等教育局児童生徒課，2012）。

　「子どもの読書活動の推進に関する法律」の制定・施行は，地域の読書活動のはずみとなり，「文字・活字文化振興法」の制定・施行は，学習指導要領の改訂において「言語活動の充実」を掲げるに至った。言語力（読む・書く・考える・伝える）の向上は，いま，わが国の教育の最も重要な課題となっている（全国SLA他，2012）。

　素晴らしい本との出会いは，人生を楽しく豊かなものにし，時として，人の一生を左右するきっかけにもなる。特に，科学の読み物は，生徒が自然や科学

に関する知識や調べ方を学ぶ機会となるだけでなく，日常の事物や現象の不思議さや面白さに気づき，自然の見方，科学的な思考力を養うことができるきっかけを与えてくれる。

　中学校・高等学校の理科教育の課題として，中学校以降理科への興味・関心が低くなる，理科で学んだ事項の応用や実生活や社会生活との関連性が重視されていない，将来理工系の専門家を目指すことへの興味・関心が低い，科学的な探究能力が育成されていない，理科は役立つという意識が低い，などがあげられてきた。また，2022年度からの高等学校新学習指導要領では「総合的な学習の時間」が「総合的な探究の時間」と科目改訂が行われた。

　筆者は，これらの課題を解決する方法としてフィールドワークを利用した科学的探究活動を導入する研究を行ってきた。普段の授業内容が日常生活や自然と関連していることを意識させ，自然や科学に関する興味・関心を高める目的で理科の副読本を制作した。その副読本は，理科の授業で学んだことを日常生活や地域の自然で応用する内容で構成された科学読み物である。この本を生徒に読ませて動機づけを行い，その後地域の自然で科学的な探究活動を行わせた。

　生徒は，自分の興味をもったテーマで地域の自然探究活動を行う中，授業で習った知識や技能を応用し，実物を通して科学的な思考力や判断力を鍛え，さらに探究活動の成果をレポートにまとめて表現力を身に付けることができた。

　本章は，科学の読み物を通して，自然や科学への興味・関心や事物現象への探究心を高め，その本の中で紹介されたフィールドワークを行って，科学的な思考力・判断力・表現力など科学的な探究能力を育成する方法について述べる。

2.　生徒の興味・関心を深め，探究意欲をかき立てる科学の読み物とは

　どのような内容の科学の読み物が，生徒の興味・関心を高めるのか，科学的な思考力など科学的探究力を高めるきっかけになるのか，その内容を研究してきた（五島，平成4年東レ理科教育賞）。その研究成果を以下にまとめた。

(1) 生徒にとって日常生活や地域の自然など，身近な内容である。

(2) 授業で学んだ内容と関連している内容や，授業で習った知識や技能を応用できる内容である。

(3) 授業で学んだ知識や技能を活用して，挑戦できる程度の内容である。生徒が一生懸命考えて，ようやく理解できるくらいのやや難しい内容は，生徒のチャレンジ精神をくすぐる。

(4) 短時間で読むことができる。読みやすい内容と分量である。授業後や休み時間でも，読むことができ，しかも内容が完結している。その内容について，話し合いや議論ができるような内容である。

(5) 自然や科学を一般的に解説するのでなく，読者が主人公と一体となれるような，物語性（ストーリー性）のある内容である。一般的，抽象的な内容より，具体的，探究的な内容である。身近な地域の自然や日常生活で出会える科学的事象の内容で構成されている。

(6) 文字ばかりでなく，理解しやすいように挿絵がたくさんある。1ページに挿絵がひとつくらいあるほうが，読みやすく，内容を理解しやすい。

(7) 文章の展開が面白い。

3. 科学的な読み物を利用した教育（理科教育と読書教育の融合）の事例

　筆者は，中学校と高等学校で理科と物理を教え，生徒が身に付けた学力の一部をテストという方法で測定して評価をしてきた。また，生徒の科学的探究能力を育成するために科学的な研究を行わせ，レポートにまとめさせた。また，科学への興味・関心を高めるよう，科学的な読み物を紹介した。

　そのような約10年間の実践の試行錯誤の後に，生徒の自然や科学への興味・関心を高めるために科学的な読み物（副読本）を制作し，科学的な見方や思考力・判断力・表現力など問題解決能力を育成する方法を考え出した。それは，日々の授業，生徒の科学研究の成果を通して，言語力（読む・書く・考える・伝える）を育成する具体的な方法でもある。科学教育と読書教育を融合するも

のである。科学的な読み物を通して，自然や科学への興味・関心を高めるだけでなく，科学的な見方を育成し，最終的に，科学について学んだ知識や技能を活用させ，科学的な探究活動を行わせる方法である。

　ここでは中学校での実践について解説する。

　筆者は，理科を教える時，自然や科学の面白さを如何に伝えることができるのかを常に考え試行錯誤してきた。その成果として，生徒が学んだ科学の知識や技能を総動員して，日常生活を科学的にみる楽しさ，自分たちの郷土について科学的に研究をする面白さ，そして学校卒業後も科学を学ぶ楽しさを知る機関として博物館を利用した学びなどを入れた副読本『不思議な国の健ちゃんの大冒険』を制作した。

　それは，短時間で読めるよう，各章は内容を精選し，約10ページで構成した。内容を具体的にイメージしやすいよう，挿絵を1ページにひとつ以上入れている。具体的な内容は，1年の「植物・動物」「星座」（当時，天体は1年で教えていた），2年の「細胞（生物）」「原子・分子（化学）」，3年の「速度の加減法則（物理）」「岩石と地層（地学）」（当時は大地の生い立ちは3年で教えていた），「進化論（生物）」などたくさんの内容で構成されている。そして，あえて相対性理論を中学生に分かりやすく説明した。特殊相対性理論は「時間の進み方が変化する」という日常生活では予想もできない突飛な理論だからである。

　科学を学ぶことによって，時間や空間について，日常生活では考えられないような面白いことが理解できる例，また，生徒に科学の面白さを知ってもらいたいという願いを込めて，あえて入れた。また，相対性理論を説明した第9章から第10章は，ややむずかしいが，科学に興味が高い生徒，理科のできる生徒にはチャレンジ的な内容となっている。

4. 『不思議な国の健ちゃんの大冒険』

　筆者が制作した副読本『不思議な国の健ちゃんの大冒険』の内容は以下の通りである。

目次

　上記の構成に沿って，全体のストーリーは，主人公の小学校5年生の健ちゃんが，学んだ知識を利用して，実際の地域の自然や科学を理解してゆくという内容で構成されている。

　第1章「化石との出会い」では，主人公の小学校5年生の健ちゃんが，学校の校庭で野球をしていて，校庭の工事中の穴の中に落ちてしまう所から物語ははじまる。これは，ルイス・キャロルの『不思議の国のアリス』でアリスがウサギを追って穴に落ちてしまって不思議な国へ行って奇想天外な事物現象に出会うことを参考にして，物語の導入にした。落ちた穴の中で健ちゃんが，化石を発見して，それに興味をもち，学校の先生に質問したり，より詳しく調べるために博物館に行き，学芸員から学ぶ中で，地域の自然の生い立ちや日常生活のいろいろな事象を科学的に理解してゆく物語の導入である。

　第2章「カエルの子はカエル」では，家に帰って，発見した化石のことをお父さんに話すと，お父さんが昔，岩石や化石に興味をもち，調べる楽しさの経験を話してくれ，岩石や化石を調べる楽しさを確信する。親子は所詮同じことに興味を持つという意味で，章のタイトルにした。

　第3章「真実は夢よりも奇なり」では，健ちゃんが夢の中で，調べている岩石や地層が生成した時代にタイムスリップして，地域の生い立ちや人類の進化の歴史について体験的に学ぶ。

　第4章「蓼食う虫も好き好き」では，夢から覚めた健ちゃんが，夜空を眺めながら，学校で学んだ星座や天体に関する知識を復習するという内容である。また，学校の登下校の途中にある崖の火山灰の地層に興味をもち，それを調べるために博物館の公開講座に参加する。これは，学校で理科を学び，興味をもったことをより深く学ぶには，博物館などの施設を利用すべきであることを暗にほのめかしている。生涯学習を視野にいれた学びを示唆している。

　第5章「一寸法師の健ちゃん」では，第4章を受けて天の川の両脇に位置する織り姫星と牽牛星の七夕の昔話と「かぐや姫」という日本の昔話を扱い，文学と関連づける。また，日本の子どもなら誰でも知っている昔話「一寸法師」の話を利用して，微細な世界を探究する面白さをほのめかす。一寸法師になったつもりで，火山灰層の小さい鉱物や生物の細胞を調べる。一寸法師になることで鉱物や細胞が大きくみえる。われわれは普段微細な対象を虫眼鏡や顕微鏡などで拡大して観察するが，発想を変えて，自分が小さくなれば対象は大きくなるという逆転の発想である。つまり，視点を変えることによって，みえる世界が変わることの楽しさを物語に入れ込んだ。日本の昔話「一寸法師」を活用して，健ちゃんの身体が小さくなり，鉱物が大きくみえるというストーリーを展開する。これは，『ガリバー旅行記』（ジョナサン・スウィフト，1726）の「リリパット国渡航記（小人の国）」「ブロブディンナグ国渡航記（大人の国）」などの面白さと科学を融合したものである。

　第6章「ケヤキの木の下で」では，子どもの頃，木登りをした楽しさや探検した楽しさや雑木林の植生を理解させるために作成した。子どもの頃の自然体験の大切さを暗にほのめかしている。

　第7章「公開講座『三浦半島の生い立ち』」では，博物館の公開講座で地域の古環境の説明を受けているうちに寝てしまい，夢の中で三浦半島の生い立ちを理解してゆくという物語である。専門家の話は，むずかしいが，専門家から

学ぶ大切さ，博物館など社会教育施設を利用して学ぶ大切さなどを示している。

第8章「悪魔に呪われた相対性理論の町」では，夢の中で相対性理論の世界に入ってしまう。その中で，相対性理論の発見者アインシュタイン博士に出会い，タイムマシンで地域の自然史（古環境）を体験するというものである。

第9章「時速325kmの超剛速球を投げる」では，ピッチャーの投げるボールの速さを導入して，この世（宇宙）で一番速い光の速度を説明する。

第10章「古典物理学と現代物理学」では，相対性理論の世界について具体的に説明する。

最終章の第11章「アインシュタイン博士のタイムマシンに乗って」では，健ちゃんがタイムマシンにのって地球46億年の歴史や地域の自然史を総合的に理解するというストーリーである。科学者として，ウェゲナーやボーア，アインシュタインなどを紹介し，科学やその職業への関心を深める工夫もしている。そして，物語の最後に，生徒に自分で地域の自然を調べる大切さに触れ，「地域の自然を調べよう」という呼びかけで終わる。

この副読本は，自然や科学に対する興味を深め，授業で学んだ知識や技能を使って，地域の自然を探究する動機づけを行うための本である。その後，生徒は，夏休みに地域の自然で探究学習活動を行い，レポートにまとめる。

フィールドワークを通して，生徒は地域の自然や日常生活で科学的に思考・説明する能力を身に付ける。また，人間は言語を通して思考するので，科学的な研究のレポートを作成することは思考力・表現力を育成することにつながる。教師が科学読み物を制作し，それを利用した探究活動を導入した指導法は，現在の日本の理科教育の課題を克服し，科学好きで主体的に科学的探究を行うことのできる生徒を育成することに通じる。

3年間の集大成である中学校3年生にこの副読本を読ませ，感想を書かせた。

「本を読みながら，理科が，よく分かるようになって，この本を読んで，とても得した気分です」

「この本を読んで地層のこととか昔の三浦の事とか相対性理論とか色々知る事ができて勉強になりました。特に相対性理論はこの本でおもしろそうだなと

思い興味がわきました。健ちゃんの大冒険は楽しみながら勉強できるよい本だと思います。とてもおもしろかったです」

「この本を読み終ったら，三浦半島の地層などがよーくわかりました。これからも地層などたくさんしらべてみたいなと思っています」

などの感想から，この副読本が生徒にとって，自ら理科を学ぶ意義や楽しさを示し，探究活動のきっかけを作ったことにつながったと思われる。

中央教育審議会の教育課程部会理科専門部会における主な意見（論点ごとに整理）の中で，理科教育の現状についての認識と課題として，「国際調査の結果から読解力の低下が大きく取り上げられているが，読解力だけでなく，読み解いてそれを表現するというところに大きな問題がある」（文部科学省ホームページ）と課題もあげられている。

科学の知識を利用して日常生活で起こる事物現象をどのように捉えるのかを具体的に示した物語を読むことは，まさに，知識と想像力を身に付けることにつながる。また，その後，探究活動につなげることは，学んだ知識や技能を総動員する総合的な営みである。

筆者が制作した『不思議な国の健ちゃんの大冒険』の内容は，学生時代に夢中になって読んだ寺田寅彦随筆集やガモフ全集など，科学者（先人）が日常生活と科学の理論を融合した本を参考にしたものである。

ここでは，読書を通して科学を地域の自然や日常生活と結びつけ，その後，探究活動につなげて，生徒の科学的探究能力を育成した具体例を説明した。これは言語活動（読書教育）と体験活動（理科教育）を融合する事例，さらに，思考と体験を融合する事例としても紹介できると思う。この実践は，科学読み物をきっかけにして科学的探究能力を育成する理科のひとつのアイデアである。

5. すばらしい本との出会い

文部科学省は，国としての人材育成のあり方，特に，科学技術教育について，「理科における基礎・基本として，知的好奇心などが重要である。また教科書

についても好奇心をくすぐるような工夫が必要である」「理数教育の課題としては，教科書が面白くないこと，教員に単元構想力が不足していることがある」（文部科学省ホームページ）と指摘している。ここで紹介した実践は，その対応策のひとつの事例となると思われる。

　筆者は，大学生時代，無味乾燥なつまらない科学の講義に不満をもっていたとき，高校の物理教師の後藤史朗先生に科学の読み物を紹介された。それが寺田寅彦随筆集やジョージ・ガモフの『不思議の国のトムキンス』である。これらの本を読んでいて，自然や科学の本当の魅力や面白さを知るきっかけになり，将来，理科の教師になった時，彼らのように日常生活で事象を科学的に考える楽しさや面白さを伝える副読本を作るのが夢となった。

　そして高校の物理や中学校の理科の教師になって以来，子どもが科学に興味をもち，日常生活の事象を科学的に考える面白さを身に付け，生涯にわたって科学を学ぶ楽しさを身に付ける指導方法について，研究し続けてきた。その過程で，科学の面白さを生徒に伝える読み物と本物の自然で体験的に学ぶ大切さを融合した指導について構想を練った。そして，後に，三浦の自然を解説し，フィールド調査を行える場所の情報を入れた副読本『三浦の地層』を制作し，その中に「不思議な国の健ちゃんの大冒険」を収録した。

　科学を知る楽しさや日常生活を科学的に考える面白さを伝えるためには，理科の授業時間では十分でない。教科書では伝えきれない自然や科学への興味・関心を高め，授業で得た知識や技能を利用して，実際にフィールドで自然を調査し，科学的探究的な活動を行うために副読本を制作した。

　生徒は生き生きと楽しく自然や科学を学び，探究活動の成果として日本学生科学賞で神奈川県知事賞（『読売新聞』）などを受賞した生徒もいる。

　そして，筆者もその副読本と身近な地域の自然を利用した探究的な理科教育の開発と実践で東レ理科教育賞本賞を受賞することができた。偶然にも，その審査委員長が『不思議の国のトムキンス』の翻訳者である伏見康治先生であった。その賞金を使って，コロラド大学（ガモフ教授記念タワー）に行き，ジョージ・ガモフの唯一の息子であるイゴー・ガモフ教授と会い，2人でジョージ・

ガモフ博士のお墓参りもできた。

　東京理科大学の恩師石川孝夫教授の当時助手であった鈴木清光先生から，筆者が寺田寅彦先生の曾孫弟子にあたることを最近知った。寺田寅彦先生は中谷宇吉郎先生，平田森三先生，坪井忠二先生などたくさんの弟子を輩出している。石川先生は東京大学の平田先生の弟子である。つまり，筆者は，偶然，寺田寅彦先生の曾孫弟子にあたり，彼が科学を楽しむ方法を随筆集で書いたような科学的な読み物（副読本）を制作し，それを使った理科教育を目指し実践してきたことに，嬉しさと運命を感じる。

　読書は，人類が獲得した文化であり，読書習慣は一生の財産として生きる力ともなり，楽しみの基となる（文化審議会答申，2004）。科学も，人類の築いた文化であり，科学することを通して，人間は科学的・論理的に思考できるようになり，豊かな人生を送ることができる。「中学生以降は論理的思考力を主に，その他の能力も総合的に育成」する中で，特に科学的思考力の育成は，その論理的思考力の中心となる（文化審議会答申，2004）とあり，科学的思考力の育成の大切さが謳われている。

　2冊のすばらしい本との出会いが，筆者の人生を左右してきた。この幸運と2人の著者（ジョージ・ガモフ博士と寺田寅彦博士）と翻訳者（伏見康治博士），そして3人の恩師（石川孝夫博士，鈴木清光先生，後藤史朗先生）に心より感謝したい。

　人間は言語を通して思考する。言語を使用するときに，意識してより適切な言葉を用いるか，また，日常生活の事物現象を科学的に思考する習慣を身に付けるか，など，現在の日本の理科教育の課題である科学に対する興味・関心の低さなどを克服し，科学好きで科学的に思考することのできる人間を育成することに通じるように思われる。

参考文献・参考資料

文部科学省初等中等教育局児童生徒課「研修セミナー　平成24年度学校図書館整備について」配布資料，2012

全国 SLA，文字・活字文化推進機構，学校図書館整備推進会議「資料集：子どもの読書推進　学校図書館の整備充実に向けて」2012，64ページ

ジョージ・ガモフ著，伏見康治訳『不思議の国のトムキンス』白揚社，1950

ルイス・キャロル著，芥川龍之介・菊池寛共訳『不思議の国のアリス』文藝春秋，1927（マクミラン社，1865）

ジョナサン・スウィフト著，原民喜訳『ガリヴァー旅行記』青土社，1978（ベンジャミン・モット，1976）

小宮豊隆編『寺田寅彦随筆集』岩波書店，1948

五島政一「不思議な国の健ちゃんの大冒険」『三浦の地層』三浦市教育委員会，1992，69-180ページ

文化審議会答申「これからの時代に求められる国語力について」概要，2004

文部科学省「教育課程部会（第3期第1回～第27回）における主な意見（抄）（理科関係）」https://mext.go.jp/b_menu/shingi/chukyo/chukyo3/014/gijiroku/06080209/002.htm（最終閲覧日：2013年7月10日）

p79「1. 化石との出会い」から，
p180「11. アインシュタイン博士の
　　　タイムマシンに乗って」まで

第11章

発達を支える読書
——特別支援教育を中心に

　学校の中では，特別な支援を必要とする児童生徒が学習している。障害種別に対応した特別支援学校で学習する児童生徒，小・中学校の特別支援学級に在籍して学習する児童生徒，そして通常の学級に在籍して学習を行う児童生徒の中にも，特別な支援を必要とする学習障害（LD）や注意欠陥多動性障害（ADHD）のある児童生徒がいる。

　学校図書館は，教育課程の展開を支える資料センターの機能を発揮しつつ，学習・情報センターとしての機能，読書センターとしての機能を果たすことが求められるが，特別な支援を必要とする児童生徒の発達に資するためには，それぞれの児童生徒の障害特性に合わせた配慮や工夫が必要となる。本章では，障害のある児童生徒の特性を踏まえた読書指導への配慮について解説する。

1.　特別な支援を必要とする児童生徒と読書活動

(1) 特別支援教育の対象と教育的支援

　学校図書館は，小・中学校だけでなく，特別支援学校の中にも学校図書館が設けられている。特別支援学校で学習する児童生徒は，視覚障害，聴覚障害，知的障害，肢体不自由，病弱・身体虚弱，重複障害（2つ以上障害を併せ有する）である。

　小・中学校の中には，特別支援学級が設置されており，そこでは弱視，難聴，知的障害，肢体不自由，病弱，言語障害，自閉症・情緒障害の児童生徒が学習

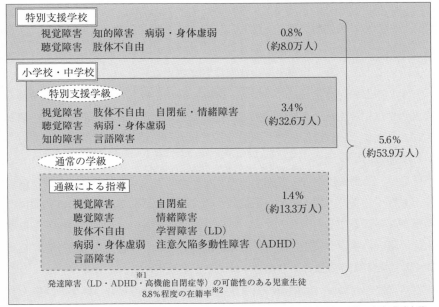

義務教育段階の全児童生徒数　961万人

特別支援学校
　視覚障害　　知的障害　　病弱・身体虚弱　　　　0.8%
　聴覚障害　　肢体不自由　　　　　　　　　　　（約8.0万人）

小学校・中学校

　特別支援学級
　視覚障害　　肢体不自由　　自閉症・情緒障害　　　3.4%
　聴覚障害　　病弱・身体虚弱　　　　　　　　　　（約32.6万人）
　知的障害　　言語障害

　通常の学級

　　通級による指導
　　　視覚障害　　　　自閉症　　　　　　　　　　　1.4%
　　　聴覚障害　　　　情緒障害　　　　　　　　　（約13.3万人）
　　　肢体不自由　　　学習障害（LD）
　　　病弱・身体虚弱　注意欠陥多動性障害（ADHD）
　　　言語障害

　　　　　　　　　※1
　　発達障害（LD・ADHD・高機能自閉症等）の可能性のある児童生徒
　　　　　　　　8.8%程度の在籍率※2

5.6%
（約53.9万人）

※1　LD（Learning Disabilities）：学習障害，ADHD（Attention-Deficit / Hyperactivity　Disorder）：注意欠陥
　　多動性障害
※2　この数値は，令和4年12月に文部科学省が行った調査において，学級担任を含む複数の教員により判断され
　　た回答に基づくものであり，医師の診断によるものでない[1]。

（※2を除く数値は令和5年3月1日現在）

図11-1　特別支援教育の対象の概念図（義務教育段階）
出所）文部科学省初等中等教育局特別支援教育課，2022[2]

している。また，通常の学級には約8.8%の発達障害（LD，ADHD等）のある
児童生徒が学習している（図11-1）。
　特別な支援を必要とする児童生徒の中には，障害の特性として，文字がみえ
ない，文字がみえていても内容を認識できない，音声は理解できるが活字は識
別できにくい，印刷物に対してその中の文字や図表を認識することがむずかし
い場合などがある。また，身体の運動面で障害のある児童生徒の場合は，本を
手で支えることができなかったり，ページをめくることがむずかしかったりす

る場合がある。知的発達の面で障害のある児童生徒の場合は，書籍で使用されている文章の意味理解や挿絵や写真の意図が理解できにくい場合がある。病気の治療のために長期間病院に入院し，院内学級で学習している児童生徒の場合は，病状や体力に応じて医師に相談しながら読書の時間を設定しなければならいらないこともあり，児童生徒の状況はさまざまである。

　しかし，どの児童生徒にとっても，未知な経験や新しい知識や情報に触れる読書活動は児童生徒の発達を支える手立てであり，本と障害のある児童生徒との仲立ちをする特別な配慮や工夫を行うことはとても重要な意味をもっているわけである。

　一般に，特別支援学校に在籍する児童生徒の障害の状態は多様であり，個人差が大きく，また，個々の児童生徒についてみると，心身の発達の諸側面に不均衡がみられることも少なくない。特別支援学校においては，このような児童生徒の障害の状態や発達の段階を的確に把握し，これに応じた適切な教育を展開することができるよう十分配慮することが必要である。

　特別支援学校において個々の児童生徒の実態を考える場合，障害の状態とそれに起因する発達の遅れのみに目が向きがちであるが，それ以外にも能力・適性，興味・関心や性格，さらには進路などの違いにも注目していくことが大切である。小学部及び中学部の段階は，6歳から15歳という心身の成長の著しい時期である。児童生徒はそれぞれ能力・適性，興味・関心，性格等が異なっている。そのため，児童生徒の発達の過程などを的確に捉えるとともに，その学校あるいは学年などの児童生徒の特性や課題について十分配慮して教育活動を行わなければならない。

　これらのことは，特別支援学校だけでなく，小・中学校の特別支援学級に在籍して学習している児童生徒にも同様の配慮が必要であることを認識しておかなければならない。

(2) 特別支援教育における読書活動

　特別支援学校小学部・中学部学習指導要領の第1章総則第4節の教育課程実

施と学習評価１の(7)では，「学校図書館を計画的に利用しその機能の活用を図り，児童又は生徒の主体的・対話的で深い学びの実現に向けた授業改善に生かすこと」が示されている。学校図書館については，教育課程の展開を支える資料センターの機能を発揮しつつ，① 児童生徒が自ら学ぶ学習・情報センターとしての機能と，② 豊かな感性や情操をはぐくむ読書センターとしての機能を発揮することが求められる。したがって，特別支援学校の学校図書館は，学校の教育活動全般を情報面から支えるものとして図書，その他学校教育に必要な資料やソフトウェア，コンピュータ等情報手段の導入に配慮するとともに，特別な支援を必要とする児童生徒の特性を踏まえたゆとりのある快適なスペースの確保，校内での協力体制，運営などについての工夫に努めなければならないわけである。

　これらのことは司書教諭が中心となって，特別な支援を必要とする児童生徒や教師の利用に供することによって，学校の教育課程の展開に寄与することができるようにするとともに，児童生徒の自主的，主体的な学習や読書活動を学校司書とともに推進することが要請されているのである。

　各教科等を通じて特別な支援を必要とする児童生徒の特性を踏まえながら，思考力・判断力・表現力等をはぐくみ，言語に対する関心や理解を深め，児童生徒の言語活動の充実を図ることに取り組むのであるが，その中でも，読書は，児童生徒の知的活動を増進し，人間形成や情操を養う上で重要であり，児童生徒の望ましい読書習慣の形成を図る必要がある。

2. 障害の特性と読書への配慮

(1) 視覚障害

1）視覚障害のある児童生徒の特性

　視覚障害とは，視機能の永続的な低下により，学習や生活に支障がある状態をいう。学習では，動作の模倣，文字の読み書き，事物の確認の困難などがある。生活では，移動の困難，相手の表情などが分からないことからのコミュニ

ケーションの困難などがあり，これらの特性を踏まえた配慮が必要となる。

　視力障害は，一般的に両眼でみた場合の矯正視力が0.3程度まで低下すると，黒板や教科書の文字や図をみるのに支障をきたすようになり，教育上特別な支援や配慮が必要となる。視力が幾分あっても，それが非常に低く，文字や形態等を視覚的に認知することが不可能な場合は，点字を常用することになる。全盲児と点字を常用する必要がある者を含めて，一般に盲児と呼んでいる。また，視力が全盲児ほど低くなくて，通常の文字を常用した教育が可能なものを弱視児という。弱視児は，文字や形態の網膜像が大きければみえるが，小さければみえないため，たとえば30cmの読書距離では読めないような小さな文字でも，10cmの近距離からみると，網膜像が約3倍になるため読書可能となる。視力が0.1程度の弱視児の場合，読書距離を30cmに指示すると読書困難であるが，目を近づけて読んだり，拡大教材を用いたりすることによって読書可能になるのはこのためである。拡大鏡（弱視レンズ）や教材拡大製造設備を用いるのも，網膜像の拡大を目的としている。

2）視覚障害のある児童生徒への読書指導

　盲児の場合，視覚を必要とされる行動は，聴覚や触覚などの視覚以外の感覚を活用する。日常生活における環境の判断は，聴覚の働きに頼ることが多く，外界の物音や，靴の反射音などが環境判断の手掛かりになる。外気の流れやにおいもその一助となる。学校図書の種類では，点字図書（ボランティアグループによる点訳図書等），触る図書（ボランティアグループによる作成，市販），テープ図書（カセットテープに録音，オーディオブック），DAISY（デイジー）録音図書（音声DAISY，マルチメディアDAISY）などを揃える必要がある。図書の検索では，自分で図書館を見渡して読みたい書籍をみつけ出すということは困難であるため，児童生徒の「こんな本が読みたい」という読書ニーズに対応する援助が必要となる。

　弱視児は，みようとする物に目を著しく近づけるという特徴がある。読書に際しては，教室の全体照明を保ちつつ個人差に対応した照度を保つこと（電気

スタンド等），拡大教材の活用（字体，文字サイズ，行間・文字間等の条件を調整），視覚補助具では，教材の拡大映像設備（写真11 - 1 ）や各種弱視レンズを活用する。

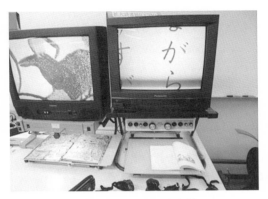

写真11 - 1　拡大読書器

出所）国立特別支援教育総合研究所

📖 コラム：DAISY とは（概略）[3]

　DAISY とは Digital Accessible Information System の略で，日本では「アクセシブルな情報システム」と訳されています。ここ数年来，視覚障害者や　普通の印刷物を読むことが困難な人びとのためにカセットに代わるデジタル録音図書の国際標準規格として50カ国以上の会員団体で構成するデイジーコンソーシアム（本部スイス）により開発と維持が行われている情報システムを表しています。DAISY コンソーシアム公認のオーサリングツールを使ってデジタル図書を作ることができ，専用の機械やパソコンにソフトウェアをインストールして再生をすることができます。国内では，点字図書館や一部の公共図書館，ボランティアグループなどで DAISY 録音図書が製作され，主な記録媒体である CD-ROM によって貸し出されています。
出所）DAISY 研究センター（日本障害者リハビリテーション協会情報センター内）
http://dinf.ne.jp/doc/daisy/about/（最終閲覧日：2023年 7 月10日）

(2) 聴覚障害

1) 聴覚障害のある児童生徒の特性

　聴覚障害とは，聴覚的機能の永続的な低下の総称であり，身の周りの音や話し言葉が聞こえにくかったり，ほとんど聞こえなかったりする状態をいう。聴覚障害がある子どもたちには，できるだけ早期から適切な対応を行い，音声言葉をはじめそのほか多様なコミュニケーション手段を活用して，その可能性を最大限に伸ばすことが大切である。

2) 聴覚障害のある児童生徒への読書指導

　聴覚障害のある児童生徒の場合，言語力の育成という面で，特別支援学校の学習指導要領では，各教科等の指導に際して，特に「児童の言語発達の程度に応じて，主体的に読書に親しんだり，書いて表現する態度を養うように工夫すること」[4]ということが示されている。聴覚障害の児童生徒は聴覚を通した情報の獲得が困難であることが多いため，書かれた文字等を通して情報を収集したり理解したりすることが極めて重要となる。一般的に話し言葉によるコミュニケーションは直接経験を主とする内容が多いが，読書は間接経験を通じて児童生徒の視野を広げ，知識を習得し，社会性や人間性を養う活動になるわけである。つまり読書活動は他者の経験を，活字を経由して自分の中の経験として取り込むことになり，聴覚障害教育の課題である言語概念の獲得に深く関係してくる教育活動なのである。特別支援学校（聴覚障害）の学校図書館では，手話や動画教材などのVTRやDVD等も用意されており，必要に応じて著作権等を確認し，字幕挿入などの対応が行われている。

　安全管理面では，耳が聞こえにくい児童生徒が学校図書館を活用しているときに火災・地震等の緊急放送が流れても，児童生徒にはその状況や避難場所が伝わらないことがあるため，緊急事態の状況を即座に説明するカードを，あらかじめ図書室に用意しておく必要がある。

(3) 知的障害

1 ）知的障害のある児童生徒の特性

　知的障害とは，発達期に起こり，知的機能の発達に明らかな遅れがあり，適応行動の困難性を伴う状態をいう。知的障害のある児童生徒の学習上の特性として，習得した知識や技能が偏ったり，断片的になりやすかったりすることがある。そのため，習得した知識や技能が実際の生活には応用されにくい傾向があり，また，抽象的な指導内容よりは，実際的・具体的な内容が習得されやすい傾向がある。

2 ）知的障害のある児童生徒への読書指導

　知的障害のある児童生徒にとって，身辺生活・社会生活に必要な知識，将来の職業生活に必要な知識を育てることは重要なことである。そのための児童生徒の興味・関心を引きつける教材として，学校図書を充実する必要がある。

　知的障害の特別支援学校では，教科学習において検定教科書の使用がむずかしい場合，文部科学省の著作教科書，附則の 9 条本（学校教育法附則第 9 条）としての一般図書が教科用図書として使用される場合がある。附則の 9 条本は，いわゆる市販の絵本等で，知的障害の児童生徒の発達段階に即して，その内容が教科指導に適している図書を使用することができるようになっている。毎年，文部科学省より，約300冊程度の一般図書が附則の 9 条本としてリストアップされ，その中から教科用図書を採択することができるようになっている。特別支援学校（知的障害）では，知的障害のある児童生徒が興味を示すさまざまな分野の図書を豊富に充実することは重要なことで，活字での理解が困難であっても，図鑑，写真集，漫画などの書籍は，知的障害のある児童生徒に分かりやすい教材となるのである。また，特別支援学校（知的障害）においては，児童生徒の知的発達の個人差を考慮して，幼児期の子どもが興味を示す絵本なども，充実させておくことが大切である。

(4) 肢体不自由

1）肢体不自由のある児童生徒の特性

　肢体不自由のある児童生徒は，上肢，下肢又は体幹の運動・動作の障害のため，起立，歩行，階段の昇降，いすへの腰掛け，物の持ち運び，机上の物の取扱い，書写，食事，衣服の脱着，整容，用便など日常生活の学習上の運動や動作に困難がある。これらの運動・動作には，起立・歩行のように下肢や平衡反応に関わるものと，書写・食事のように上肢や目と手の協応動作に関わるもの，物の持ち運び・衣服の脱着・用便のように，肢体全体に関わるものがある。このような運動・動作の困難は，姿勢の保持の工夫と運動・動作の補助手段によって軽減されることが少なくない。

2）肢体不自由のある児童生徒への読書指導

　肢体不自由のある児童生徒の場合，運動・動作の面で困難があるため，学校図書を有効活用するためには，図書館へのアクセシビリティの確保が特に重要になる。車いすを使用して学校生活を行う児童生徒がいる場合は，図書館へ行くために階段で上下移動を必要とするかどうか，図書館に近い場所に手すりのついた洋式トイレがあるかどうかなど，バリアフリーの環境を十分に検討しなければならない。児童生徒の校内移動が困難な場合は，日常的に在籍している学級内に，児童生徒の希望する図書を用意する必要がある。また，学校図書館まで移動ができた場合でも，書籍の展示スペースに，車いす等が通れる広さがあるか，障害物がないか，高いところの書籍に手が届くか，辞典や図鑑などの重さのある書籍が保持できるかなど，個々の児童生徒の実態に即してユニバーサルデザインを踏まえた施設や設備などの配慮の手立てを考えていかなければならない。

(5) 病弱・身体虚弱

1）病弱・身体虚弱の児童生徒の特性

　病弱とは病気にかかっているため，体力が弱っている状態を表している。病

気が長期にわたっているもの，又は長期にわたる見込みのもので，その間は，継続して医療又は生活規制が必要となる。生活規制とは，健康の維持や回復・改善のために必要な運動・食事，安静，服薬等に関して守らなければいけないことが決められていることである。また身体虚弱というのは，身体が弱い状態を表し，最近では，元気がなかったり，病気がちで学校の欠席が多かったりする場合には，身体虚弱として対応を行うようになっている。

2）病弱・身体虚弱の児童生徒への読書指導

　児童生徒の病状によっては，通常の学習時間に制限が必要な場合がある。そのため，病状を悪化させない範囲での適切な学習時間や読書時間はどの程度なのかについて，医師の診断に基づいて状況を把握することになる。「学習時間の制限は特にない」「１日に４時間程度の学習が可能」「ベッドで１日に１～２時間程度の学習が可能」などのように具体的に状況を把握してから，読書活動の扱いを考えなければならない。

　学習時間の制約はあるが，病弱児の場合は集団参加の経験が乏しかったり，対人関係や社会性に課題を有する場合があり，これらの知識や経験を豊かにするうえで読書は重要な意味をもつことになる。紙媒体の書籍だけでなく電子機器の画面での書籍も活用が可能であるが，電子機器が医療機器に何らかの影響を及ぼすことがないかどうか確認してから使用することになる。病院内の学級（院内学級）で学習している児童生徒の場合は，小・中学校の図書館に出向くことができないため，担任教師が司書教諭と相談し，同世代の児童生徒の興味・関心に基づいて数冊の書籍を選定し，院内学級に用意をすることになる。書籍の衛生面の管理も必要となる。

⑹　自閉症

1）自閉症のある児童生徒の特性

　対人関係では，視線が合わない，名前を呼んでも振り向かない，人を意識して行動することや人に働きかけることが見られないなど，人への関わりや働き

かけに対する反応の乏しさが見られる。言語面では，自閉症が重度であれば，言語の獲得は困難であるが，知的な遅れがない場合は，一見しただけでは，障害が分からないほど，話すことができる者もいる。同一性への固執（いわゆるこだわり）として，急な環境の変化に適応できにくい場合があり，初めての場所・経験の場合は，気持ちが動揺する場合がある。また，特定の事物に興味と関心が集中することがあり，たとえば，漢字，カレンダー，乗り物など，これらを特集した辞典や図鑑などの描画が興味の対象となることがある。

２）自閉症の児童生徒への読書指導

　自閉症の児童生徒の特性を踏まえると，いきなり学校図書館を訪問するということではなく，学級文庫を活用したり，学校図書館の前を何度も歩いたり，一日の時間割の中で，事前に図書館に行くことを児童生徒に伝え，本人の心の準備をしておく事前の指導が不可欠である。図書館司書の方の顔や図書館の中の様子を，写真などに撮影し，事前に児童生徒見せて「次は図書館に行くよ，図書館の○○先生に会うよ」と段階を踏んで，学校図書館を活用することになる。

　自閉症の児童生徒の固執性を生かす意味では，たとえば「乗り物」に興味・関心がある児童生徒なら，図書館にあるさまざまな分野の図鑑との出会いは，子どもの楽しみと知識を広げる重要な機会となるわけである。児童生徒がとても興味をもっている本の側に，新しい知識が広がるような書籍を用意しておけば，自閉症のある児童生徒の視野の中にその書籍が入ることで，新しい興味・関心を広げる機会となったり，言語力や知識を発達させる活動に発展したりすることになるわけである。

(7) 情緒障害

１）情緒障害のある児童生徒の特性

　情緒障害とは，主として心理的な要因による選択性かん黙等があるもので，情緒が不安定になったり，その状態が続くような状態である。たとえば，継続

的な人間関係のあつれきや幼少期からの不適切な生育環境等の要因がこれに当てはまる。発達障害によるものではなく，心理的な要因によるものである。

　選択性かん黙等のために通常の学級での学習では効果を上げることが困難であり，集団生活への参加や社会適応のための特別な指導を行う必要がある場合は，教育内容・方法を決定する際は，慎重に進める必要がある。

２）情緒障害のある児童生徒への読書指導

　集団参加や社会適応に課題がある場合は，特別な指導の中で個々の児童生徒の状態に応じて，個別に対応することになる。児童生徒が興味・関心のある書籍などを用意し，児童生徒の心の安定が保たれ，落ち着いて読書ができる環境を整える必要がある。学校図書館に，オープンな読書スペースだけでなく，一人ひとりの子どもが読書に浸れるスペースの設置も必要な場合がある。その際には，子どもの様子が完全に隠れるスペースではなく，さりげなく背後から目が届くような配置の工夫が必要となる。

⑻　学習障害（LD）

１）学習障害のある児童生徒の特性

　学習障害（LD：Learning Disabilities）とは，基本的には，全般的な知的発達に遅れはないが，聞く，話す，読む，書く，計算する又は推論する能力のうち，特定のものの習得と使用に著しい困難を示すさまざまな状態である。学習障害の原因として，中枢神経系に何らかの機能障害があると推定されるが，視覚障害，知的障害，情緒障害などの障害や，環境的な要因が直接的な原因になるものではない。文部科学省の平成14年及び平成24年の調査[5]では，小・中学校の通常の学級に，LDやADHD等により学習や生活の面で特別な教育的支援を必要としている児童生徒が約6.5%程度在籍し，令和4年12月の調査では約8.8%在籍している調査結果が示されている。1クラスに，2～3名の読むことや書くことに困難な状況がある児童生徒がいるわけである。

２）学習障害のある児童生徒への読書指導

　学習障害の児童生徒の中には，読み書きに困難な状況がある場合があり，文字を目で追いかける読書活動と，文字を使って感想文を書き言葉で表現する活動は，学習障害の児童生徒に困難な教育活動を迫ることになる場合がある。そのため，子どもの苦手とする学習活動を丁寧に実態把握し，読みに困難な状況がある児童生徒にはDAISY録音図書を活用したり，また，書くことに困難な状況がある児童生徒には，ICレコーダーなどに感想を話したり，あるいはパソコンを使って読書感想をキーボードから打ち込んで表現するなどの工夫が必要となる。本を読みたいのだけれども，文字を読んでみえているのだけれども，脳で上手に書き言葉を認識できないもどかしさは，児童生徒本人が一番分かっており，教師は「努力が足りない」「練習すればできる」という考えではなく，本人が，困っていることは何なのかを把握し指導方法を工夫する必要がある。文字をみて認識したり，考えたことを表現したりするための代替手段を，子どもの状況に応じて工夫していかなければならない。画一的な方法での読書指導が，学障障害の児童生徒に苦痛を強いる時間にならないようにしなければならない。

⑼　注意欠陥多動性障害（ADHD）

１）注意欠陥多動性障害のある児童生徒の特性

　注意欠陥多動性障害（ADHD：Attention-Deficit/Hyperactivity Disorder）とは，年齢あるいは発達に不釣り合いな注意力，又は衝動性・多動性を特徴とする障害であり社会的な活動や学校生活を営むうえで著しい困難を示す状態である。通常は7歳以前に現れ，中枢神経系に何らかの要因による機能不全があると推定される。気が散りやすく，注意を集中させ続けることが困難であったり，必要な事柄を忘れやすかったりする。また，話を最後まで聞いて答えたり順番を守ったりすることが困難であったり，じっとしていることができず，落ち着いて活動や課題に取り組むことが困難であることから，過度に手足を動かしたり，話したりすることがある。

2）注意欠陥多動性障害のある児童生徒への読書指導

　注意欠陥多動性障害のある児童生徒は，「故意に活動や課題に取り組むことを怠けている」あるいは「自分勝手な行動をしている」などとみなされて障害の存在が見逃されやすい。このような行動が障害に起因しており，その特性に対応した指導や支援が必要であることを学校関係者は認識する必要がある。ソーシャルスキル（社会で人と交わり，生活していく能力）の習得，コミュニケーション能力の発揮，対人関係形成などについて，通級指導教室などの特別な場において個々に応じた特別な指導が必要になる場合がある。

　たとえば，図書室に来たときに，「10分間，本を探しましょう」と説明していても，新刊図書コーナーの本の表紙を見ただけで，1～2分で拙速に本を決めてしまったり，友だちがみていた「恐竜の写真」が視野に入ったとたん，急にその本をつかみ取ったり，友だちとのコミュニケーションや学校図書館のルールのところでつまずいてしまうことがある。本を読みたいという気持ちは強くても，読書活動に至るまでのところで叱責をうけて意欲をうしなうことがある。そのようなときは，図書の検索や貸し出しのルールなどを，司書教諭や学校司書がその子によりそって，モデル的な行動を何回も提示し，しだいに友だちとも協調しながら，学校図書館が楽しく活用できるような力がつくように働きかける支援が必要となる。学級担任の先生とも指導・支援の方法について連絡・連携を行うことが重要となる。

3. 共生社会の形成，障害の理解につながる学校図書の充実

　2012（平成24）年7月23日に，中央教育審議会中等教育分科会で「共生社会の形成に向けたインクルーシブ教育システム構築のための特別支援教育の推進（報告）」[6]が行われた。報告では，共生社会の形成に向けて，障害のある子どもと障害のない子どもが共に学ぶことを目指すべきであることが示されている。その場合には，それぞれの子どもが，授業内容が分かり学習活動に参加している実感・達成感をもちながら，充実した時間を過ごしつつ，生きる力を身につ

けていけるかどうかが最も本質的な視点であり，そのための環境整備が必要であることが述べられている。

　現在，いくつかの教科書では，点字や手話などのことを題材にした内容が取り上げられているが，これらの教育課程の展開を支える役割として，また，今後の共生社会の形成に向けた障害の理解啓発の意味においても，どの学校にも障害の理解につながる学校図書の充実を図ることが重要になってきている。

注

1 ）文部科学省初等中等教育局特別支援教育課「通常の学級に在籍する特別な教育的支援を必要とする児童生徒に関する調査結果について」2022。

2 ）文部科学省初等中等教育局特別支援教育課「特別支援教育の充実について」2022。

3 ）「DAISY とは」DAISY 研究センター（日本障害者リハビリテーション協会情報センター内）http://dinf.ne.jp/doc/daisy/about/（最終閲覧日：2023年 7 月10日）。

4 ）文部科学省「特別支援学校　小学部・中学部学習指導要領」2017年 3 月。

5 ）文部科学省「通常の学級に在籍する発達障害の可能性のある特別な教育的支援を必要とする児童生徒に関する調査結果について」2012年12月 5 日。

6 ）中央教育審議会初等中等教育分科会「共生社会の形成に向けたインクルーシブ教育システム構築のための特別支援教育の推進（報告）」2012年 7 月23日。

参考資料

文部科学省初等中等教育局特別支援教育課「就学指導資料」2002

文部科学省初等中等教育局特別支援教育課「就学指導資料（補遺）」2006

文部科学省初等中等教育局特別支援教育課「教育支援資料」2013

第4部
読書教育の未来に向けて

第12章

電子書籍の発展と多様なメディア活用

1. 電子書籍の普及

　Amazon をはじめとする Web 上の書店が急速に発展し，また，タブレット PC やスマートフォンなどをはじめとするハードウェアの伸びは著しいものがある。2000（平成12）年の Amazon の日本上陸によって「Web を通して本を買う」ことが簡単にできるようになり，2008年の iPhone，2009年の Android OS を搭載したスマートフォン，2010（平成22）年の iPad 発売によって，さまざまなデバイスで気軽にインターネットに接続したりドキュメントを閲覧することができるようになった。

　日本における電子書籍市場に関する調査（2012年）によると，日本における 2011（平成23）年度の市場規模は629億円といわれており，そのうち，新たなプラットフォーム向け[1]は112億円と推計されている。2016年度には電子書籍全体で2,000億円程度，そのうち新たなプラットフォーム向けは1,800億円程度になると予測されている。

　さて，消費者が電子書籍を利用するとして，購入手段と読む手段が必要となる。電子書籍の購入は電子書店で行い（表12 - 1参照），読む手段は後述するようにさまざまな方法がある。その電子書店へのアクセスの確保と，電子書籍を読むためのツールがそれらにあたる。また，別の方法として，「自炊」[2]として自分で購入した書籍を電子化する場合や，既に著作権が切れた（あるいは著作

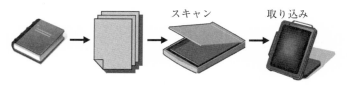

図12 - 1　「自炊」の流れ

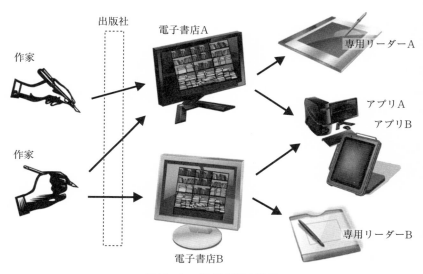

図12 - 2　電子書籍の流通

権の一部について権利者が無償使用の許可を宣言している）文章をインターネット
等から取り込む場合もある。「自炊」とは図12 - 1 に示すように，自分で購入
した（紙の）書籍を裁断し，ページをスキャンしてコンピュータに取り込んで，
コンピュータ上で書籍を読めるようにすることである。

　後者については，海外での電子化プロジェクトである「グーテンベルグプロ
ジェクト」（42,000作品），その国内版である「青空文庫」（11,978作品）や日本
ペンクラブ有志会員650人の作品を電子化した「日本ペンクラブ電子文藝館」
（800作品），海外の作品や文献を日本語に翻訳した「プロジェクト杉田玄白」

表12-1　電子書店の比較

	Kindle ストア	Reader Store	BookLive!	Kobo ブックストア	iBookstore	GALAPAGOS STORE
運営元	Amazon	ソニー	凸版印刷	楽天	Apple	シャープ
蔵書数	数万冊	9万冊	16万冊	13万点	非公開	11万点
リーダー	Kindle Android/iOS アプリ	ソニーリーダー PS Vita Androidアプリ	Lideo Android/ iOS/ Windows アプリ	Kobo Android アプリ	iOS アプリ	Media Tablet Android/ iOS/ Windows アプリ
決済手段	クレジットカード					
	Amazon ギフト券		デジタル図書券 専用プリペイドカード ケータイ支払い (docomo)	楽天ポイント ギフトカード	iTunes カード	ケータイ支払い (docomo/ au)

注）Koboは「コンテンツ点数」としており，青空文庫／約1万点・楽譜／約3万点・歴史古文書／約3,600点・ウィキペディア作家情報等を含む。GALAPAGOS STOREはプラットフォームによって，購入できる電子書籍フォーマットに制限がある。

などが知られている。

　電子書籍を読むには，専用のハードウェア（電子書籍リーダー）を用いる方法と，汎用のタブレットPC・パソコンやスマートフォンなどにアプリをインストールして読む方法の2通りがある。

　図12-2に電子書籍の流通経路を簡略化して示す。それぞれの電子書籍リーダーはそれぞれの電子書店と紐付けされており，電子書籍に容易にアクセスすることができる。汎用のタブレットPC・パソコンやスマートフォンを用いる場合には，さまざまな電子書店をひとつの機器で利用できるが，アプリのインストールや接続手続きなどが必要となる。

　日本国内の主だった電子書店を表12-1に，電子書籍を表12-2に，汎用のタブレットPCやスマートフォンの一例を表12-3にそれぞれ示す。

表12-2　電子書籍リーダー（電子書店に紐付けされた専用タイプ）

	Amazon		Sony	BookLive	楽　天		シャープ
	Kindle Paper-white	Kindle Fire HD 8.9	Sony Reader PRS-T2	BookLive! Lideo BL-121	Kobo Glo	Kobo mini	メディアタブレット EB-A71GJ-B
サイズ	117×169 ×9.1	240×164 ×8.8	110×173 ×9.1	110×165 ×9.4	114×157 ×10	102×133 ×10	195×122 ×11.9
重　量	213 3G モデルは222	567	164	170	185	134	396
ディスプレイサイズ	6 型 758×1024	8.9型 1200×1920	6 型 600×800	6 型 600×800	6 型 758×1024	5 型 600×800	7 型 1024×600
ワイヤレス環境	Wi-Fi						
	3G モデルもあり（通信料は無料）			WiMAX（使用量は無料）			WiMAX
駆動時間	8 週間	10時間以上	2 か月	1 か月	1 か月	1 か月	7.5時間

注) Kindle Fire とメディアタブレットは Android タブレットとしても使用可能

表12-3　汎用タブレット型 PC の一例

	iOS（Apple）		Android	BookLive	iPhone	Android 携帯
	iPad Retina（16GB）	iPad mini	Nexus 7	ASUS VivoTab Smart ME400C	iPhone 5	docomo Sony Xperia A SO-04E
サイズ	185.7×241.2 ×9.4	200×134.7 ×7.2	198.5×120 ×10.45	262.5×171 ×9.7	58.6×123.8 ×7.6	131×67 ×10.5
重　量	652	308	340	170	112	141
ディスプレイサイズ	9.7型 1536×2048	7.9型 1024×768	7 型 1280×800	10.1型 1366×768	4 型 1136×640	4.6型 1280×720
ワイヤレス環境	Wi-Fi					
	3G モデルもあり					
駆動時間	10時間	10時間	非公開	9.5時間	225時間（待受け）	420時間（待受け）

2. 図書館・出版社（者）と電子資料

　図書館が扱う電子資料としては，これまでも CD・DVD の閲覧・貸出サービスは多く行われている。また，DVD を同梱した書籍や，内容を DVD に入れた書籍も多く流通している。そして，大学図書館では電子ジャーナルを一括契約していることが多い。

　電子書籍が読める図書館は，電子書籍図書館推進協議会の調査によると2012（平成24）年12月時点で11館でサービスを行っている。最も古くからサービスを行っているのが千代田 Web 図書館である。千代田 Web 図書館では2007年からインターネットを使用して，電子図書を貸出し・返却が可能なサービスを行っている。本の貸出し・返却が24時間365日可能であり，貴重資料や灰色資料，郷土資料も貸出しが容易になった。Windows（Wbook）あるいは iPad（DBook Reader）で読むことができる。ただし利用者は，千代田区在住・在学あるいは在勤者・在学者に限定される。また，岐阜県関市では楽天電子ブックリーダー「Kobo Touch」を市立図書館に100台・市立高校１校に1,150台を導入した。市立図書館では利用者に対して，電子書籍とともに Kobo を貸し出すことで無料コンテンツを利用できるようにする。高校では１人１台環境が実現し，朝の読書活動や授業での活用を目指している。

　2010年６月には，総務省・文部科学省・経済産業省による「デジタル・ネットワーク社会における出版物の利活用の推進に関する懇談会」の報告が公表され，「デジタル・ネットワーク社会における出版物の円滑かつ安定的な生産と流通による知の拡大再生産の実現」「オープン型電子出版環境の実現」「『知のインフラ』へのアクセス環境の整備」「利用者の安心・安全の確保」に向けた提言がなされている。

　出版社側の動きとしては，電子出版事業に関する制作・流通・サービス等の調査研究，情報の収集及び提供，法環境の整備及び提言，内外関係機関等との交流及び協力を目的として，「日本電子書籍出版社協会（略称：電書協）」が

2010年2月に設立された（2022（令和4）年に「一般社団法人デジタル出版者連盟」（略称：電書連）に法人名を変更）。2023年で約50社が参加している。

　図書館側の取り組みとしては，図書館・出版社（者）・システムインテグレータの3者によって，電子書籍図書館推進協議会が2012年9月に設立された。図書館と出版社（者）の共存共栄を目指し，図書館サービスの中での電子書籍のあり方や図書館が所蔵する資料のデジタルアーカイブ化，必要なシステムのあり方を検討することを目指している。

　ところが多様なメディアといっても，ある資料が必ずどれかひとつに定まるというものではなく，さまざまに分類される場合がある。たとえば新聞は，一般的には紙に印刷されたメディアである。ところが最近ではデジタル版が同時に発行され，当日の朝刊をタブレットPCでも読むこともできるという，ネットワーク系・デジタル系メディアである。過去の新聞資料を蓄積したものは，これまでは冊子体であったが，今ではネットワークを介して新聞データベースを検索することが主流である。本は印刷メディアであるが，電子化してパッケージ形式で市販されれば（デジタル）パッケージ系メディアであるし，インターネットでダウンロード購入するのであればネットワーク系メディアである。

　また，電子化により多様なニーズに容易に応えることができる。文章の内容が文字データで保持されていれば，読み上げ機能を使うことで視覚障害をもつ人に対応できる。拡大表示もできるし，DAISY機能を使用すれば，どの部分を読み進めているかが視覚的に分かりやすく表示できる。遠隔地や病院など，図書館サービスを提供することがむずかしかった場所にも有効である。

3.　学校図書館における多様なメディアに関する現状

　文部省の調査研究協力者会議（1998年）では「今後，司書教諭には，読書指導の充実とあわせ学校における情報教育推進の一翼を担うメディア専門職としての役割を果たしていくことが求められる」としている。

　しかしながら現状は，全国学校図書館協議会の調査（2012年）によると，学

📖 コラム：電子書籍を支える技術：リフロー方式と日本語組版対応

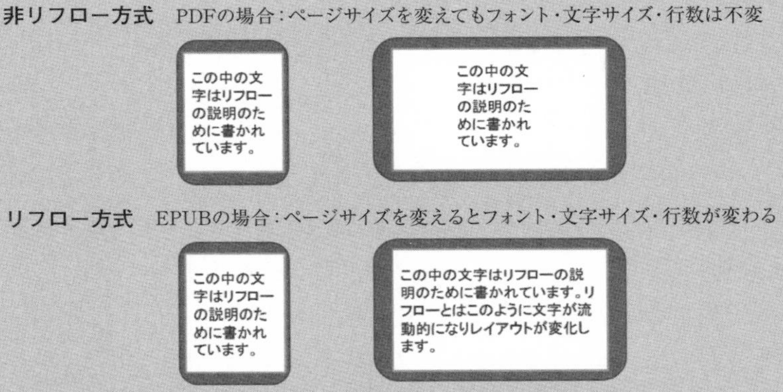

非リフロー方式　PDFの場合：ページサイズを変えてもフォント・文字サイズ・行数は不変

> この中の文字はリフローの説明のために書かれています。

> この中の文字はリフローの説明のために書かれています。

リフロー方式　EPUBの場合：ページサイズを変えるとフォント・文字サイズ・行数が変わる

> この中の文字はリフローの説明のために書かれています。

> この中の文字はリフローの説明のために書かれています。リフローとはこのように文字が流動的になりレイアウトが変化します。

図12－3　リフロー方式と非リフロー方式

　文章や写真・図といったものをどのように画面にレイアウトし表示するかについて，電子書籍ではリフロー方式が使われることがある。図12－3に示すようにリフロー方式は，画面サイズやページサイズを変化させたときに，フォント・文字サイズや行数，画像の位置といった文章のレイアウトを流動的に変化させる。非リフロー方式は，画面サイズやページサイズを変化させても，文章のレイアウトは変化しない。文章が主である場合はリフロー方式，雑誌や漫画といったレイアウトを固定する場合には非リフロー方式が一般的である。たとえば，Web のコンテンツで考えてみると，HTML ファイルはリフロー方式，PDF であれば非リフロー方式である。

　日本語組版には，縦中横，圏点，ルビ，行頭禁則など，英語とは違ったルールがある。また，同じ文字のようでも複数の字体があったり，同じ文字コードであってもフォントによって異なった字体となっている場合がある。これまではこうした点が，電子書籍が普及するのを妨げる要因のひとつであった。

21世紀　縦中横前

21世紀　縦中横後

　しかし，新しい電子書籍フォーマットである EPUB3 ではこれらの点がサポートされ，日本語文章を扱う場合も支障はさほどなくなった。

校図書館における図書以外の資料購入費は年間で小学校2.7万円，中学校2.5万円，高等学校32.3万円である。この金額は紙芝居，DVD，CD-ROM 等を含んだものであり，多様なメディアに対応しているとはいえない。全国 SLA が2000年に定めた学校図書館メディア基準では，映像資料は最低300タイトル，

コンピュータ資料は最低200タイトルの購入が望ましいとされている。これらの基準は電子書籍がごくわずかであった時代に定められたものであり，学校図書館が情報センター機能や読書センター機能を充分に発揮するためには，最低でもこの基準を満たすことが必要である。

　学校図書館における児童生徒が使用可能なコンピュータの整備率は，小学校38.7％・中学校35.5％・高等学校69.1％であるが，そのコンピュータがインターネットに接続されている割合は各校種とも85％を超えている状況にある。整備率は高くないが，整備されている学校であれば図書館からインターネットを活用できる，ということである。

　図書館業務の担当として多様なメディアの整備および利用・指導にかかわっている司書教諭は少ない。全国学校図書館協議会の調査（2010年）によると，「視聴覚資料の選択」は小学校16.0％・中学校10.6％・高等学校13.4％，「情報検索（CD-ROM，オンライン検索）の指導」は小学校5.1％・中学校1.5％・高等学校13.5％，「コンピュータ及び館内 LAN の維持・管理」は小学校12.4％・中学校9.1％・高等学校5.8％である。

　独立行政法人国立青少年教育振興機構の調査によると，学校図書館に「ビデオテープや DVD などの視聴覚教材」を配備している学校は小学校22.0％・中学校26.3％・高等学校55.9％，司書教諭の仕事として「メディア収集方針を立てる」は小学校29.0％・中学校30.7％・高等学校56.8％，調べ学習の支援の際に「児童生徒に情報メディアを活用した学び方の指導を実施」している司書教諭は小学校17.6％・中学校21.5％・高等学校21.8％である。

　司書教諭資格を取得する際には「情報メディアの活用」という内容を履修するはずであるが，このような状況である。

4.　日本における多様なメディア環境を用いた教育実践

　政府は，2020年までに GIGA スクール構想としてすべての小中学校の全児童生徒に情報端末を配布することとし，総務省「フューチャースクール推進事

業」と文部科学省「学びのイノベーション事業」を連動させ，児童生徒１人１台のタブレットPC環境・無線LANや電子黒板等が整備された環境において，デジタル教科書・デジタル教材を活用した教育効果の検証や指導方法の活用などICTをフル活用した教育に関する実証実験を，小学校10校・中学校８校・特別支援学校２校で行ってきている。電子書籍に関連するものとして，導入されたタブレットPCの仕様は，画面サイズは9.7型〜12.1型，重量は0.6キロ〜1.89キロ，基本ソフト（OS）はAndroid・Windows7・iOS（iPad2），駆動時間は4.5時間〜10時間，形状はスレート型・コンバーチブル型と幅がある。

　読書活動に関連した実践では，物語を基に作成された映像を見ながら物語のイメージをつかむ，作文を子どもたち同士でお互いに添削し合うことでより良い文章となるように推敲する，子どもたち同士で連歌を創る，漢詩の世界をマルチメディアで表現する，など，朗読活動の支援や協同学習，表現活動といった学習活動が行われている。また，カメラ機能や録音機能を生かし，DST（デジタルストーリーテリング）といった創作活動によって，思考力や表現力を育成する実践も行われている。

　さて，PCを学習等に使用する場合に，子どもの健康に与える影響が懸念されるところではある。視力・筋肉疲労・電磁波などに関して，文部科学省による委託調査（2012年）が行われている。以下にその概略を示す。

① 視力は，目の調整力の高さや１時間程度の授業での使用であれば短期間での影響はないものの，ドライアイの可能性や，長時間の使用や画面に近づくことで一過性の影響の可能性がある，ことが指摘されている。休憩を取って長時間使用しない，画面から距離を保つ，教室の照明環境を整えることなどが配慮すべき事項である。

② 筋肉疲労については，タブレットPCに直接書き込む場合，タブレットPCの角度及び厚みによって書きづらさが生じる可能性がある，タブレットPCを机に置いた場合には下向きの姿勢は首の筋力が弱い子どもにとって負担となると指摘されている。

③ 電磁波による影響として，現在の情報通信機器等による電磁波はガイド

ラインで定められた基準を下回るとされており，子どもに対する健康影響はないと考えられている。

以上をまとめると，普通に使用する場合にはおおむね問題はないが長時間の使用は避けるべき，との結果が得られている。

5.　海外における図書館と多様なメディアに関する近年の動向

アメリカには「印刷した本のない高校図書館」も現れている（井上，2011）。2万冊所蔵していた印刷資料をほとんどなくし（全廃ではない），14万冊の電子図書を所蔵し，授業と連動した電子資料と電子図書貸出を核とする学校図書館である。電子図書のほかには，レファレンス・ツール，百科事典，新聞・雑誌記事索引データベースをそろえるとともに，授業や学習で有益なパスファインダーのようなものも整理されている。

また大学図書館では（井上，2012），2010年の調査によると，94％が電子書籍を所蔵しており，平均所蔵タイトル数は33,500であるが，そのうち84％は貸出し不可である。その理由はレファレンス・ツールが多いことや，著作権処理がむずかしいことがいわれている。個人所有や図書館のパソコンで読むのが多く（それぞれ84％・70％），iPadなどで読む割合（22％）は少ない。

公共図書館では，電子書籍貸出しを行っているのが76.3％，電子書籍リーダーを貸出す図書館は39.1％，利用者がパソコンをもちこみ無線LANに接続可能なのは90.5％である。テキサス州サンアントニオでは，紙の本が一冊もない公共図書館「BiblioTech」が2013年開館し，2015年に2館目，2018年に3館目が開館した。所蔵資料はすべて電子化されており，電子書籍リーダーも貸出され，2週間閲覧可能である。館内にはデスクトップパソコン50台ラップトップパソコン25台，タブレットPC25台が用意される。電子書籍は10,000タイトル，貸出用に100台の電子書籍リーダーを2013年時点で準備予定であった。

総じて，個人での活用や個人サポートは充実してきているが，電子書籍が既存の書籍を圧倒しているというわけではないようである。電子書籍リーダーを

どのように貸し出すのか，著作権処理の問題がある。他にも個人向けでは書籍よりも安価であるが，貸出しを基本とする図書館向けになると倍以上の価格になる場合や，図書館での貸出し向けには電子書籍を提供しない出版社も現れてきている。貸出しを基礎とする図書館資料の収集に支障をきたしているのである（井上，2013）。

　イギリス National Literacy Trust によって 8 歳〜16歳までの34,910人の子どもを対象とした調査（2013年）では，子どもたちは紙よりもコンピュータやタブレット，電子書籍リーダーでより多く読書していることが分かった。毎日，電子書籍デバイスで読書する割合が39％であるのに対し，紙の書籍を読む割合は28％，電子書籍デバイスを好む割合が52％，紙の本を好む割合は32％であった。およそ40％の子どもたちが自分専用のスマートフォンやタブレット PC を所有している。ただし，電子書籍リーダーで読書する子どものうち，自分のお気に入りの本をもつ割合は59％にとどまった。一方，紙の書籍を読む子どもでは77％だった。また，「読書が好き」と答えた割合は電子書籍デバイス12％・紙の書籍51％であり，読書に対する志向性では明らかに差がみられる。

　この他，ISO/IEC JTC1 SC36 はeラーニングに関する技術の標準を議論している場である。この SC36 において，電子教科書に関する議論 ISO/IEC AWI 18120 が行われた。学習・教育・訓練に使用する場合に，電子書籍に付加すべき機能としてどのようなものがあるかについて検討されている。

6.　おわりに

　これまでの印刷メディアが中心であった時代は，教師や親が適切な印刷メディアを選んでから，子どもに与えることができた。しかし今日のように，コンピュータや携帯電話からインターネットに簡単に接続できるようになった時代では，子どもたちが自分自身で必要な資料を選ぶスキルを身につけていく必要がある。あわせて，子どもに対してどのような資料へのアクセスを許容するかという，フィルタリング・ペアレンタルコントロールの知識が教師や親の側

には求められる。

注

1）新たなプラットフォーム向け電子書籍市場とは，スマートフォンやタブレット端末向けのアプリストアの電子書籍関連のアプリ（ブック，教育，レファレンス），スマートフォンやタブレット端末等のビューワーアプリ経由で購入する電子書籍，Kindleやこれに類似した電子書籍配信サービス，PC・スマートフォン・電子ブックリーダーなどマルチデバイスで閲覧が可能な電子書籍配信サービス，PSP（PlayStation Portable）や Nintendo DS などゲーム機向け電子書籍配信サービス等を指す（『電子書籍ビジネス調査報告書2012』より）。

2）「自炊」については，所有者自身が個人的な目的で書籍を裁断してスキャンすることは，著作権法30条 1 項で「『使用する者が』複製することができる」として認められている。

　　しかし，自炊を所有者に代わって行う，いわゆる自炊代行サービスは複製権（著作権法21条）侵害にあたる可能性があり，出版社と作家・漫画家が自炊代行業者に質問状を送付したり，提訴している状況にある。その一方で，漫画家佐藤秀峰氏は自身のブログの中で「僕の著作は自由に自炊も代行もしてもらって構いません」と，自炊と自炊代行を認めているケースもある。また，自炊代行サービスを行う業者は蔵書電子化に関する業界ルールの策定・普及を目的として，2013年 5 月に「日本蔵書電子化事業者協会」を立ち上げた。

参考文献・参考資料

インターネットメディア総合研究所編「電子書籍ビジネス調査報告書2012」
グーテンベルグプロジェクト　http://gutenberg.org/
青空文庫　http://aozora.gr.jp/
日本ペンクラブ電子文藝館　http://japanpen.or.jp/e-bungeikan/
プロジェクト杉田玄白　http://genpaku.org/
「書籍の"自炊"代行は複製権侵害」出版社 7 社と作家122人が業者に質問状
　　http://internet.watch.impress.co.jp/docs/news/20110905_475415.html
東野圭吾さんら作家 7 名がスキャン代行業者 2 社を提訴
　　http://ebook.itmedia.co.jp/ebook/articles/1112/20/news100.html
「漫画 on Web」『自炊について』2011年12月22日
　　http://mangaonweb.com/creatorDiarypage.do?cn=1&dn=32817
日本蔵書電子化事業者協会　http://jabda.or.jp/
千代田 Web 図書館　http://weblibrary-chiyoda.com/
楽天「岐阜県関市，電子ブックリーダー『Kobo Touch』を1,250台導入」

http://corp.rakuten.co.jp/news/press/2013/0325_03.html

「デジタル・ネットワーク社会における出版物の利活用の推進に関する懇談会報告」
　　http://soumu.go.jp/main_content/000075191.pdf　2010

日本電子書籍出版社協会（一般社団法人デジタル出版者連盟）　http://ebpaj.jp/

電子書籍図書館推進協議会　http://bmehw.org/elpc/index.html

文部省「情報化の進展に対応した初等中等教育における情報教育の推進等に関する調査研
　　究協力者会議最終報告」1998年8月

全国 SLA 研究・調査部「第54回学校読書調査報告」『学校図書館』2008年11月号，12-57
　　ページ

全国学校図書館協議会「学校図書館メディア基準」2000年3月
　　http://j-SLA.or.jp/material/kijun/post-37.html

全国学校図書館協議会「司書教諭の現状に関する調査」『学校図書館』2010年3月号，
　　46-54ページ

文部科学省「学校図書館の現状に関する調査」平成24年度版

独立行政法人国立青少年教育振興機構「子どもの読書活動と人材育成に関する調査研究」
　　成果発表会　教員調査ワーキンググループ報告

二村健「デジタル教科書のイメージ」『明星大学教育学部研究紀要創刊号』2011年3月

三菱総合研究所「学びのイノベーション事業（情報通信技術活用実証研究）〔教育の情報
　　化の推進に関する調査研究〕報告書」（文部科学省委託事業），2012年3月

井上靖代「電子学校図書館の登場――アメリカの図書館はいま　53」『みんなの図書館』
　　2011年4月号，64-71ページ

井上靖代「アメリカの大学図書館における電子書籍動向――アメリカの図書館はいま
　　63」『みんなの図書館』2012年4月号，68-77ページ

井上靖代「図書館の電子書籍貸出をめぐる議論(1)――アメリカの図書館はいま　69」『み
　　んなの図書館』2013年5月号，62-68ページ

Hoffman, Judy, John Carlo Bertot, and Denise M. Davis, Libraries Connect Communities:
　　Public Library Funding & Technology, Access Study 2011-2012. Digital supplement
　　of American Libraries magazine, June 2012. Available at http://viewer.zmags.com/
　　publication/4673a369

BiblioTech to showcase e-book technology.

John W. Gonzalez, Staff Writer, BiblioTech to showcase e-book technology, April 13, 2013.
　　http://mysanantonio.com/news/local_news/article/BiblioTech-to-showcase-e-
　　book-technology-4430394.php

National Literacy Trust, Children's on-screen reading overtakes reading in print, 16 May
　　2013. http://literacytrust.org.uk/news/5372_children_s_on-screen_reading_
　　overtakes_reading_in_print

第13章

台湾の読書教育

1.　台湾の図書館体制

　台湾の行政区は，5直轄市（台北市，新北市，台中市，台南市，高雄市）と3省轄市（基隆市，新竹市，嘉義市），その他の14県で構成されている。この市や県の下に，郷，鎮，市，区といった行政単位が設けられている。この行政単位別に見ると国立の図書館が6館，直轄市の図書館が212館，県や市の図書館が54館設置され，県や市の下位単位の郷鎮市区の図書館は248館となっている（2011年11月現在）。館種ごとに見ると，本館が230館，分館・地区図書館などが298館で，全国で521の図書館が設置されている（表13-1）。このように各レベルに配置された図書館は，各地区の学校と連携して読書教育を推進している。

表13-1　台湾の図書館の設置状況

タイプ	本　館	分　館	地区図書館	その他	計
国　立	2	1	0	3	6
直轄市	4	165	39	4	212
県・市	17	6	31	0	54
郷鎮市区	206	32	10	0	248
その他	1	0	0	0	1
計	230	204	80	7	521

出所）Lu Chung-Chiao, "Public Libraries and Reading Promotion," *National Taichung Library*, 2011. 11.26より筆者作成。

2. 台湾の読書教育

　台湾の図書館の特徴として，① 資料のデジタル化と遠隔利用サービスを中心としたサービス形態の変化，② グローバル化への対応，③「ローカル化」，④ 利用者本位のサービス展開があげられることがある[1]。これらの特徴に加えて，近年では生涯にわたる読書教育が推進されている。

　2008年に台湾政府教育部より出された「教育部の助成による読書普及の推進と空間改造計画の事業原則」をみると，生涯にわたって「学習する力」や「読書力」を身につけることが推奨されている。この原則の中では，国民一人当たりの図書館の蔵書冊数，年間読書冊数，図書館利用証の登録率，貸出率についての数値目標が掲げられている。

　この原則に基づいて制定された「教育部の助成に基づく公共図書館の読書活動の推進と蔵書充実のための助成計画」（2010年）では，公共図書館における読書活動の推進と蔵書の充実を目的として，直轄市（台北市政府教育局，高雄市政府文化局）や，各市・各県の政府に補助金が支出されることとなった。

　この計画の一環として，2010年に策定された「ブックスタート　0〜3歳の乳幼児の読書活動推進計画」では，各直轄市・各県の政府がブックスタートの活動の企画を行い，その計画や活動内容を国立中央図書館台湾分館に報告することを求めている。さらに各図書館に対して，ブックスタートの活動を実施し，その内容を各市・各県の政府に報告することも求めている。

　ブックスタートの実施に当たり，各市・各県において6つの図書館を選定し，経費補助を行うことになっている。この補助金の上限額は，ブックスタートパックや活動運営費，特区建設費など項目別に定められている。たとえば，パックの制作は，パックひとつ当たり約300円，計300個までと補助金の上限額が定められている。さらにこの計画の実施に向けて，行政職員，図書館職員に対する研修が国立中央図書館台湾分館にて行われている。図書館職員には，乳幼児の発達や，乳幼児用の書籍の選定，そして乳幼児の読書への関わり方につ

いて，行政職員には，乳幼児の読書に対する心構え，ストーリーテリングの技法やそのツールについての講義が各２時間ずつ行われることとなっている。

　このブックスタート事業に加えて，「公共図書館と学校との読書ネットワークの構築に関わる計画」や，「多様な読書と図書館の蔵書充実のための計画」も実施されている。前者は，郷鎮市区を基礎単位として，公共図書館と学校とのネットワーク化を図る事業である。具体的な事業内容は，学校と図書館とが協力した読書活動の企画，学校のカリキュラムに基づく蔵書の充実，図書館とボランティアが協働した読み聞かせなどである。一方，後者の計画は，市・県を単位とした，優良図書の推薦や蔵書の充実を図るための事業で，各自治体の図書館数に応じて政府からの補助額は異なる。

3. 台北市立図書館の取り組み[2]

　次に，公共図書館での読書教育の取り組みの例として，台北市立図書館の活動に注目したい。同図書館では2004年，社会の変化と市民の読書に関するニーズの増加に応じた「台北市立図書館における2005-2010方策計画」を策定した。2011年度からは「台北市立図書館における2011-2015方策計画」を実施している。この計画では８つの目標と具体的な行動目標が掲げられている。

　同市の図書館体制をみると，本館１館の他に，分館42館とその数が多いことが特徴で，各分館の活動も活発である。各分館は，美術，漫画，歴史，法律，教育，音楽など蔵書の構成に特徴をもち，本館と有機的に連動して活動を行っている。この他に，分館より小規模な閲覧室が11館，空港や百貨店内に置かれるインテリジェンス・ライブラリーという無人図書館が４館存在する。

　図書館の年間予算は１千万円程度となっている。主な資料として，書籍600万冊，非図書資料30万点などを備えている。職員数は2011年度時点で約400名，そのうち７割が司書，３割が行政職員である。本館には，このうち約100名が勤務している。市内で活動する図書館ボランティアは約1,400名であり，このうち読み聞かせの担当が，200〜300名程度となっている。

写真13-1　ブックスタートパック

写真13-2　乳幼児用の専用利用証

　台北市立図書館の読書教育の代表的な取り組みが、前述したブックスタート事業である。同図書館では、2006年9月より市独自の試みとして推進し、台湾政府の取り組みとなって以降はその計画に沿って活動を進めている。具体的には、すべての子どもたちに対して読書を行う環境を提供するために、同市を本籍地とし、生後6〜18カ月、18〜36カ月の乳幼児をもつ家庭を対象に、ブックスタートパック（本2冊と推薦図書リスト、読書の手引きのセット、写真13-1参照）を無償で配布している。

　このブックスタートの普及のために、「乳幼児の父母向けの学習講座」が毎週実施されている。この講座は、ブックスタートパックに含まれる絵本の内容や、読書の手引き、推薦図書リストについて解説を行うもので、講座修了後にパックが手渡される形をとっている。この他に乳幼児を対象として、① 専用の利用証（写真13-2参照）の発行、② 乳幼児の読書の専門家、発達心理学者、小児科医らが共同して行う良書の選定、③ 読み聞かせなども行われている。

　この他の読書教育の取り組みとしては、以下のようなものがあげられる。

① 小学生向けのブックリストの制作：小学校の低・中・高学年それぞれに対して推薦図書のリストを毎年作成している。このリストは、ネット上で公開され、他市・他県でも参照されている。

② 児童への読み聞かせ：20年程前から、毎週土曜日に市内の全分館で読み

聞かせボランティアにより実施されている。これとは別に，英語での読み聞かせも日曜日の朝に市内の約半数の分館で実施されている。英語での読み聞かせの対象は 6 〜12歳の児童で，保護者も参加する形をとっている。

③ 図書館教育：小学生を対象として，学校の夏休みや冬休みの宿題で，学習の単元ごとに図書館を利用するように促している。また，「小博士（Kids Scholar）」という取り組みでは，毎週，各分館で質問を出し，正解者を表彰することで，図書館の利用率を高めることを試みている。

④ ブッククラブ：保護者と子どもが一緒に本を読む活動のことを指す。主たる対象は小学生で，分館の部屋を借り保護者が自主的に運営する形をとっており，現在市内には80ほどのクラブが存在する。

4.　台北市内の小学校の取り組み―新湖国民小学校を中心に―[3]

台北市では，各小学校でも読書教育に関して熱心な取り組みを展開している。同市政府教育局では，「台北市国民小学校における児童読書活動の推進の 4 か年（2011-2014年度）計画」に基づき，小学校での読書教育を進めている。この計画は，すでに10年以上にわたって実施されている。2000〜2006年度は学校・家庭・地域の連携，2007〜2010年度は美術や音楽，演劇といったテーマを設けて，読書教育を推進してきた。

今期の目標は，① 多様な読書教育の展開，② 教員の読書教育の力量・資質の向上，③ 読書教育に関する資源の充実・プラットフォームの形成，④ 生涯学習の習慣の形成である。この取り組みを推進するために，同市政府教育局に「台北市国民小学校における児童の読書推進委員会」が設置されている。この委員会は，「行政計画班」「研究推進班」「活動普及班」「資源・サービス班」の 4 つの班に分かれている。各班のメンバーは，関連部局の主任と，各学校の代表から構成され，それぞれ表13 - 2 に示した活動を行っている。「行政計画班」では，読書に関する計画や組織の整備，指標の開発やデータの分析を行い，「研究推進班」では読書教育の方法の開発や普及を，「活動普及班」では読書に

表13－2　台北市政府教育局と小学校の読書教育の推進体制

班	役割分担	担当学校
行政計画班	(1)　児童の充実した読書に関する4か年計画の策定	新湖国民小学校 東湖国民小学校
	(2)　学校の読書に関する図書基準の策定，学校の図書資料の充実	
	(3)　読書に関する研究の計画と組織	
	(4)　児童の読書に関する指標の開発，訪問・視察の実施	
	(5)　班による地域図書館への訪問	
	(6)　読書に関する統計データの分析	
研究推進班	(1)　読書指導・教育に関する映像やパンフレットの制作	明徳国民小学校 福林国民小学校 逸仙国民小学校
	(2)　各学校の教員に対する読書指導の方法の普及	
	(3)　学校間で，読書教育の様子を見学・共有する機会の設定	
	(4)　児童・生徒の読書活動の評価	
	(5)　各段階における生徒の読書能力の指標の統合	
	(6)　児童・生徒が新聞を読むことの推進	
活動普及班	(1)　多元的・革新的な読書活動の促進	吉林国民小学校 西園国民小学校 河堤国民小学校
	(2)　恒常的なメディアを通じた広報活動の実施	
	(3)　学校における読書や関連する活動への協力	
	(4)　年度ごとの読書活動のテーマの設定	
資源・ サービス班	(1)　児童の読書ネットワークの構築・運営	明湖国民小学校 実践国民小学校
	(2)　読書情報の体系化と情報の共有	
	(3)　ネット上でのレファレンス・サービスの提供	
	(4)　デジタル化された情報の発信	

出所）台北市政府教育局「台北市国民小学校における児童読書活動の推進の4か年（2011-2014年度）
　　　計画」2011，2ページの表を転載。訳は筆者による。

関する広報活動や学校での読書教育の支援を，「資源・サービス班」ではインターネットを用いたサービスの開発などを行っている。

　この中の「行政計画班」に属する新湖国民小学校では，児童の読書を推進するための計画と，「読書カリキュラム」を策定している。このカリキュラムは，「朝の読書活動」「図書館利用教育」「読書成果」「物語に関する劇」「読書のカリキュラム」「アイデアの共有」という6つの柱で構成される（図13－1参照）。

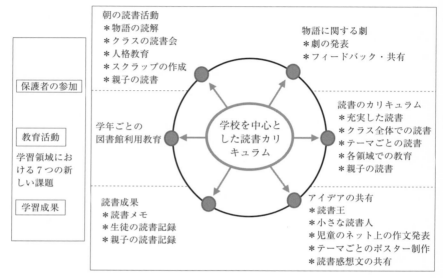

図13-1　学校を中心とした読書カリキュラム

出所）台北市新湖国民小学校「台北市内湖区新湖国民小学校の学校を中心とした読書カリキュラムと
　　　実施計画」（2011年11月28日のインタビュー時配布資料）を転載。訳は筆者による。

このカリキュラムに基づき，以下に示すさまざまな方法で児童の読書意欲を高
めるための試みが行われている。このうち幾つかの取り組みについては，児童
への表彰も行われている。たとえば，児童のストーリーテリングで優秀賞を受
賞した作品については，専用のホームページ上で動画が公開されている。

(1) 読書感想文：図書を読んだ感想や，台北市の読書教育に関する感想をまとめ
　　る活動。
(2) 児童のストーリーテリング：「小さな読書人」と呼ばれる活動。クラスごとに
　　優秀者1名を選出し，さらに学年で最優秀者を選ぶ。
(3) 読書王：全校で貸出冊数，読書冊数が多い児童を表彰する。
(4) 読書記録：所定の用紙に，図書名など読んだ本の内容を記録する。
(5) 作文の投稿
(6) 親子の物語作り：既存のストーリーを改編したり，新しいストーリーを制作
　　する活動。夏休みや冬休みに行われる。

(7) 読書メモ：自由な形式で読書の感想を書く活動。
(8) 図書館利用教育：低学年の児童には1月に1回，職員とボランティアが教育
　　を実施。中学年以上は読書の授業の中に組み込む形をとる。
(9) 英語で書かれた図書の読解

　これらの読書教育の成果をみるための基準として，1〜3学年，4〜6学年
という2つの段階に分けて，児童に求める能力指標を定めている。この指標で
は，読書に関する関心や態度，習慣の育成，読書のスピードの向上，読書内容
についての他の児童との議論といったさまざまな項目があげられている。
　読書教育の成果として，成績上位・下位の児童への影響はまだ小さいものの，
中程度の学力の児童の学力は向上しているとされる。また，読書教育の課題と
して，① 教員の読書教育の専門能力の向上と，② 児童の読書能力の向上とい
う2点があげられており，今後の展望として，① 読書に関する能力指標の作
成と，② 読書教育を専門とした教員の養成の2点が示されている。

5.　台湾の読書教育の特徴

　台湾では，他の国々と比較して読書環境が充実しておらず，国民の読書に対
する取り組みも低調であると考えられている。このため，生涯にわたる読書の
推進と，幼児期からの読書教育に重点を置いた政策を実施している。具体的に
は，台湾政府教育部の立てた計画のもと，市・県の政府が窓口となり，各図書
館に補助がなされる形で読書教育が推進されている。
　今回中心的に紹介した台北市では，市政府教育局と市内の国民学校との間で，
読書教育に関する組織を設立し，4つの班に分かれて読書教育の活動を進めて
いる。ここで開発されたさまざまな読書教育の手法や，児童・生徒の能力評価
のための指標は，今後，他市・他県にも普及していくものと予測される。

注
1）宇治郷毅「台湾の図書館探訪：国家図書館，台北市立図書館を中心に」『同志社大学

　図書館学年報』34号，2008，157-184ページ。
2）本項の内容は，2011年11月27日㈰15時半〜17時に，台北市立図書館を訪問し，洪館
　　長に対して行ったインタビューに基づく。
3）本項の内容は，2011年11月28日㈪9時〜11時に，台北市内湖区新湖国民小学校を訪
　　問し，寥校長に対して行ったインタビューに基づく。

第14章

北欧の読書教育
──福祉と自由と平等を目指す豊かな教育

　北欧諸国を舞台にした児童文学作品は，アンデルセン童話をはじめ，『ムーミン』や『長くつ下のピッピ』で知られるとおり，日本においても広く親しまれてきている。数々の物語が生み出される背景には，読書活動が人びとの生活の一部として位置づけられていることに加え，歴史的にも読書を通じて学び合う文化が定着しているものと考えられる。また，短くて明るい夏，そして，長くて暗い冬という他国には例を見ない自然豊かな気候や風土も，人びとが暮ら

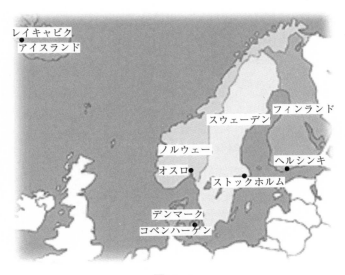

図14－1

しの中で本に親しむ要因であるのかもしれない。しかし，現実には経済危機や失業，雇用問題への対策，増加する移民への対応等，北欧諸国はさまざまな難題を抱えている。そのような状況の中で，公共図書館は図書の貸し出し業務のみならず，広く人びとを対象にさまざまな情報や生活上の支援を提供する現代的ニーズを担った文化施設と化している。

　本節では，スウェーデン，デンマーク，フィンランドにおける公共図書館をめぐる取り組みを概観し，世界的なIT立国として，また，OECD（経済協力開発機構）によるPISA（生徒の学習到達度調査）においても高水準を誇るフィンランドの国語教育に注目し，今日の北欧諸国の読書教育の課題を提示する。

1. 北欧諸国における図書館事情

　北欧諸国の充実した社会保障制度は世界的にも有名だが，人びとが必要とするさまざまな情報のアクセスポイントとして，公共図書館の役割が際立っていることは，あまり知られてはいない。立派な建物や施設環境は幼い子どもから高齢者だけでなく，障害のある人びとの他に，近年では，急増する移民，難民への支援サービスも図書館を拠点に行われている。その充実したサービスからも，北欧諸国の図書館利用率は極めて高い。本節では，スウェーデン，デンマーク，フィンランドを中心に公共図書館の取り組みについて概観する。

⑴　スウェーデン

　スウェーデンの公共図書館の源流は，1800年代の半ばに活発になった各種の国民運動にみられる。スウェーデンは伝統的に生涯学習活動が盛んな国として知られているが，もともとは，生活の中の課題を改善していこうとする民衆による自主学習サークルの活動が発端である。自主学習サークルはその後に民衆大学などに発展していくが，サークルが誕生した時，真っ先に人びとが取り組んだのが読書活動であり，今日の公共図書館の源流となっている（小林ソーデルマン・吉田・和気，2012，10-13ページ）。

　しかし，北欧諸国の中ではスウェーデンのみ，国としての図書館政策をもたず，図書館活動は主としてコミューン（自治市）の責任で運営されている。全国共通の規定といえば，1996年に制定された図書館法である（2005年に改正）。

　ストックホルム市立図書館国際図書館の小林ソーデルマン（2008）によれば，スウェーデン社会が現在直面している問題は，とりわけ，障害者や移民の他，少数民族へのサービスと，図書館間の協力による運営体制の強化にある。具体的な事例として，北スウェーデンにおけるウーメオ地域の図書館共同プロジェクト "Bibliotek 2007"（2007年欧州公共部門賞（European Public Sector Award：EPSA）を受賞）の成果を紹介している。ウーメオ地域では，共通のコンピュータシステムを導入したことから，地域住民が自由に蔵書にアクセスできるようになったことや，身体・視覚障害者等に配慮した機能が備えられた。特に，図書館サービスが IT 化されることで，① 外出することなく，本の貸出，予約，購入をはじめ，図書館のサイトから電子書籍，音楽や映画をダウンロードすることが可能となったこと。② 本の評価，感想をウェブサイトに投稿し，ウェブ上でのグループ議論や読書サークルを開始できるようになったこと。③ ウェブサイトを人工音声で読み上げ，コンピュータや電話で利用可能としたことで，視覚障害者にも対応可能な仕組みが成立したこと，である。現在，スウェーデンの全ての公共施設は建物・装置のバリアフリー対応を義務付けられていることを考慮すれば，先駆的な事例であったといえる。

　次に難民や少数民族に対する図書館サービスの課題である。スウェーデンには移民に関する明確な統計がなく，一般的な国勢調査は行われていない。その理由は，スウェーデン政府が人種に基づいた統計を一切行わないからである。しかしながら，移民の国籍については記録されており，外国にルーツをもつ者（外国生まれの者，また移民の子ども）はスウェーデン人口（約1,042万人）のおよそ20％にあたる。そのうちの約70％が，北欧またはその他ヨーロッパの国出身である（http://mofa.go.jp/mofaj/area/sweden/data.html，最終閲覧日：2021年2月20日）。2009年には年間の移民の数は過去最高に達し，大半は中東や南米からの移民やその家族の呼び寄せが占めている。2013年９月にはシリアの争乱か

らスウェーデンへの亡命希望者全員を受け入れている（*AFPBB News.* 2013年
9月4日）。スウェーデン政府は，増え続ける移民への対策に図書館の社会的
役割を活用している。なぜなら，図書館法において移民や難民に対しスウェー
デン語以外の言語で資料を提供することを義務付けており，スウェーデン語を
母語としない人びとにも広く平等に図書館サービスを提供し，彼らのスウェー
デン社会への社会参加を促進しているのである。
　公共図書館のみならず，すべての子どもの権利保障として，学校図書館への
アクセスの確保をめぐる施策も展開されている。とりわけ，移民，難民，少数
民族の児童生徒を対象に，読書活動が推進されている。具体的には，ストック
ホルム市での音訳本の提供や読字障害の子どもに朗読（音読）へのアクセスの
確保の他，特別支援を要する児童・生徒には，研修を受けた職員を配置してい
る学校図書館にて利用できる仕組みになっている（深谷・林・秋田，2014，19
ページ）。しかし，子どもたちの読書をめぐる課題は少なくはない。たとえば，

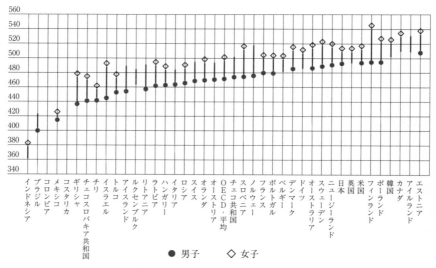

図14-2　PISA における読解力

出所）OECD（2023），Reading performance（PISA）（indicator）. doi：10.1787/79913c69-en

OECD の PISA 調査（図14 - 2 ）においては，スウェーデンの生徒の読解力は OECD 諸国の平均値よりはるかに高いものの，一時，男子の読解力が低下傾向にあった。現在は回復傾向にあるものの，今日では，図書館の ICT 化が進展していることからも，印刷，製本された書籍よりも電子書籍，視聴覚メディアなどの利用が拡大傾向にある。子どもたちの読書・読解力の推進政策の背景として，スウェーデンでは「読書を書籍などの情報への社会的文化材へのアクセス」として位置づけ，その権利保障の観点から社会的マイノリティや特別支援の児童・生徒への対応，支援を行っている（前掲，2014，22ページ）。

　このことは，「図書館は社会の鏡である」（小林ソーデルマン他，2012）と位置づけられているように，スウェーデン社会が追求する生涯学習活動の充実や福祉社会としての実践として，人びとが暮らしやすい社会の創造が図書館を軸にしながら目指されている。

(2) デンマーク

　デンマークは図書館ネットワークが最も発達した国のひとつだが，近代的な公共図書館制度が成立したのは，19世紀後半から20世紀初頭にかけてである。

　デンマークの公共図書館の大きな特徴は，第 1 に，住民の生涯学習支援を図書館の存在理念として掲げ，すべての住民が平等に情報にアクセスすることを目標としている点にある。第 2 の特徴は，公共図書館が，公的サービスとして社会の中に位置づけられている点にある。グルントヴィの教育思想[1]を基盤に，デンマーク政府が生涯学習のための環境整備に取り組んできたことも関係している。第 3 には，1920年に制定された図書館法が定期的に改正されながらも，同法に厳密に沿って活動が展開されている点があげられる。社会の変化に合わせて図書館サービスを展開していくための重要なガイドラインとして図書館法が位置づいている（吉田，2010，55-56ページ）。

　しかし，インターネットの普及により，公共図書館に対する情報要求は相対的に減少している。吉田（2010）によれば，図書館の生涯学習センターとしての機能に再び着目し，学習機能を強化することで図書館の新しい役割が模索さ

れている。以下，いくつかの公共図書館における実践例が紹介されている。

1）オーフス中央図書館分館の雇用促進サービスと地域住民参加型プロジェクト

　デンマークの第二の都市，オーフス（Aarhus）は，今日では「スマートシティ」としても有名である。都市が抱えるさまざまな諸問題に対して，ICT等の新技術を活用しつつ，市民の社会経済活動，各企業・団体の活動を効率的にマネジメントし，さらには，治安の確保，交通渋滞の解消，災害対策など，持続可能な社会の実現を目指すものである。

　2015年，オーフス市史上最大の建築プロジェクトとして誕生したのが公立図書館「DOKK1」である。オーフス市は人口30万人であるが，開館して4カ月間で50万人が来館したというぐらい，その斬新な建築構造からも世界的に注目されている。国際図書館連盟（IFLA）が2016年の「Public Library of the Year」に選出するなど，国際的にも高い評価を得ている（野村，2018）。

　DOKK1完成までに要した年月は実に17年という。市民をはじめ，デンマークを代表する「図書館」というが，具体的には図書の自動貸し出し機・返却機，スマートフォンに合わせたオンライン予約システムの他，周辺地域にある18の図書館の蔵書のデータベース化を展開している。さらに，返却された書籍や他の図書館と送り合う書籍の仕分けに「ロボット仕分けシステム」を採用していることも興味深い。また，100台収容の「自動駐車システム」を導入した駐車

写真14 - 1　オーフス公共図書館　DOKK1

出所）www.dokk1.dk

場を付設するなど，最新技術を生かしたスマート化・機械化が進められている。巨大な空間を人びとが効率よく利用できるように作業や打ち合わせができるスペースや，パスポート申請などの行政サービスが受けられたり，ものづくりができたりするオープンスペースも備わっている。シアターやセミナールームでは，多種多様なイベントへの参加や，企画・開催もできる。NPOなど外部組織と連携し，「宿題支援」「健康相談」「ビジネスサポート」の提供，さらには，「キッズスペース」などの親子連れで楽しめる空間も備わっている。図書館が「民主主義の空間」として配置されていることが伝わってくる（熊平，2017）。

　分館であるゲレロプ図書館における移民の雇用促進のための活動も興味深い。周辺に移民が多く住むゲレロプ分館では，移民への情報技術のスキルアップのための支援活動に加え，「職業コーナー」を設け，雇用促進のための積極的なサポートを行ってきた。

　また，ゲレロプ図書館と同じく分館であるハスレ図書館では，公共サービスの向上と住民の社会参加を目標とするプロジェクトCCG（Community Center Gellerup）を展開してきた。このプロジェクトは，図書館司書とボランティアと住民の協働を強調している点でユニークな活動といえる。地域の社会活動とのネットワークの構築を目指すとともに，図書館がボランティアセンターなどと連携して，学習支援や情報技術の取得におけるインフォーマルな学習の場を提供している。また住民の生活支援活動として保健管理士，歯科衛生士，助産師を分館に常駐させて無料の健康相談を行っていることも特筆に値する。ゲレロプ図書館の周辺地域は，デンマーク国内でも出生率が高いため，妊産婦のカウンセリング業務も図書館内で行っている。

　図書館で行われるプログラムは，一般には図書館の司書による企画であるが，このような地域住民のニーズに考慮した，住民の参加型プログラムはかなりめずらしいものである。（吉田，2010，157-160ページ）。

2）公共図書館と学校図書館との連携強化

　学校図書館は，就学した子どもたちが学校教育を通じて接する学習の場であ

Figure D2.1. Average class size in primary education, by type of institution（2019）
In number of students per class

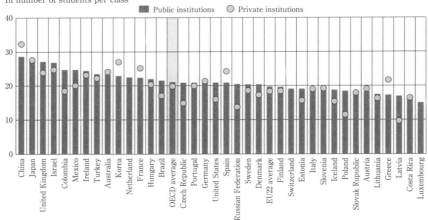

Compare your country: https://www.oecd.org/education/education-at-a-glance-2021/en/6/all/default
Countries are ranked indescending order of class size in primary education public institutions.
Source: OECD/UIS/Eurostat（2021）, table D2.1. See Source section for more information and Annex 3 for notes
（https://www.oecd.org/education/education-at-a-glance/EAG2021_Annex3_ChapterD.pdf）.

StatLink https://stat.link/k5j4er

図14−3　初等・前期中等教育の学校規模

出所）EDUCATION AT A GLANCE 2021 © OECD 2021

り，主として学習のための資料，教材を提供する空間となっている。一方，公共図書館は，子どもたちの背丈にふさわしい机や椅子，安全面に配慮されたきれいな色彩の家具が配備されており，子どもたちにとって，たくさん本が読みたくなるような児童室が設けられている。デンマークの小学校では，学校の授業で頻繁に公共図書館を訪問し，読書の機会を楽しむこととなっている。

　その理由には，１学級の児童数が少なく，約20人程度であることも要因となっている（図14−3参照）。少人数ゆえに，教師と子どもたちのコミュニケーションは深まるが，子どもたちが習得すべき情報量については乏しくなることが懸念される。そのため，子どもたちは，学校図書館とは異なる規模の公共図書館で読書活動の幅を拡げていくことや，公共図書館には学校図書館とは異なる多様なニーズが存在していることを理解していくことにもなる。特に，今日

の図書館サービスはコンピュータを中心に行われているため、子どもたちは、図書館という空間で、コンピュータの操作やその他の活動の目的を把握していくことになる。

3）移民や難民の子どもへの学習支援：宿題カフェプロジェクト

　ここ数年、デンマークの図書館は、移民や難民の子どものための学習支援活動に力を入れており、「宿題カフェプロジェクト」は2007年から2009年までに100か所の公共図書館で取り組まれた。デンマーク政府も支援しているが、実際に学習支援の運営、実施は各図書館に任されている。また、学習支援の対象が学齢期の子どもたちだけでなく、デンマーク語の読み書きが不自由な成人に対しても行われており、合わせて就労支援プログラムも実施されている。

　このような状況から、デンマークの図書館は本の貸し出し業務という枠組みを超えて、多様な文化的背景をもつ人びとのあらゆるニーズに応える社会福祉機能を兼ね備えた施設となっている。なぜなら、すべての図書館サービスは住民の「情報への平等なアクセス」という理念に基づいているからであり、この理念を実現するために、情報のアクセスに相対的に不利益を被っているマイノリティに配慮したサービスを常に実施し、情報アクセスの平等性の確保に努めていることがうかがえる。

(3) フィンランド―図書館利用率が世界一の国―

　フィンランドの公共図書館の歴史は、1794年に遡る。フィンランド西部のヴァーサ広域控訴裁判所のメンバーによる「ヴァーサ読書会」が図書館の始まりであり、当初は、会員制の読書サークルであった。1830年代には教区（parish）による自治体図書館が設立され、広く地域の人びとに図書の貸し出しを行うように発展していった（組原、2008、106-107ページ）。

　2019年、フィンランド公共図書館数は、中央館が282館、分館が436館、ブックモービルが135台、図書館資料を入手できる「サービスポイント」が401か所設置されている。全職員数は3,945人、コレクション総数は約3,400万点で、紙

写真14-2　ヘルシンキ中央図書館 Oodi

の図書は約2,900万点，電子書籍が1,080万点である。図書館への来館者数は延べ約5,400万人，貸出数は約8,600万点であり，国民1人当たり15冊を超えている（吉田・坂田，2020，108ページ）。公共図書館はすべての国民に無料で開かれ，世界トップクラスの利用率を誇ることでも知られる。2018年に開館したヘルシンキ中央図書館「Oodi」は，国際図書館連盟による「Public Library of the Year 2019」に選出され，建物のデザイン性の高さや豊富なサービス内容によって「世界一の公共図書館」として話題を集めた。

　図書館利用率の世界一の理由は，インターネットシステムによる図書館サービスにある。国土の約70％が森林であり，人口は約550万人（日本の約1/23），すべてインターネットのネットワークを有しており，住民はどの図書館でも利用可能な状況からも，近年では，インターネット経由のアクセス件数が急増している。（原田・西川，2008，6-8ページ，西川，2008，100ページ）

　フィンランド国民が図書館に容易にアクセスできることは，民主主義の進展に不可欠であること，文化資産の継承，多文化主義，そして，IT化による読み書き能力の向上において追求されている。地域の図書館であろうと，大学図書館であろうと，誰もが平等に情報源にアクセス可能な仕組みづくりを通して，「第三次の知識社会」の創造が目指されている。情報，知識の提供，サービス

を通じて，あらゆる年齢層の人びとに学習機会の確保と都市と農村との地域間格差の解消を目指す取り組みでもある。特に，いつでもどこでも，誰でもコンピュータやその他の電子メディアにより，図書館にアクセス可能な体制を創ることで，図書館はフィンランド市民のための，あらゆる情報の窓口となるべきであることが記されている。しかし，図書館サービスの充実を図るには，当然のことながら，図書館職員に求められる専門性も高くなってくる。

　実際にフィンランドの図書館員は，図書館司書としての役割だけでなく，教育や社会的サービス，文化的サービスにも精通していることが求められ，社会教育，生涯学習活動に対する幅広い知識や専門性が問われていくことになる。

2. 思考を鍛える読書教育—フィンランドの国語授業を通して考える—

　情報へのアクセスや生活に必要な知識，スキル等の習得について，図書館を拠点に届けようとする北欧諸国の取り組みを概観するに際し，そのあまりの多様さには驚かされてしまう。しかし，豊富な図書館サービスのみならず，北欧諸国は子どもの読解力も世界的に高水準に位置している。特に，OECD の PISA（生徒の学習到達度調査）の国際比較により，2000年度，2003年度とフィンランドが読解力，科学的リテラシーとともに第１位を占めたことに関し，教育関係者内でさまざまな議論が湧き起こったことは記憶に新しい。2012年度の調査結果に基づく経年変化分析では，フィンランドは2006年度から2012年度にかけて読解力，科学的リテラシーは共に調査の参加国内で低下傾向にあるが，OECD 加盟国での順位は，数学的リテラシー６位，読解力３位，科学的リテラシー２位であり，2000年から2012年度にかけて，読解力，科学的リテラシーは３位以内に位置している（文部科学省・国立教育政策研究所，2013）。

　これまで，フィンランドの PISA における高水準の理由について，教育関係者によるさまざまな調査や研究が行われてきた。とりわけ，フィンランド政府や学校教育関係者が何か特別な取り組みを実施しているのではないかという想定の下で調査を行った研究者は，学校教育における授業風景を観察して，衝撃

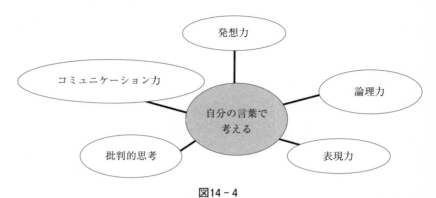

図14－4

出所）北川＆フィンランド・メソッド普及会『フィンランド・メソッド入門』経済界，2005を基に筆者作成。

を受けたと伝えている（たとえば，佐藤，2008，庄井・中嶋，2005，北川＆フィンランド・メソッド普及会，2005など）。

　それは，学校教育の中で何か特別なことを実施しているというものではなく，教師と生徒における自然な会話や子どもたち同士の対話，グループワークの中から読解力や物事の考え方，多様な価値観を尊重しようとする態度が育まれてきているのである。日本では「フィンランド・メソッド」（北川＆フィンランド・メソッド普及会，2005）と称して紹介される国語教育の方法でさえも，実際には，特別な教育方法ではなく，教室の中で教師と生徒とのごく自然な会話により繰り返しやりとりされるものなのである。それゆえ，子どもたちの思考力が自然な形で鍛えられてきているものと考える。フィンランドの国語教育の概念的な構成は，次のとおりである。

- 発想力：テーマをもとに，自由な発想を生み出すこと。
- 論理力：意見とともにその理由付けを重視する。原因と結果の法則を重視。
- 表現力：簡単な作文，物語を自分の考えで創作してみる。
- 批判的思考：必要な情報を見極めること。見直すこと。
- コミュニケーション力：議論のルールと相手の立場に立って考えることを身につける。

1）自分で考える学び―タンペレ市立メスキュラ総合高校の国語授業の事例―

　フィンランドは1990年代に入り，携帯電話の所有率が80％を超え，ノキア社をはじめとする IT 産業の台頭により，世界的な IT 立国へと展開していった。そのような社会背景の中で，フィンランド政府は学校教育の IT 化やメディア教育の重要性にいち早く取り組んできている。1994年にはすべての小学校にコンピュータを導入し，国語教育の中でメディア教育を行うことを推進してきたのである。学校教育の中でメディアを積極的に活用することと同時に，子どもたちがコンピュータや携帯電話などを利用して，メディアへのアクセスのみならず，配信されてくる内容をどのように受け止めることができるのかが課題となっていたからである。

　ここでは，以前に NHK で紹介されたフィンランド第 3 の都市，タンペレ（Tampere）市内のメスキュラ高校（Messukylän lukio：MELU）の国語の授業の取り組みを紹介する[2]。

　タンペレ市は人口約22万人であり，かつては繊維やパルプ産業で有名であったが，今では，IT 産業中心の都市と化している。タンペレ市立メスキュラ高校の国語の授業では，担当教師も IT 化が進む社会生活の中でのメディア教育の重要性を理解しており，積極的に研修を受け，授業改善に取り組んでいた。たとえば，「文学と規制」について考えることをテーマにした国語の授業では，教科書は補助的な教材にすぎないとし，教師自らが，生徒たちの興味を促すような教材をみつけ出し，提示していた。この日，国語の教師は，教科書に掲載されていた出版規制の書籍について，実際に規制がかけられている書籍（トマス・マンの『魔の山』，サルマン・ラシュディの『悪魔の詩』など）の数冊を持参し，生徒たちに，次のように説明していた。

　「これらの本は，現在，すべて出版規制がかけられています。皆さんはどの

表14-1　メスキュラ高校のメディア専門講座

・写真　・出版　・脚本　・映像理論　・TV，ラジオ，新聞　・メディア批判 ・メディアから見た世界

ように思いますか？理由を3つ，考えてみてください」

　教師が提示した書籍は，宗教，文化，政治，道徳的な理由により，問題があるとされていたものばかりであった。生徒たちはなぜ，出版規制が必要であるのかについて，自分の意見を述べていくのである。

　生徒からは，「宗教の違いにより，詳しくは分からないけれど……」「道徳上，望ましくないと思います」「権力をもつ人がその立場を利用しようとする作品だからです」と，次々に意見が出てくる。教師は，それぞれの意見を，宗教的自由，政治的，道徳的というように分類していく。類型化された意見を黒板に記述し，簡単に解説すると，今度は，グループに分かれて議論の時間を設け，その後，グループごとに生徒たちに発表するように指示を出す。生徒たちは，最初は自分の見解を述べるにとどまっていたが，ディスカッションの後の発表では，互いの意見に耳を傾け，時には，反対意見も述べながら，自分の意見とは異なる意見を聴くという重要性も理解していくのであった。

　授業終了後，担当教師は，「何よりも生徒に考えさせることが重要である」と述べていた。社会には膨大な量の情報が溢れており，マスメディアの影響力は子どもの教育に良い場合もあれば，悪い場合もある。しかし，何が問題であるのか，考えさせることが大切であるとする。そして，自分なりに分析し，情報を読み解いていくことが必要であることを提示したいと述べていた。また，授業の中では，生徒たちの意見をまとめることをあえて行わず，自分たちの言葉で考えてもらうことを重視していた。世の中には，いろいろなものの見方があるということを学ぶことにもなり，生徒たちはプレゼンテーションを通じて，自分の見解を自分の言葉で発言する必要性を学ぶことになると述べていたことが印象的であった。

　もうひとつの取り組みは，新聞記事を活用した授業実践である。メスキュラ高校には，毎日，新聞3紙が届けられる。生徒たちは休憩時間に新聞を閲覧できることになっている。それらの新聞を国語の授業にも活用し，新聞記事，広告等も含め，各自にテーマを設定させ，記事から読み取れる内容を発表させることが課題となっていた。

- 新聞の記事に掲載されている写真は，内容に適切なものであるか。
- なぜ，興味を引く，または，引かない記事であるのか。
- この広告の意図は何か？

　生徒はそれぞれに記事を再構成し，自分の意見を発表していく。その姿から，多様な価値観に溢れる社会に暮らす中で，もっとも重要となる「自分のことばで自分の意見を述べること」の必要性を学んでいるものと考えられた。

　同高校では，このような国語の授業の他に，「メディア専門講座」として，実際に，メディアに関わる職業に就いていた人を外部講師として招聘し，専門講座を無償で提供していた[3]。映像作家やテレビ局の元プロデューサーの出前授業を行うなど，メディアが社会に働きかける意味や，配信されてくるメディアをどのように受け止め，理解するか等，ともに考える授業が行われていた。

　このような取り組みからうかがえることは，メディア教育が時代のニーズに応じて行われているにせよ，新聞やテレビ，ラジオ，インターネットにより配信される膨大な量の情報について，私たちはどのように解釈していくべきかが問われてくることになる。授業では教師による大まかな方向づけは行われても，最終的にただひとつの意見のみが正しいという結論を出すための授業ではないということが強調されていたように，自分で考えて答えを見出していくことが求められているのである。そのような多様性を尊重しようとする授業実践は実に示唆に富んでいる。多くの場合，高校の国語の授業といえば，優れた文学作品を受験勉強のために読むことが念頭に置かれてしまうが，フィンランドの学校に見られる授業では，試験のための勉強というものはありえない。多様な社会，文化的背景の人びとにより構成される実社会を見据え，今，何が一番必要であるのか，生徒たちも生活者の視点で物事を考えていくヒントを学ぶことが，ひいては，文学作品をも読み解いていく力を養うことにつながっているのではないかと考えさせられる学びの実践であるといえよう。

3.　まとめにかえて—暮らしの中の読書活動—

　本節では，スウェーデン，デンマーク，フィンランドの図書館事情とともに，フィンランドの国語の授業を事例に読書教育の方法を考察した。3つの国には，これまでに成人教育をはじめとする読書活動にまつわる長い歴史的経験から，人びとの暮らしの中で図書館に足を運ぶことが生活の一部となっていることがうかがえる。本を読むことは，北欧の長くて暗い冬をいかに楽しく過ごしていくかという人びとの知の結集でもあったと考えられる。今日では，インターネットの普及によりいつでもどこでも誰でも図書館にアクセス可能なネット社会が成立したことから，移民や難民などの多様な背景をもつ人びとの社会参加を促進する政策としても，読書活動は時代のニーズに合わせて展開されてきている。同時に，公共図書館の社会的機能を高めていくことに結びついている。

　また，学齢期の子どもたちにとっては，公共図書館との連携強化は，その幅広い活動から学校図書館では補えない部分（蔵書や資料の規模だけでなく，各種サービスの質的内容として）を担うことにつながり，子どもたちに多様な学びの機会を提供していることも興味深い。町の中に小，中学校しかないような地域でさえも，インターネットバスや移動図書館を有効活用し，幅広く学習の機会を提供しているのである。そのような取り組みにより，子どもたちは世の中にはさまざまな考え方や価値観が存在していること，そして，何よりも重視すべきは，社会における多様なものの見方について，自分自身で考えていくことを学ぶ契機となろう。

　学習活動をある一定の時期のみと限定するのではなく，幼い子どもから高齢者に至るまで，生涯に渡る学びの必要性を重視していることは，デンマークのホルケフォイスコーレなどの実践に示されるとおりである。多様な背景の人びととともに暮らしながら知を交換していこうとする北欧諸国の長い歴史的蓄積が，社会，文化的土壌として受け継がれてきていると考える。読書活動は生涯に渡る学びの中のひとつの試みであり，どのようなメッセージが隠されている

のか等，作品を読み解いていくことの意味や学びのあり方は，単なる方法論を超えて，福祉や平等，自由を追求しようとする人びとの暮らし中で，脈々と培われているのである。

注

1 ）ニコライ・フレデリク・セヴェリン・グルントヴィ（Nikolaj Frederik Severin Grundtvig　1783年 9 月 8 日～1872年 9 月 2 日）はデンマークにおける成人教育において重要な役割を担った人物。北欧神話の学者，また神学者でもあり，詩人，そして教育思想家でもあった。デンマーク教育省による分類で，自由成人教育に位置づけられているフォルケホイスコーレ（Folkehøjskole）という16歳半また17歳半以上の人びとが学習する，全寮制の学習機関の教育思想を構想とした人物として，デンマーク国内及び欧州を中心とした海外で高い評価を受けている（佐藤裕紀著，生涯学習 e 事典，http://ejiten.javea.or.jp/content.php?c=TWpJd05qSXk%3D（最終閲覧日：2023年 5 月20日）参照）。

2 ）NHK『メディアがひらく教育の未来②：IT 立国フィンランドの国語教育』2003年放映。

同番組で紹介されたメスキュラ高校（MELU）は2010年にサモ中央高校と統合により閉校となっている。フィンランドでは唯一の通信特訓学校でもあった。

3 ）少し以前のことになるが，1996年～2010年まで，教育省よりコミュニケーションに特化した任務を担っていた。

参考文献・参考資料

AFPBB News,“スウェーデン，亡命希望のシリア難民全員受け入れへ”（最終閲覧日：2013年 9 月 4 日）

Finnish Public Library Statistics（公共図書館統計英語版のページ）
http://tilastot.kirjastot.fi/en-GB/（最終閲覧日：2013年12月21日）

Finns are avid readers and library users（Ministry of Education and Culture 2012/4/24付）. http://minedu.fi/OPM/Verkkouutiset/2012/04/kirjastotilastot.html?lang=en（最終閲覧日：2013年12月21日）

深谷優子・林寛平・秋田喜代美「スウェーデンの読書活動推進政策の展開：学校図書館へのアクセスと機能を中心にして」『読書科学』Vol. 56, No. 1, 2014, 14-24ページ

原田安啓・西川響「フィンランドの図書館」西川馨編『学力世界一を支えるフィンランドの図書館』教育史料出版会，2008, 6-8ページ

熊平美香「13年の議論で生まれた『驚異の図書館』の裏側：デンマークの人々の『共創』の技法」東洋経済オンライン，2017

組原洋「フィンランド図書館の歴史」西川馨著『学力世界一を支えるフィンランドの図書館』教育史料出版会，2008，106-107ページ

小林ソーデルマン淳子「小特集：北欧のコミュニティと公共図書館：スウェーデン／カレントアウェアネス」通号 No. 295-No. 298，2008
　　http://current.ndl.go.jp/ca/no295（最終閲覧日：2013年12月21日）

小林ソーデルマン淳子・吉田右子・和気尚美『読書を支えるスウェーデンの公共図書館：文化・情報へのアクセスを保障する空間』新評論，2012

メルヴィ バレ，リトバ コスキパー，マルック トッリマン著，北川達夫・フィンランドメソッド普及会訳『フィンランド国語教科書―フィンランド・メソッド　5つの基本が学べる』経済界，2005

文部科学省・国立教育政策研究所「OECD 生徒の学習到達度調査（Programme for International Student Assessment）」『2012年度調査分析資料集』，2013

文部科学省「スウェーデン王国」
　　https://mofa.go.jp/mofaj/area/sweden/data.html（最終閲覧日：2022年 2 月20日）

西川馨編『学力世界一を支えるフィンランドの図書館』教育史料出版会，2008

野村靖仁「『スマートシティ』における図書館の存在意義～地域の「知」の中心として図書館を考える～」自治体ポータル，2018

OECD 編『図表でみる教育　OECD インディケーター2012度版』明石書店，2012

佐藤隆著，熊本子育て教育文化運動交流会編『フィンランドに学ぶべきは「学力」なのか』かもがわブックレット，2008

庄井良信・中嶋博『フィンランドに学ぶ教育と学力』明石書店，2005

吉田右子「小特集　北欧のコミュニティと公共図書館：デンマーク」『カレントアウェアネス』No. 295，2008，http://current.ndl.go.jp/ca1655#ref（最終閲覧日：2013年12月21日）

吉田右子『デンマークのにぎやかな公共図書館――平等・共有・セルフヘルプを実現する場所』新評論，2010

吉田右子「北欧の公共図書館と子どもを対象としたサービス・子育て支援」『JR I レビュー』2022，Vol. 6，No. 101，2022

吉田右子・坂田 ヘントネン 亜希「フィンランドにおける文芸振興政策と公共図書館：作家と図書館のための公的支援システムに焦点を当てて」『図書館界』2020，Vol. 72 No. 3，108-124ページ

和気尚美「デンマークの図書館のメーカースペース」北欧教育研究会編『北欧の教育最前線』明石書店，2021，153-155ページ

和気尚美「デンマークの公共図書館プログラム」坂口緑・佐藤裕紀・原田亜紀子・原義彦・和気尚美『デンマーク式生涯学習社会の仕組み』ミツイパブリッシング，2022，259-298ページ

第15章

カナダの読書教育
──ラーニングコモンズと学習コミュニティ

1. カナダの学校教育

　カナダは，10の州と３つの準州から構成されている。各州の面積と人口密度には大きな開きがあり，統一的な地方制度がとられていない。また，カナダには，連邦政府に教育省が設置されておらず，教育権は各州にゆだねられている。公共語としても，英語圏とフランス語圏に分かれているように，各州，各地域の地理や歴史，言語，文化などが異なっており，各地独自のニーズに応じて学校教育は発展してきている。そのため，カリキュラム構成や学校の運営方針，評価方法等でも州間で学校教育の分権化が図られている。

　しかし，各地域や学校の発展のためには，カナダ全体の方向性を統一する動きもあり，1967年にカナダ教育閣僚協議会（CMEC）が組織され，州間の連携や情報共有，教育課題に関する共通の議論の場も設定されている。

　学校の体系も，各州の教育省が独自の教育制度や学年段階を定めているが，同じ州内でも学校によって対象となる学年段階の生徒が異なっている。ただし，一般的には，初等教育（小学校）と中等教育（中学校，高等学校）の２つを合わせて，教育の年限が12年で構成されている場合が多い。

2. カルガリー市のラーニングコモンズ/図書館

⑴ カルガリー市の教育

　カナダでは，学校図書館をラーニングコモンズとして位置づけ，その改善が進められている。ここでは，アルバータ州カルガリー市の例をみたい。

　アルバータ州はカナダ西部にあり，西にブリティッシュコロンビア州，東にサスカチュワン州，北のノースウエスト準州があり，南は米国モンタナ州と接している。州都はエドモントンであるが，カルガリー市は州最大，北米最大の商業都市であり，石油をはじめとするエネルギー産業と観光産業が中心の人口約130万人以上の都市である。

　カルガリー市教育委員会（CBE）の教育計画（2021-2024）によれば，市の学校数は約240，生徒数約12万5千人（2022年の統計では，幼稚園児が約1万人弱，1－3学年，4－6学年，7－9学年が3万人弱，10-12学年が3万人強），教職員数1万5千人となっている。

　教育目標は，各生徒がその個人的資質と才能を維持しながら，人生と仕事や継続的学習に必要な学習の基礎を高校までに習得できるようにすることにある。

　また，カルガリー市には，公共図書館が約21館あり，さらに4館が建設予定である。公共図書館では，デジタルライブラリーも提供され，移動図書館サービスも行っており，図書館は，サービスにおいて，公正さ，好奇心，協働の3つの価値を重視している。図書館登録者は74万5千人で，市の人口の56％を占めている。公共図書館では，早期学習者向け，学齢期向けと10代向けの戦略を立てている。

⑵ ラーニングコモンズ/図書館

1）ラーニングコモンズとしての活用

　カルガリー市のラーニングコモンズ/図書館（Learning Commons/Library）は，伝統的な学校図書館に加えてラーニングコモンズとしての機能，電子図書館の

機能，そして時にメーカースペースでの道具作りが加わるようになってきている。読書教育が紙と電子教材の両面で行えるだけではなく，言語学習から，能動的で創造的な学習活動，そして協働学習による社会性の向上が図られるようになっている。

　まず，その小学校段階での一例として，フィッシュクリーク学校（Fish Creek School, K-6）の場合を取り上げる。同校は，カルガリー市南部のフィッシュクリーク州立公園近くにある学校であり，2022年12月における同校の各学年の生徒数は，618人（幼稚園71人，1年生79人，2年生86人，3年生89人，4年生100人，5年生93人，6年生100人）である。

　この学校のラーニングコモンズ/図書館は，ほぼ1教室分のスペース（1,300㎡）が学校の中央に確保されている。そこでのサービスや学習については，サイトに次の記述がある（フィッシュクリーク学校, 2023）。

　「ラーニングコモンズ：現代の学習者は，インターネットやテクノロジーの支援のない生活は想像できません。従来の図書館の概念は，協働と探索のためのテクノロジーやオンラインツール，スペースを含むものへと変わりつつあります。

　ラーニング・ハブ：フィッシュ・クリーク学校のラーニングコモンズは，私たちの学校のハブです。学校の中心にあり，生徒たち各自がそのスペースとリソースを定期的にオープンに利用できます。高い天井と素晴らしい自然光を伴い，私たちのラーニングコモンズは不思議と可能性に満ちた場となっています。

　図書館：図書館のブックコレクションは長年にわたって慎重に保存され，すべての学年の生徒たちにフィクション，ノンフィクションの両方にわたり現代的なセレクションの読書教材を喜んで提供しています。何よりもまず，私たちは生徒のみなさんが読書を愛し続けることを望んでいます。生徒は自分自身の本を自由に選べますが，必要なら，先生とラーニングコモンズのスタッフが生徒それぞれにふさわしい本を直接選びます。私たちの図書館コレクションはいつでもすべての生徒に開かれています。というのも，多くの生徒は本の交換を

１週間も待てないからです。

　テクノロジー：私たちのラーニングコモンズには，いろんなテクノロジー用具もそろえています。アップル製のものを使いたい時，生徒なら誰でもいつでもノートパソコンでも iPad でも利用できます。主なノートパソコンは教室用に予約されていますが，生徒が毎日いつでも使えるようにラーニングコモンズには多くのノートパソコンがあります。テクノロジー用具のページを訪問して，生徒や保護者が利用できるツール（用具）についての情報を得られます。

　メーカースペース：最後に，ラーニングコモンズは古い学校図書館ではありません。ここでは「シーッ」という声は聞こえません。学校で皆が集まるハブとして，生徒や教室がこのスペースを課題活動の定期的な場として，特に工作（Maker Education）の場としても使っています。毎日のように，ロボット工学に取り組む生徒や何らかの創造物を作る生徒がみられます。このスペースでは，創造性，協働，そしてコミュニティとしての活動が奨励されています」。

　カルガリー市の地域や学校種別によって，ラーニングコモンズ/図書館の設備やサービスは異なっている。旧態の学校図書館をあえて残す学校もあれば，デジタルサービスを行う学校もある。利用時間は，小学校段階で午前８時前から午後３時頃まで，週１日の休館日を除き，開館しているが，昼休みや放課後利用がやはり多い。ただし，教員が図書館利用の時間を設けて，本の貸し出し返却を行う場合もある。図書館には，図書館アシスタントと呼ばれる図書館ボランティアがいる学校もある。貸出期間はおおむね２週間となっている。また，蔵書の構成も，低学年ではフィクションが中心となっているが，高学年になるにつれて，ノンフィクションの増加を図っている。

カッパーフィールドスクール（K-5，590人）

　このラーニングコモンズは，「ザ・ガーデン」という名称で親しまれている。植物や花を育てる庭のように，この空間は「アイデアが育つ」場所であるという理由から選ばれた。大きな窓，Maker Space，テクノロジーや本がすぐに手

に入り，外でも学べる。共有スペースとして，学習者は，スペースとリソース（書籍，テクノロジー，教材）を使用する自分と他者を尊重し，責任を負う。スペースでは飲食物は利用できない。すべての利用者は，他の利用者の作業を尊重し，後片付けを行う。メーカースペースで何かを作る際に，環境に優しく，再利用するか再考するよう努める。スペースの共有化が重要な目的であり，新しい学校として文学コレクションの構築を続けている。高学年では，自主性を育み，本の借り出し/返却の責任を個々の生徒にすることを選択したクラスもある。ザ・ガーデンは，学生が学習者として成長できる場所と考えられている。

ベルファスト スクール（K-6，163人）

　このラーニングコモンズは，同校のモットー，「探求-創造-関与」を生徒が行うことが期待され，学校全体をラーニングコモンズとみなしている。学校全体で，個々の生徒が静かで居心地の良い学びの場所を確保し，少人数から大人数の生徒までスペースを柔軟に利用できるようにし，個人に合わせた学習を支援する高品質の印刷物，デジタル，人的リソースが提供される。科学のSTEAM分野に重点を置き，先住民族，反人種差別主義者，二言語などの専門書籍の書籍コレクションの拡大が図られている。

　図書館：同校では今でも図書館と呼ばれる部屋があり，そこには全生徒への配布用の印刷書籍の共有コレクションが保管されている。生徒の読み書き能力とカリキュラムをサポートし，知的自由を促進し，カナダの豊かな文化遺産を紹介する上質の文献を提供する学校図書館の伝統を残している。

　小学校高学年から，中学，高校のラーニングコモンズ/図書館では，次第に集団活動や対話学習，専門科目の学習，キャリア学習の機会が増えていく。セントラル・メモリアル高校（10-12，1,562人）のように，個別指導のチュートリアルタイムを設けたり，クレセント・ハイト高校（10-12，1,934人）のように，図書館から教科書を各学期初めに学生への貸出サービスを行う学校もある。

キャサリンニコルズガンスクール（K6，266人）

　同校には，2023年 2 月に，Start2Finish の先住民識字能力向上プロジェクト（Indigenous Literary Enhancement project）から，本の自動販売機が寄贈された。同プロジェクトから年間各人 9 冊の本が提供されている。この組織は，読書文化の向上が文化間の貧困問題の解決に役立つと考えられて設立され，20年以上にわたって全国で70のコミュニティにわたり，ランニング＆リーディングクラブを展開するボランティア団体である。

サイモンフレーザーズスクール（K5-6，7-9，686人）

　同校では，興味のある学生のために，図書クラブへの参加が推奨され，ボランティア協力の保護者の募集を行っている。

クラレンス・サンサム中学校（K7-9，生徒数545人）

　同校の特色は，POWER リーディング（Providing Opportunities With Everyday Reading）と呼ばれる毎日の読書活動にある。毎日の読書を通じ，生徒に読書と読解力の重要性を伝え，ホームルームの POWER の時間を通じてすべての生徒を直接指導し，読書内容についてオープンな対話を奨励している。昼休み後も，生徒と教員は学校全体で読書時間を持つ。POWER では，年間を通じて特定の読書戦略が組み込まれ，その戦略をすべてのクラスで強化し，スタッフと生徒に共通理解をもたらす。また，教師が生徒と個別に面会したり，年間を通して教員同士の読書会議で読書中の本の内容を発表したり，生徒向けの読書クラブの活性化を図っている。物語に関する教師と生徒，生徒同士の対話は，世界に意味を与え，他者との関係を築く。読書をめぐる対話は学校コミュニティにとって不可欠となっている。学校の教員や図書館スタッフは，実践改善の専門的な書籍の研究に参加している。

ウッドマン・スクール（K5-9，475人）

　同校の学校図書館には英語とフランス語の印刷物とデジタル資源がある。授

業中や昼休みに定期的に図書館を利用できる。教師と生徒はまた，英語とフランス語の授業中に隔週で図書館を利用できる。この学校では，通常の英語プログラム（7－9年生）に加えて，早期フランス語イマージョン（5－9年生）と後期フランス語イマージョン（7－9年生）の言語プログラムを提供しており，IB コースのあるウェストカナダ高校（10-12，2,152人）への進学を勧めている。

アーネストマニング高校（K10－12，1,512人）

　同校では，ラーニングコモンズを生徒が学校環境を超えて学習を拡張し，キャリア目標にさらに取り組むために必要な業界やイベントとのつながりを作る場として捉えている。ラーニングコモンズでの多様なイベントを通じて，生徒は地元業界の関係者，キャリア専門家，コミュニティメンバー，ゲスト教育者との交流を行う。生徒はまた，キャリア教育のプロジェクトに参加し，ピアツーピア指導やセミナーを受け，研究発表のプレゼンテーションの場として利用する。

2）メーカースペースとしての活用例

　メーカースペースは，学校によってラーニングコモンズ/図書館のスペース内にある場合もあれば，別スペースを設けている場合もある。デジタル機器を含む，多様な作業に必要な機器や教材がそこには設置されているが，学校によっては生徒によるデバイスの持ち込みも認められている。

カンブリア高原学校（K6，430人）

　同校のディスカバー・ラーニングセンターは，生徒が問題解決のためにいろんなツールや資料を使用し，工作，発明，探索，発見，共有，発表できる場となっている。学年により異なるプログラムが提供されている。1・2年生クラス向けには，7つの異なるメディアステーションがあり，アイデア，コンセプト，活動を表現する。作品制作のため，マーカー，クレヨン，絵画，3D形状，2D形状，コラージュ，粘土などの教具がある。生徒は，最終作品完成前に批

評，評価，改善のスケッチを作成する。作品完成後，写真を撮り，サイトにアップロードする。3・4年生クラス向けには，iPadを使用し，ストップ・モーション・ムービーを作成する課題が課される。アイデアごとのグループ化が行われ，制作開始前に，グループはシーンの作り方の説明を受け，必要な材料のリストを含む絵コンテを作成する。そのプロセスを日記とサイトに記録する。5・6年生のクラスでもストップ・モーション・ムービーを作成する課題を行うが，科学の飛行単元の一環としてベルヌーイの定理を説明するといった少し上級の課題が与えられる。

3）電子ライブラリーとしての活用

すべての学校のラーニングコモンズ/図書館のサイトには，カルガリー市の学校図書館におけるテクノロジーの重要性が明記されており，電子ライブラリーのサービスも充実したものとなりつつある。学校により紹介・利用できるサイトは異なるが概ね次のようなものが利用できるようになっている。

1）生徒向けリソース
- カルガリー公共図書館：e-Library
- タンブル読書ライブラリー（Tumble Book Library）：子ども向け電子書籍の厳選されたデータベース。世界中の小学校や公共図書館で定期購読利用できる。プレミアムサービスでは，幼稚園から6年生まで1,100以上のタイトルがあり，ユニークなアニメーション，しゃべる絵本，読み聞かせ本，マンガ，ノンフィクション，動画，スペイン語とフランス語の本が含まれる。
- スターフォール：スターフォール財団が提供する幼稚園から5年生までの算数や読書活動，アニメを中心とした学習サイト。
- カルガリーの児童雑誌：「カルガリーの子」。
- アイデアボックス子どものレシピ：子どもの大好きな食べ物から工作用品までのレシピ。

その他にも，ゲーム専門サイト，子ども向けナショナルジオグラフィック，

小学生向けプログラミング学習サイト，イメージ学習，スペイン語の子どもサイトなどがある。また，高校生向けには，西カナダ高校のように，フランス語と英語の教材が揃ったラジオ番組サイト CBC Curio や Google の学習用プラットフォーム，Virtual 図書館の Gale eBooks が提供されている。

　２）保護者用リソース

　教師と保護者向けにも，カルガリー公共図書館の e-Library の他，次のようなサイトが提供されている。

- アルバータ州教育ウェブサイト（Learn Alberta, http://education.alberta. ca/）幼稚園から12年生までの学校や地域コミュニティにオンラインリソースを提供し，生涯学習をサポート。保護者は各学年レベルのカリキュラム概要の情報が得られることに加え，保護者向けの学習情報もある。教師と保護者向けの質問サイトもある。
- メンタルヘルスサービス（アルバータ州保健サービス）
- 家族で楽しむカルガリー：カルガリーで開催される家族向けのイベントやアクティビティ情報
- 心理教育評価サービス：不安の予防と管理，自分の子の学習について（アルバータ州を学ぶ）
- 教育における統合サービス（カルガリー大学）

　カルガリー市を含めて，カナダの学校図書館は，2014年に発表された基準が大きな影響を及ぼしている。

3. 学校図書館ラーニングコモンズの実践基準

　米国サンホセ州立大学の学校図書館・情報学科のケン・ヘイコック教授は，2003年『カナダの学校図書館の危機：改善と再投資の事例』という報告書を書いた。ブリティッシュコロンビア州の学校図書館に関する実証的研究から，学校図書館が充実している学校ほど学力が高いことを証明する一方で，カナダの

学校図書館が現代の学習に応じていくためには，学校図書館がデジタル化していく必要性を彼は説いた（Haycock, K., 2003, 2011）。

　こうした危機的状況が指摘される中で，2014年にカナダ図書館協会は，「学習をリードする：学校図書館ラーニングコモンズの実践スタンダード」（Leading Learning：Standards of Practice for School Library Learning Commons in Canada）を刊行した。そこには，学校図書館の重要性が次のように述べられている。

　「学習者には，カナダのすべての学校で優れた学校図書館を期待する権利があります。カナダの学校図書館は，公平性，多様性，文化的アイデンティティという共通の価値観と，教育および図書館の専門職における最良のアプローチを反映する必要があります。生徒のニーズと成功に応じた文脈に位置づけられる必要があります。学校図書館は，学習コミュニティによって継続的に構築され，管理され，測定され，更新され，維持されています。学校図書館を未来の学びをリードする存在として位置づけるべきです」（https://llsop.canadianschool libraries.ca/reality-in-canada/最終閲覧日：2023年5月10日）。

　その後，2016年にカナダ図書館協会は，「カナダ図書館連合（Canadian Federation of Library Associations, CFLA-FCAB)」へと再編された。その際に「カナダ学校図書館（Canadian School Libraries, CSL)」という非営利団体がこの「学習をリードする」プロジェクトを引き継ぎ，以後，同組織が中心となって続けられている。

　カナダ学校図書館は，カナダ図書館連合のメンバーである。カナダは州ごとに学校図書館協会の組織状況が異なり，カナダ図書館連合のメンバーである各州の図書館協会が学校図書館の支援を行う例が多くみられる。これに対して，カナダ学校図書館（CSL）は全国的な国家プロジェクトであり，特に学校図書館をラーニングコモンズとして位置づけ，各州における学校図書館による教育と学習を支援するとともに，学校図書館がラーニングコモンズとして機能できるような専門的研究と開発を行う。

　その基準として「学習をリードする」というスタンダードを設定し，学校図

書館が模範的な実践を提供できるように支援する。この基準は，学校図書館を
学校改善の中心に据えた次の５つの主要な実践に基づき構成される。

1）学習者のコミュニティを作り育てるための協働的参加の促進
2）学校目標を達成するための学習コミュニティの促進
3）学習を共同計画し，教授し，評価する効果的な授業デザインの構築
4）生涯にわたる学習者を力づけるリテラシーの育成
5）参加型学習をサポートする学習環境の設計

　この基準の目標は，伝統的な学校図書館プログラムから，学校図書館を核と
した参加型学習に基づく学校のラーニングコモンズの形成にある。つまり，こ
れまでの図書館プログラムの焦点が強力なリソースのコレクションの構築と，
利用者によるその効果的な活用の支援にあったが，新たな目標では，学校全体
で学習コミュニティを構築し，学習者間のつながりを作り，学校コミュニティ
での知識創造の促進が重要とされる。

　学校図書館ラーニングコモンズにおいて焦点が当てられるのは，学習と学習
者，そして学習の経路（pathway）であり，その学習においては，協働学習が
重視される。そして目標としての創造性とイノベーションである。また，学習
においては，学習機会の平等性という規準が重視される。

　学校図書館ラーニングコモンズを実装していくステップとしては，次のよう
な段階が考えられている。

　第１のステップでは，学校コミュニティを代表する学校図書館ラーニングコ
モンズリーダーシップチームを設立する。校長と教師兼司書かラーニングコモ
ンズの教師は，他の管理者，ティーチングスペシャリスト，主任教師，ラーニ
ングコモンズサポートスタッフの参加を求める。チームは，全スタッフと生徒
とともに，学校に関連する手順を実行して，５つの実践基準の指標を通じて持
続可能な成長を促進する学校図書館ラーニングコモンズの視点を採用する。

　第２のステップでは，学校図書館ラーニングコモンズのビジョンを作成する。
学校全体の学習へのアプローチに関する専門的な研究や文献を研究する。現在
の教育学の研究を調べ，主要なアイデアをラーニングコモンズの要素に織り込

み，理解を深める。学校全体，つまり教師，生徒，地域社会のメンバーを学習とイノベーションに参加させる。

　第3のステップでは，学校図書館ラーニングコモンズの実践基準を学校全体の開発計画に統合する。これは計画を追加するのではなく，生徒の成功のための広範な研究に裏付けられた学校全体の学習と教育の原理である。そこには，学習をリードする5つの基準と成功の指標が示されている。

　第4のステップでは，学校の既存のリソースと学習プログラムを確認し，成功例を基に図書館向けのプログラムを作る。成長の連続体のプロセスを確認して，作業を進める。学校の状況を踏まえたニーズ評価を行っていく。

　第5のステップでは，学校図書館ラーニングコモンズのチームの支援を受けて，アクションプランを作成する。ラーニングコモンズのビジョン，学校の目標とニーズ，戦略と行動，責任，時間，予算や独自の成功指標に基づき，前に進む学校図書館ラーニングコモンズ計画を共同で作成する。

　第6のステップは，カナダの基準に応じた教育と学習を実践する。物理環境と仮想環境の両方を活用し，調査と参加型学習の共同的な学校文化を育む。モデルとなるテクノロジーとリソースを活用し，21世紀のスキルとリテラシーを学習者が開発し，知識を構築できる優れた教育デザインを確立する。学習者が探究，実験，革新，創造性，遊びを支援し，育てる学習環境を構築する。

　最後に，学校図書館ラーニングコモンズは，一定段階の成功にたどり着いたとしても改善を続けていく必要がある。知識やスキル，計画を共有し，継続的に知識構築の場を作り上げる。結果を評価し，改善目標を設定する。新しい戦略とテクノロジーの実験を行いながら，学校改善と学校図書館ラーニングコモンズの将来の方向に関する教師の共同研究を活用していく。

　この図書館ラーニングコモンズの実装における「学校の成長の連続体（Growth continuum）」は，ほぼ上記のステップを経ながら，図15-1のように展開すると想定されている。

　実際には，上記の成長の段階を展開する過程で，この基準ではかなり詳細に次のような枠組みが提供されている。

探索する（exploring）

学校コミュニティは，学校図書館のレビューを始めて，将来への発展的目標と行動計画を支えるためにカナダの学校図書館LCの実践基準を有効活用する。成長の連続体の図は，ラーニングコモンズへの移行の最初のステップに学校を置き，入場地点を定める探索的段階に各学校が着くのを助ける。

明確化する（emerging）

図書館LCのコンセプトを学校コミュニティは持ってきた。図書館施設，コレクション，テクノロジーや教育の準備を始め，変化する環境における学習に新たに注目するスタッフを支援するためにLCリーダーシップチームを構成する。

展開する（evolving）

図書館LCリーダーシップチームは，図書館LCの教員の専門性，リソース，テクノロジーやスペースを有効に用いる探究学習に焦点を当てて，教員と生徒の協働的な学校文化を創りだす。

構築する（established）

学校図書館LCは，参加的で効果的な協働学習や経験を生む参加的知識を計画し指導するための教育的パートナーシップの構築に貢献する学校図書館LCは，積極的に参加する生徒と教員，すべての学習者のリーダーシップや権限付与の中心となり，学習コミュニティに貢献する。

未来へリードする（leading into the future）

学校図書館LCは，積極的に参加する生徒と教員，すべての学習者のリーダーシップや権限付与の中心となり，学習コミュニティに貢献する。

図15-1　成長の連続体

出所）Comadian School Libraries, 2014, より筆者作成。

　当然，このそれぞれの構成要素を目標とした授業デザインの計画化が考えられている。たとえば，読書リテラシー，情報リテラシー，デジタルリテラシー，文化的リテラシーをどう育てていくかという授業計画であり，その計画は，幼稚園から，小学校，中学校，高校段階にわたるまでさらに詳細に考えていくことができるだろう。

　この学校図書館ラーニングコモンズは，学校図書館を中心にした学校全体をラーニングコモンズとして捉えていき，個々の生徒だけでなく，教員や保護者も含めた学校に関わるすべての人の成長を考え，それぞれの学習コミュニティ，

表15-1　学習をリードするフレームワーク

学習者のコミュニティを作り育てる協働的参加の促進	学校目標を達成する学習コミュニティの促進	学習を共同計画し教授し評価する効果的な授業デザインの構築	生涯にわたる学習者を力づけるリテラシーの育成	参加型学習を支援する学習環境の設計
学びのビジョン	学校改善計画	授業のリーダーシップ	リテラシーのリーダーシップ	協働的な物理 LLC の設計
協働のデザイン	校長の協働的役割	授業のパートナーシップ	読者の参加	協働的な仮想 LLC の設計
協働学習のパートナー	教員と司書の協働的役割	探索的アプローチへの参加	情報リテラシー	LLC におけるアクセシビリティの設計
学生とコミュニティのパートナーシップ	教員間の協働的役割	分散型学習	批判的リテラシー	レスポンシブ印刷とデジタルコレクションのデザイン
学校行政のパートナーシップ	支援スタッフの協働的役割	学習のためのテクノロジー	デジタルリテラシーと市民権	創造的・革新的デザイン
地域行政とコンサルタントのパートナーシップ	地域行政とコンサルタントの協働的役割	学習の評価	文化的リテラシー	参加型の学校文化のためのデザイン
		証拠に基づく実践	リテラシーのパートナー	生徒のウェルビーイングのための設計

出所）Comadian School Libraries, 2014, より筆者作成。

　そして学校コミュニティの発展を考えている。ただし，カルガリー市の学校図書館の例にみるように，その展開は，各学校の工夫や努力に委ねられている。（スタンダードでは，「学校図書館ラーニングコモンズ」と表記しているが，カルガリー市の学校では，「ラーニングコモンズ/図書館」との表記が多い。）

　ヘイコックは，これからのカナダ学校図書館においては，ICT と学校図書館，協働学習，e-ラーニング，電子図書館と e-ラーニング，新たな読書活動と各種リテラシーの課題があるとしていた（Heycock, 2007）。また，司書教諭の養成問題に加えて，日本の学校司書にあたるような図書館アシスタントの配置問

題もカナダの学校図書館全体で考えていくことが求められる。

参考文献・参考資料

カナダ学校図書館
　　https://canadianschoollibraries.ca/（最終閲覧日：2023年5月20日）
カルガリー市教育委員会
　　https://cbe.ab.ca/Pages/default.aspx（最終閲覧日：2023年5月20日）
カルガリー市2022年学校入学者報告
（Board of Trustees, 2023," 2022-2023 School Enrolment Report)
　　https://cbe.ab.ca/schools/managing-space-students/Pages/default.aspx（最終閲覧日：2023年5月20日）
カルガリー図書館計画（2023-2026）
　　https://calgarylibrary.ca/assets/Uploads/Calgary-Public-Library-2023-2026-Strategic-Plan.pdf（最終閲覧日：2023年5月20日）
フィッシュクリーク学校
　　https://school.cbe.ab.ca/school/fishcreek/teaching-learning/learning-commons-library/pages/default.aspx（最終閲覧日：2023年5月20日）
Canadian School Libraries, "Leading Learning : Standards of Practice for School Library Learning Commons in Canada", 2014
　　https://llsop.canadianschoollibraries.ca/wp-content/uploads/2016/09/llsop.pdf（最終閲覧日：2023年5月20日）
Canadian School Libraries, "Leading Learning Bibliography2017", 2017
　　https://llsop.canadianschoollibraries.ca/wp-content/uploads/2018/10/Leading Learning Bibliography 2017.pdf（最終閲覧日：2023年5月20日）
Haycock, K., "The crisis in Canada's school libraries: The case for reform and reinvestment"., 2003
　　http://accessola2.com/images/home/HaycockACP2_v2rev.pdf（最終閲覧日：2023年5月20日）
Haycock, K., "New and Emerging Information and Communication Technologies: Implications for Teacher-Librarians and School Libraries", 2007
　　https://journals.library.ualberta.ca/slw/index.php/iasl/article/view/7643（最終閲覧日：2023年5月20日）
Haycock, K., 'Connecting British Columbia (Canada) school libraries and student achievement: A comparison of higher and lower performing schools with similar overall funding', 2011
　　https://scholarworks.sjsu.edu/cgi/viewcontent.cgi?article=1025&context=slis_pub

Start2Finish
    https://start2finishonline.org/（最終閲覧日：2023年5月20日）
Ontario School Library Association, "Together for Learning: School Libraries and the
    Emergence of the Learning Commons", 2010
    https://accessola.com/wp-content/uploads/2020/08/2010_OLA Togetherfor
    Learning.pdf（最終閲覧日：2023年5月20日）
Taylor Family Digital Library
    https://ucalgary.ca/facilities/buildings-grounds/buildings/taylor-family-digital-
    library（最終閲覧日：2023年5月20日）

【2000年以降の学校図書館関連文献】

(表題に「学校図書館」があるもののみ)

新学校図書館学編集委員会編『学習指導と学校図書館（新学校図書館学3）』全国学校図書館協議会，2000

渡部康夫『やってみよう読書のアニマシオン（学校図書館入門シリーズ(7)）』全国学校図書館協議会，2000

塩見昇『学校図書館職員論：司書教諭と学校図書の協働による新たな学びの創造』教育史料出版会，2000

学校図書館協議会編『「総合的な学習」を支える学校図書館：小学校・中学校編』全国学校図書館協議会，2001

黒澤浩編『新学校図書館入門：子どもと教師の学びをささえる』草土文化，2001

文部科学省『新しい時代に対応した学校図書館の施設・環境づくり，知と心のメディアセンターとして』ボイックス，2001

ライヒマン，H. 著，川崎佳代子・川崎良孝訳『学校図書館の検閲と選択：アメリカにおける事例と解決方法』（第3版）京都大学図書館情報学研究会，2002

山田知つぐ『学校図書館のための視聴覚資料の組織化（学校図書館入門シリーズ5）』全国学校図書館協議会，2002

新学校図書館学編集委員会編『情報メディアの活用（新学校図書館学5）』全国学校図書館協議会，2002

山形県鶴岡市立朝暘第一小学校編著『学校図書館活用教育ハンドブック：こうすれば子どもが育つ学校が変わる』国土社，2003

渡辺暢恵『子どもと一緒に進める学校図書館の活動と展示・掲示12カ月：コピーしてできる資料と型紙付き』黎明書店，2003

学校図書館協議会編『データに見る今日の学校図書館』全国学校図書館協議会，2004

坂田仰編『教育改革の中の学校図書館：生きる力・情報化・開かれた学校』八千代出版，2004

塩見昇他『学習社会・情報社会における学校図書館』風間書房，2004

『学校図書館50年史』全国学校図書館協議会，2004

芦谷清『学校図書館のための図書の分類法（学校図書館入門シリーズ(8)）』全国学校図書館協議会，2004

森高光広『はじめよう読書感想画の実践（学校図書館入門シリーズ(11)）』全国学校図書館協議会，2004

対崎奈美子『学校図書館ボランティア（学校図書館入門シリーズ(9)）』全国学校図書館協議会，2004

藤田利江『学習に活かす情報ファイルの組織化（学校図書館入門シリーズ(10)）』全国

文　　献

　学校図書館協議会，2004

日本図書館情報学会研究委員会編『学校図書館メディアセンター論の構築に向けて』
　勉誠出版，2005

石狩管内高等学校図書館司書業務担当者研究会『パスファインダーを作ろう：情報を
　探す道しるべ（学校図書館入門シリーズ⑿）』全国学校図書館協議会，2005

渡部康夫『読む力を育てる読書へのアニマシオン（学校図書館入門シリーズ⒁）』全
　国学校図書館協議会，2005

塩見昇編『教育を変える学校図書館』風間書房，2006

全国学校図書館協議会編『人とメディアをつなぐ学校司書のしごと』社団法人全国学
　校図書館協議会，2006

全国学校図書館協議会カナダ・アメリカ学校図書館視察団編『カナダ・アメリカに見
　る学校図書館を中核とする教育の展開』社団法人全国学校図書館協議会，2006

山形県鶴岡市立朝暘第一小学校編著『学校図書館活用教育ハンドブックⅡ　みつける
　　つかむ　つたえあう』国土社，2006

三上久代『学校図書館における新聞の活用（学校図書館入門シリーズ⒂）』全国学校
　図書館協議会，2006

小林功『楽しい読み聞かせ（学校図書館入門シリーズ⑶）』全国学校図書館協議会，
　2006

森田盛行『学校図書館と著作権Q&A（学校図書館入門シリーズ⑷）』全国学校図書
　館協議会，2006

新学校図書館学編集委員会編『読書と豊かな人間性（新学校図書館学４）』全国学校
　図書館協議会，2006

渡辺暢恵『子どもの読書力を育てる学校図書館活用法』黎明書房，2007

少年写真新聞社『小・中・高対応学校図書館イラストブック』少年写真新聞社，2007

新学校図書館学編集委員会編『学校経営と学校図書館（新学校図書館学１）』全国学
　校図書館協議会，2007

新学校図書館学編集委員会編『学校図書館メディアの構成（新学校図書館学２）』全
　国学校図書館協議会，2007

鎌田和宏・中山美由紀『先生と司書が選んだ調べるための本：小学校社会科で活用で
　きる学校図書館コレクション』少年写真新聞社，2008

五十嵐絹子『子どもが本好きになる瞬間（とき）：学校図書館で見つけた元気の出る
　話』国土社，2008

小林功『わくわくブックトーク（学校図書館入門シリーズ⒄）』全国学校図書館協議
　会，2008

長尾幸子『読書会をひらこう（学校図書館入門シリーズ⒃）』全国学校図書館協議会，
　2008

渡辺重夫『学習指導と学校図書館（メディア専門職養成シリーズ）第二版』学文社，

文　　献

2008

渡辺暢惠『子どもが生き生きする学校図書館づくり：改訂版』黎明書房，2008

緑川信之編『学校図書館メディアの構成（メディア専門職養成シリーズ）第2版』学文社，2008

さわださちこ『楽しもう！学校図書館ディスプレイ』全国学校図書館協議会，2009

世田谷区教育委員会世田谷区立小学校教育研究会図書館部『学校図書館運営マニュアル改訂版』世田谷区教育委員会世田谷区立小学校教育研究会図書館部，2009

五十嵐絹子『学校図書館ビフォー・アフター物語：図書館活用教育の全国展開を願って』国土社，2009

志村尚夫『学校図書館メディアの構成とその組織化（学校図書館図解・演習シリーズ2）』青弓社，2009

児童図書館研究会『学校図書館2（てまめあしまめくちまめ文庫)』児童図書館研究会，2009

図書館教育研究会編『新学校図書館通論（3版）』学芸図書，2009

瀬田祐輔『学校司書のための学校図書館入門（学校司書シリーズ)』愛知教育大学出版会，2009

全国学校図書館協議会『シカゴ・ボストン・ニューヨークに見る探究学習を支える学校図書館』全国学校図書館協議会，2009

大串夏身『学習指導・調べ学習と学校図書館（学校図書館図解・演習シリーズ3）』青弓社，2009

中山伸一『情報メディアの活用と展開（学校図書館図解・演習シリーズ1）』青弓社，2009

天道佐津子『読書と豊かな人間性の育成（学校図書館図解・演習シリーズ5）』青弓社，2009

天道佐津子・柴田正美『学校経営と学校図書館（3訂版)』放送大学教育振興会，2009

渡辺暢惠『実践できる司書教諭を養成するための学校図書館入門』ミネルヴァ書房，2009

北克一『学校経営と学校図書館，その展望（学校図書館図解・演習シリーズ4）』青弓社，2009

「シリーズ学校図書館学」編集委員会『情報メディアの活用（シリーズ学校図書館学第5巻)』全国学校図書館協議会，2010

赤木かん子『読書力アップ！学校図書館のつくり方』光村図書，2010

桑田てるみ『思考力の鍛え方学校図書館とつくる新しい「ことば」の授業』静岡学術出版，2010

高知県教育委員会事務局小中学校課『高知県学校図書館活動ガイドブック：心と学びを育む学校図書館』高知県教育委員会，2010

スケールズ, B.R. 著，川崎良孝訳『学校図書館で知的自由を擁護する：現場からのシナリオ』京都図書館情報学研究会，2010

全国学校図書館協議会編『探究型学習にとりくもう学校図書館の活用名人になる』国土社，2010

吉岡裕子『協働する学校図書館小学校編：子どもに寄り添う12か月（シリーズ学校図書館）』少年写真新聞社，2010

柴田幸子『あなたと読んだ絵本のきろく：そして大切な学校図書館のこと』石風社，2010

小川三和子『教科学習に活用する学校図書館：小学校・探究型学習をめざす実践事例』全国学校図書館協議会，2010

全国学校図書館協議会・全国SLA編『学校図書館の活用名人になる：探究型学習にとりくもう』国土社，2010

太田克子・村田伸宏「群馬国語教育を語る会」『読書の力：国語授業と学校図書館との連携・協力』三省堂，2010

渡辺信一他監訳『学校図書館メディアプログラムのためのガイドライン：シリーズ学習者のエンパワーメント第2巻』全国学校図書館協議会，2010

堀川照代『学習指導と学校図書館』放送大学教育振興会，2010

野口武悟編『一人ひとりの読書を支える学校図書館：特別支援教育から見えてくるニーズとサポート』読書工房，2010

「シリーズ学校図書館学」編集委員会『学校経営と学校図書館（シリーズ学校図書館学第1巻）』全国学校図書館協議会，2011

「シリーズ学校図書館学」編集委員会『学校図書館メディアの構成（シリーズ学校図書館学第2巻）』全国学校図書館協議会，2011

「シリーズ学校図書館学」編集委員会『学習指導と学校図書館（シリーズ学校図書館学第3巻）』全国学校図書館協議会，2011

「シリーズ学校図書館学」編集委員会『読書と豊かな人間性（シリーズ学校図書館学第4巻）』全国学校図書館協議会，2011

高桑弥須子『学校ブックトーク入門：元気な学校図書館のつくりかた』教文館，2011

藤田利江『授業にいかす情報ファイル（シリーズはじめよう学校図書館6）』全国学校図書館協議会，2011

遊佐幸枝『学校図書館発育てます！調べる力・考える力：中学校の実践から（シリーズ学校図書館）』少年写真新聞社，2011

「読むチカラ」プロジェクト『鍛えよう！読むチカラ：学校図書館で育てる25の方法』明治書院，2012

塩見昇編『学校教育と学校図書館─学校図書館論〈1〉』教育史料出版会，2012

横浜市教育委員会『学校図書館教育指導計画作成の手引：子どもたちの学びを豊かにする学校図書館』時事通信出版局，2012

文　献

原田由紀子他『東出雲発！学校図書館改革の軌跡：身近な図書館から図書館活用教育へ』国土社，2012

五十嵐絹子・藤田利江『学校司書たちの開拓記：学校図書館から教育を変える』国土社，2012

高橋知尚『学校図書館メディアの選びかた（はじめよう学校図書館2）』全国学校図書館協議会，2012

成田康子『みんなでつくろう学校図書館』岩波書店，2012

赤木かん子『学校図書館のつかい方：読書力アップ！』光村図書，2012

赤木かん子『赤木かん子の図書館員ハンドブック分類のはなし：学校図書館で働く人のために』埼玉福祉会，2012

赤木かん子『学校図書館のつかい方：読書力アップ！』光村図書，2012

全国学校図書館協議会『学校図書館・司書教諭講習資料　第7版』全国学校図書館協議会，2012

全国学校図書館協議会フランス学校図書館研究視察団『フランスに見る学校図書館専門職員：ドキュマンタリスト教員の活動』全国学校図書館協議会，2012

大平睦美『学校図書館をデザインする：メディアの分類と配置（はじめよう学校図書館4）』全国学校図書館協議会，2012

竹村和子『その蔵書，使えますか？：図書の更新のすすめ（はじめよう学校図書館3）』全国学校図書館協議会，2012

中村伸子『学校図書館，まずはこれから（はじめよう学校図書館1）』全国学校図書館協議会，2012

福田孝子『初めての読書指導小学校編：アイディア25（はじめよう学校図書館5）』全国学校図書館協議会，2012

北克一・平井尊士『学校図書館メディアの構成』放送大学教育振興会，2012

井上一郎『思考力・読解力アップの新空間！学校図書館改造プロジェクト図書館フル活用の教科別授業アイデア20』明治図書，2013

五十嵐絹子・藤田利江『学校図書館から教育を変える〈2〉学校図書館の力を活かす』国土社，2013

荒川区編『学校図書館活用あらかわモデルプラン資料ダイジェスト版』国土社，2013

森田盛行『気になる著作権Q&A：学校図書館の活性化を図る（はじめよう学校図書館8）』全国学校図書館協議会，2013

杉本直美『読書生活をひらく「読書ノート」（はじめよう学校図書館7）』全国学校図書館協議会，2013

成田康子『高校図書館：生徒がつくる，司書がはぐくむ』みすず書房，2013

赤木かん子『読書力アップ！学校図書館の本のえらび方』光村図書，2013

渡辺重夫『第三版　学習指導と学校図書館』学文社，2013

渡邊重夫『学校図書館の力：司書教諭のための11章』勉誠出版，2013

文　献

藤田利江『図書館へ行こう！楽しい調べ学習１・２・３年生：東京都荒川区立第六日暮里小学校の「学校図書館活用ノート」「伝統・文化ノート」を活用した授業』国土社，2013

日本学校図書館学会編『学校図書館を活用した学習指導実践事例集』教育開発研究所，2013

片岡則夫編『なんでも学べる学校図書館」をつくる：ブックカタログ＆データ集』少年写真新聞社，2013

野口武悟・前田稔『学校経営と学校図書館』放送大学教育振興会，2013

門川久美子他『学校図書館は何ができるのか，その可能性に迫る：小・中・高等学校の学校司書３人の仕事から学ぶ』国土社，2014

塩谷京子『探究的な学習を支える情報活用スキル：つかむ・さがす・えらぶ・まとめる（はじめよう学校図書館10)』全国学校図書館協議会，2014

稲井達也編『授業で活用する学校図書館：中学校・探究的な学習を目ざす実践事例（新しい教育をつくる司書教諭のしごと)』全国学校図書館協議会，2014

学校図書館問題研究会編『学校司書って，こんな仕事』かもがわ出版，2014

五十嵐絹子・藤田利江『学びを拓く授業モデル：学校図書館から教育を変える〈３〉』国土社，2014

高見京子『読書イベントアイデア集：中・高校生編（はじめよう学校図書館９)』全国学校図書館協議会，2014

小日向輝代『心をつかむオリエンテーション（はじめよう学校図書館11)』全国学校図書館協議会，2014

全国学校図書館協議会『学校図書館基本図書目録』全国学校図書館協議会，2014

村上恭子『学校図書館に司書がいたら：中学生の豊かな学びを支えるために（シリーズ学校図書館)』少年写真新聞社，2014

渡邊重夫『学校図書館の対話力：子ども・本・自由』青弓社，2014

学校図書館担当職員の役割及びその資質の向上に関する調査研究協力者会議編『これからの学校図書館担当職員に求められる役割・職務及びその資質能力の向上方策等について（報告)』文部科学省，2014

茨城県図書館協会『茨城県における学校図書館と公共図書館等の連携に関する調査報告：茨城県図書館協会調査研究委員会報告書』茨城県図書館協会，2014

河西由美子編『学びの場としての学校図書館』玉川大学出版部，2014

学校図書館を考える全国連絡会『ひらこう！学校図書館：学校図書館を考える全国連絡会：第17回集会』学校図書館を考える全国連絡会，2014

学校図書館問題研究会『学校司書って，こんな仕事：学びと出会いをひろげる学校図書館』かもがわ出版，2014

国際子ども図書館『学校図書館におけるコレクション形成：国際子ども図書館の中高生向け「調べものの部屋」開設に向けて（国際子ども図書館調査研究シリーズ

No. 3）』国立国会図書館国際子ども図書館，2014

根本彰『中等教育における卒業研究カリキュラム：学校図書館サービスを視野に入れて―公開研究会記録』東京大学大学院教育学研究科図書館情報学研究室，2014

紺野順子『理想の学校図書館を求めて：その半世紀をふりかえる（JLS ブックレット）』Jissen Librarianship の会，2014

司書教諭ガイドブック編集委員会，埼玉県学校図書館協議会『司書教諭ガイドブック：教育課程の展開に寄与する学校図書館と司書教諭』埼玉県学校図書館協議会，2014

志保田務・北克一・山本順一『学校教育と図書館：司書教諭科目のねらい・内容とその解説』第一法規，2014

清教学園『入学時からはじめる読書生活の習慣化：学校図書館と学校司書の役割』清教学園，2014

村上恭子『学校図書館に司書がいたら：中学生の豊かな学びを支えるために（シリーズ学校図書館）』少年写真新聞社，2014

渡辺重夫『学校図書館の対話力：子ども・本・自由』青弓社，2014

渡辺重夫『学校図書館の力：司書教諭のための11章』勉誠出版，2014

東京都杉並区立済美教育センター『杉並区学校図書館活用ガイドブック』杉並区立済美教育センター，2014

飯田寿美・鈴木啓子・日本図書館協会学校図書館部会『学校図書館の今とこれから：学びと育ちの支援を軸に：日本図書館協会学校図書館部会第43回夏季研究集会埼玉大会報告集』日本図書館協会学校図書館部会，2014

門脇久美子・実重和美・漆谷成子・堀川照代『学校図書館は何ができるのか？その可能性に迫る：小・中・高等学校の学校司書3人の仕事から学ぶ』国土社，2014

みの会『学校図書館はじめの一歩』みの会，2015

学校図書館スタートガイド編集委員会『学校司書・司書教諭・図書館担当者のための学校図書館スタートガイド：サンカクくんと問題解決！』少年写真新聞社，2015

吉岡裕子・遊佐幸枝『発信する学校図書館ディスプレイ：使われる図書館の実践事例集』少年写真新聞社，2015

小川三和子・大串夏身『読書の指導と学校図書館（学校図書館学）』青弓社，2015

新潟市立中央図書館学校図書館支援センター『学校図書館支援センター年間報告』新潟市立中央図書館学校図書館支援センター，2015

神戸市教育委員会・神戸市教育委員会事務局社会教育部生涯学習課『学校司書モデル配置に伴う学校図書館活用実践報告集』神戸市教育委員会事務局社会教育部生涯学習課，2015

神代浩・中山美由紀『学校図書館の挑戦と可能性：困ったときには図書館へ』悠光堂，2015

中村百合子・河野哲也・朝比奈大作『学校経営と学校図書館（司書教諭テキストシ

リーズⅡ）』樹村房，2015

渡辺重夫・大串夏身『学校経営と学校図書館（学校図書館学）』青弓社，2015

渡辺暢恵『授業につなげる学校図書館の展示・掲示＆指導案12カ月』黎明書房，2015

藤野寛之・伊香左和子『アメリカの児童図書館・学校図書館：サービス活動の先駆者
たち』日外アソシエーツ，紀伊國屋書店（発売），2015

日本学校図書館学会読書に関する研究会『読書と学校図書館のかかわりに関する研
究』日本学校図書館学会読書に関する研究会，2015

日本図書館協会『学校図書館関係資料（図書館政策資料）』日本図書館協会，2015

品川洋子『ひらく：校長として女性として：学校図書館と関わりながら』中央公論事
業出版，2015

福岡淳子『司書と先生がつくる学校図書館』玉川大学出版部，2015

平久江祐司・今井福司・富永香羊子・永利和則・中村伸子・原田由紀子・藤田利江・
森田盛行・渡辺重夫『学校図書館担当者の養成と研修の現状と課題に関する研究』
筑波大学メディア・教育研究会，2015

木幡洋子他『情報時代の学校図書館』風間書房，2015

野口武悟・成松一郎『多様性と出会う学校図書館：一人ひとりの自立を支える合理的
配慮へのアプローチ』読書工房，2015

立田慶裕『読書教育の方法：学校図書館の活用に向けて』学文社，2015

平久江裕司編著『学校図書館担当者の養成と研修の現状と課題に関する研究（報告
書）』筑波大学メディア・教育研究会，2015

シュルツ＝ジョーンズ，B. A., ダイアン・オバーグ編著，公益社団法人全国学校図書
館協議会監修，大平睦美・二村健編訳『IFLA 学校図書館ガイドラインとグローバ
ル化する学校図書館』学文社，2016

塩見昇『まちづくり・ひとづくりと図書館の力：公共図書館の使命・学校図書館の可
能性：塩見昇氏講演会記録集』図書館問題研究会茨城支部，2016

塩見昇『学校教育と学校図書館（新編図書館学教育資料集成）』教育史料出版会，
2016

塩見昇『学校図書館の教育力を活かす：学校を変える可能性（JLA 図書館実践シリー
ズ）』日本図書館協会，2016

塩見昇・学校図書館を考える会・静岡『学校図書館の教育力：塩見昇氏講演会記録
集』学校図書館を考える会・静岡，2016

塩谷京子『すぐ実践できる情報スキル50：学校図書館を活用して育む基礎力』ミネル
ヴァ書房，2016

学校図書館を考える全国連絡会『ひらこう！学校図書館：学校図書館を考える全国連
絡会：第19回集会』学校図書館を考える全国連絡会，2016

学校図書館問題研究会『明日へつなぐ学校図書館：学図研の30年（がくと）』学校図
書館問題研究会，2016

文　　献

鎌田和宏『入門情報リテラシーを育てる授業づくり：教室・学校図書館・ネット空間を結んで』少年写真新聞社，2016

牛尾直枝・高桑弥須子『学校図書館が動かす読書イベント実践事例集』少年写真新聞社，2016

熊谷一之『一歩前へ！学校図書館：知ろう，つかもう，やってみよう』全国学校図書館協議会，2016

桑田てるみ『思考を深める探究学習：アクティブ・ラーニングの視点で活用する学校図書館』全国学校図書館協議会，2016

今井福司『日本占領期の学校図書館：アメリカ学校図書館導入の歴史』勉誠出版，2016

斎藤泰則・江竜珠緒・富永香羊子・村木美紀『学習指導と学校図書館（司書教諭テキストシリーズⅡ）』樹村房，2016

市川市教育委員会『生きる力・夢や希望を育む学校図書館』市川市教育委員会教育センター，2016

小田光宏・今井福司・朝比奈大作『学校図書館メディアの構成（司書教諭テキストシリーズⅡ）』樹村房，2016

神戸市教育委員会・神戸市教育委員会事務局社会教育部生涯学習課『学校図書館活用実践報告集』神戸市教育委員会事務局社会教育部生涯学習課，2016

清教学園中・高等学校『電子図書館「すくどデジタル」とデジタル化時代の学校図書館：「調べる学習」成果物のデジタルアーカイブ化事業報告』〔清教学園中・高等学校〕，2016

対崎奈美子・山田万紀恵『学校図書館ボランティアへの期待：はじめよう学校図書館』全国学校図書館協議会，2016

渡辺重夫『学びと育ちを支える学校図書館』勉誠出版，2016

北克一・平井尊士『学校図書館メディアの構成』放送大学教育振興会，2016

堀川照代・塩谷京子『学習指導と学校図書館』放送大学教育振興会，2016

木幡洋子・森田英嗣・木幡智子・江良友子・大﨑裕子・杉浦良二『今，学校図書館が変わる：情報時代の学校図書館』風間書房，2016

IASL 東京大会運営委員会『国際学校図書館協会（IASL）東京大会報告書』2016 IASL 東京大会運営委員会，2017

井上一郎・古川元視『アクティブ・ラーニングをサポートする！：学校図書館活用プロジェクト掲示ポスター＆ポイントシート事典』明治図書出版，2017

稲井達也『資質・能力を育てる学校図書館活用デザイン：「主体的・対話的で深い学び」の実現』学事出版，2017

金沢みどり『学校司書の役割と活動：学校図書館の活性化の視点から』学文社，2017

荒川区教育委員会事務局指導室・東京都荒川区教育委員会『荒川区学校図書館活用指針』荒川区教育委員会事務局指導室，2017

文　献

坂田仰・河内祥子・黒川雅子『学校図書館への招待』八千代出版，2017

秋田倫子『学校図書館のアイデア＆テクニック：来館待ってます！手軽にトライ』少年写真新聞社，2017

成田康子『高校図書館デイズ：生徒と司書の本をめぐる語らい（ちくまプリマー新書）』筑摩書房，2017

電子出版制作・流通協議会・専修大学電子書籍研究プロジェクト・専修大学『学校図書館における電子書籍利用モデルの構築報告書』電子出版制作・流通協議会，2017

渡辺重夫『学校図書館の可能性：自ら考え，判断できる子どもを育てる』全国学校図書館協議会，2017

東京・学校図書館スタンプラリー実行委員会『学校図書館の司書が選ぶ小中高生におすすめの本300（なるにはBooks)』ぺりかん社，2017

東京都荒川区教育委員会・荒川区教育委員会事務局指導室『荒川区学校図書館学習・情報センター化推進校実践報告書』荒川区教育委員会事務局指導室，2017

日本図書館情報学会研究委員会『学校図書館への研究アプローチ（わかる！図書館情報学シリーズ）』勉誠出版，2017

肥田美代子『学校図書館の出番です！』ポプラ社，2017

文字・活字文化推進機構・全国学校図書館協議会・日本新聞協会・学校図書館整備推進会議『学校図書館の出番です：アクティブ・ラーニングの視点に立った学びに向けて』文字・活字文化推進機構：全国学校図書館協議会：日本新聞協会：学校図書館整備推進会議，2017

本田彰『学校図書館ディスプレイ＆ブックトーク：みんなに本を紹介しよう！』国土社，2017

野口武悟・前田稔『学校経営と学校図書館（放送大学教材)』放送大学教育振興会，2017

こどもくらぶ・門内輝行『見てみよう！全国のおもしろ学校図書館（シリーズ・変わる！学校図書館)』ミネルヴァ書房，2018

伊木洋『中学校国語科学習指導の創造：学校図書館と学習者を結んで』溪水社，2018

後藤敏行『学校図書館サービス論：現場からの報告』樹村房，2018

後藤敏行『学校図書館の基礎と実際』樹村房，2018

江慧珊『閲讀推手：學校圖書館管理專業』商務印書館，2018

江竜珠緒・村松教子『学校図書館員と英語科教諭のための英語多読実践ガイド：導入のためのブックガイド付』少年写真新聞社，2018

秋田倫子・津留千亜里『学校図書館被災記録：平成28年（2016年）熊本地震』熊本県高等学校教育研究会図書館部会：熊本県高等学校文化連盟図書専門部，2018

小川三和子『学校図書館サービス論』青弓社，2018

小田光宏・平久江祐司『学校図書館シンポジウムの記録』科学研究費補助金（基盤研究Ｃ）「デジタル社会における司書教諭・学校司書の研修制度に関する総合的研

究」（研究代表者平久江祐司）：筑波大学メディア・教育研究会，2018

小田光宏・堀川照代・間部豊・仲村拓真『学校図書館職員の技能要件と資格教育の
　ギャップに関する実践的研究』青山学院大学教育人間科学部（小田光宏研究室），
　2018

少年写真新聞社『学校図書館お話・文学間違い探し素材集』少年写真新聞社，2018

松田ユリ子『学校図書館はカラフルな学びの場（なるには Books)』ぺりかん社，2018

神奈川県高等学校教職員組合図書館教育小委員会『なぜ今学校図書館か』神奈川県高
　等学校教職員組合図書館教育小委員会，2018

千葉県高等学校教育研究会学校図書館部会司書の会『学校司書ならびに学校図書館関
　係職員研修会記録集』千葉県高等学校教育研究会学校図書館部会，2018

渡辺重夫『子どもの人権と学校図書館』青弓社，2018

東京都荒川区教育委員会・荒川区教育委員会事務局指導室『荒川区学校図書館学習・
　情報センター化推進校実践報告書』荒川区教育委員会事務局指導室，2018

日本学校図書館学会『日本学校図書館学会二十年の歩み』日本学校図書館学会，2018

平久江祐司『「学校図書館ガイドライン」活用ハンドブック解説編』悠光堂，2018

堀川照代『「学校図書館ガイドライン」活用ハンドブック』悠光堂，2018

門内輝行（監修）『見てみよう！全国のおもしろ学校図書館（シリーズ・変わる！学
　校図書館 ②)』ミネルヴァ書房，2018

野口武悟・全国学校図書館協議会『学校図書館基本資料集』全国学校図書館協議会，
　2018

齊藤誠一『学校図書館で役立つレファレンス・テクニック：調べる面白さ・楽しさを
　伝えるために（シリーズ学校図書館）』少年写真新聞社，2018

「探究学校図書館学」編集委員会・全国学校図書館協議会「探究学校図書館学」編集
　委員会『学校経営と学校図書館（探究学校図書館学）』全国学校図書館協議会，2019

学校図書館問題研究会兵庫支部『学校図書館問題研究会兵庫支部30年史：1986.9-
　2015.9：支部報『ぼちぼちタイムズ』338号分から学校図書館の30年を見る』学校
　図書館問題研究会兵庫支部，2019

高見京子・稲井達也『「探究」の学びを推進する高校授業改革：学校図書館を活用し
　て「深い学び」を実現する』学事出版，2019

根本彰『教育改革のための学校図書館』東京大学出版会，2019

山本みづほ『蛾のおっさんと知る衝撃の学校図書館格差：公教育の実状をのぞいてみ
　ませんか？』郵研社，2019

森田盛行『気になる著作権 Q&A：学校図書館の活性化を図る（はじめよう学校図書
　館)』全国学校図書館協議会，2019

全国学校図書館協議会『探究学校図書館学』全国学校図書館協議会，2019

第41回全国学校図書館研究大会運営委員会『今日の学校図書館：第41回全国学校図書
　館研究大会：富山・高岡大会』第41回全国学校図書館研究大会運営委員会，2019

文　献

竹内純子『ひらめきアイデアノート：学校図書館』少年写真新聞社，2019

日本図書館協会学校図書館部会『日本図書館協会学校図書館部会学校図書館施設設備基準』日本図書館協会学校図書館部会，2019

平湯文夫『平湯モデル図書館写真集：子どもたちで溢れる学校図書館のつくり方』ボイックス，2019

野口武悟・児島陽子・入川加代子『多様なニーズによりそう学校図書館：特別支援学校の合理的配慮を例に（シリーズ学校図書館）』少年写真新聞社，2019

稲井達也『学び合い育ち合う学校図書館づくり：新しい時代の学びのリノベーション』学事出版，2020

久野和子『「第三の場」としての学校図書館：多様な「学び」「文化」「つながり」の共創』松籟社，2020

坂田仰・河内祥子・黒川雅子・今井福司・山田知代・田嶋知宏・金本佐紀子・岩﨑千恵・藤原是明・中山愛理・鈴木章・佐伯まゆみ『学校図書館への招待』八千代出版，2020

植村八潮・野口武悟『学校図書館における電子書籍利用環境構築のための実証的研究　科学研究費助成事業基盤研究 (C)』植村八潮：野口武悟，2020

全国学校図書館協議会「探究学校図書館学」編集委員会『学校図書館メディアの構成（探究学校図書館学）』全国学校図書館協議会，2020

全国学校図書館協議会「探究学校図書館学」編集委員会『学習指導と学校図書館（探究学校図書館学）』全国学校図書館協議会，2020

大平睦美・大串夏身『学習指導と学校図書館学校図書館学』青弓社，2020

長谷川栄子『学校図書館を活用した国語科授業の創造：主体的・対話的な学びをめざして』ERP，2020

渡辺重夫『批判的思考力を育てる学校図書館：付：図書館利用記録とプライバシー』青弓社，2020

東京・学校図書館スタンプラリー実行委員会『もっとある！学校図書館の司書が選ぶ小中高生におすすめの本220（なるにはBooks)』ぺりかん社，2020

東京学芸大学学校図書館運営専門委員会『みんなで使おう！学校図書館：「先生のための授業に役立つ学校図書館活用データベース」報告集』東京学芸大学附属学校運営部，2020

日本学校図書館学会研究会・日本学校図書館学会『教育課程の展開に寄与する学校図書館を実現するための学校経営：子供の学びを支援する学校図書館―「教育課程の展開に寄与する」ことの意味とその具体化』日本学校図書館学会研究会，2020

日本学校図書館教育協議会『シンポジウム読書教育と学校図書館教育（学図教ブックレット)』日本学校図書館教育協議会，2020

野口武悟・全国学校図書館協議会『学校図書館基本資料集』全国学校図書館協議会，2020

文　献

和田幸子『主体的な学びを支える学校図書館：小学校・中学校の授業サポート事例から』少年写真新聞社，2020

Chiku『学校図書館を彩る切り絵かざり』少年写真新聞社，2021

ホルズワイス，C. A., エヴァンス，S.『学校図書館をハックする：学びのハブになるための10の方法』松田ユリ子・桑田てるみ・吉田新一郎訳，新評論，2021

アンソニー，T 著，中田彩・松田ユリ子・根本彰訳『国際バカロレア教育と学校図書館：探究学習を支援する』学文社，2021

学校図書館問題研究会『学校司書のための学校図書館サービス論』樹村房，2021

笠井尚『犬山市の学校図書館づくり：学びの環境研究事業報告書（令和2年度）』犬山市教育委員会，2021

新居池津子『中学校学校図書館における生徒の居方に関する検討』風間書房，2021

西巻悦子『学校図書館の役割と使命：学校経営・学習指導にどう関わるか』近代科学社 Digital，近代科学社（販売），2021

前田稔・堀川照代『学校図書館サービス論』放送大学教育振興会，2021

全国学校図書館協議会『司書教諭・学校司書のための学校図書館必携：理論と実践』悠光堂，2021

渡辺暢恵『コピーして使える小・中学校の授業を高める学校図書館活用法』黎明書房，2021

東京学芸大学学校図書館運営専門委員会『みんなで使おう！学校図書館：「先生のための授業に役立つ学校図書館活用データベース」報告集』東京学芸大学附属学校運営部，2021

日向良和・生田研一郎『学校図書館は，ボードゲームをどう使えるか？：学校図書館問題研究会埼玉支部2020年公開学習会記録集』学校図書館問題研究会埼玉支部，2021

日本学校図書館学会研究会『子供の学びを支援する学校図書館と教科等の学習：子供の学びを支援する学校図書館―「教育課程の展開に寄与する」ことの意味とその具体化』日本学校図書館学会研究会，2021

埜納タオ・横山寿美代『学校図書館：ここはいつでもぼくの場所（いこうよがっこうとしょかん）』少年写真新聞社，2021

野口武悟『変化する社会とともに歩む学校図書館（ライブラリーぶっくす）』勉誠出版（発売），2021

ウィーガンド，W. A.『アメリカ公立学校図書館史』川崎良孝・川崎佳代子訳，京都図書館情報学研究会，日本図書館協会（発売），2022

塩谷京子・鎌田和宏・福本徹・今井福司・庭井史絵『学習指導と学校図書館』放送大学教育振興会，2022

鎌田和宏・林良子『学びをつなぐ学校図書館：松江発！学び方指導体系表を活用しよう（シリーズ学びの環境デザインを考える）』悠光堂，2022

文　　献

高橋恵美子・笠川昭治『学校図書館とマンガ（JLA booklet)』日本図書館協会，2022

高木享子『教師は学校図書館をどう使うか：インタビュー●箕面市にみる司書と教師の協働』教育史料出版会，2022

今井福司『情報教育と学校図書館が結びつくために（シリーズ学びの環境デザインを考える)』悠光堂，2022

全国学校図書館協議会『どう使う？学校図書館と1人1台端末はじめの一歩』編集委員会・全国学校図書館協議会『どう使う？学校図書館と1人1台端末はじめの一歩』全国学校図書館協議会，2022

竹内悊・清田義昭・蓑田明子『加藤宗厚先生のお仕事：図書館法成立，「学校図書館の手引」をめぐって』日本図書館協会，2022

中村百合子『改訂 学校経営と学校図書館』樹村房，2022

中村百合子・河野哲也・朝比奈大作『学校経営と学校図書館（司書教諭テキストシリーズⅡ)』樹村房，2022

米谷優子・呑海沙織『学校図書館メディアの構成』放送大学教育振興会，2022

野口武悟・大滝一登『学びの環境をデザインする学校図書館マネジメント（シリーズ学びの環境デザインを考える)』悠光堂，2022

塩見昇・日本図書館研究会学校図書館史研究グループ・日本図書館研究会『塩見昇の学校図書館論：インタビューと論考』日本図書館研究会，2023

渡辺鋭気『ハイテク企業のトップは，なぜ，わが子からスマホを遠ざけるのか：学校図書館の使命と可能性』評論社，2023

東京学芸大学学校図書館運営専門委員会『みんなで使おう！学校図書館：「先生のための授業に役立つ学校図書館活用データベース」報告集』東京学芸大学附属学校運営部，2023

木下通子『知りたい気持ちに火をつけろ！：探究学習は学校図書館におまかせ』岩波書店，2023

野口武悟『特別支援学校（知的障害）における授業改善に資する学校図書館の活用に関する実践的研究成果報告書：令和4年度日教弘本部奨励金』野口武悟，2023

野口武悟・前田稔『学校経営と学校図書館（放送大学教材)』放送大学教育振興会，2023

索　引

索　　引

索　　引

編著者紹介

立田　慶裕（たつたよしひろ）TATSUTA Yoshihiro

1953年生まれ。大阪大学大学院人間科学研究科後期課程単位取得退学。大阪大学助手，東海大学講師・助教授，国立教育政策研究所総括研究官を経て，現在，神戸学院大学教授。国立教育政策研究所名誉所員。

主な著書・訳書に，『キー・コンピテンシー』（D・S・ライチェン他編著，監訳，明石書店，2006年），『世界の生涯学習』（OECD編著，監訳，明石書店，2010年），『読書教育への招待』（共著，国立教育政策研究所編，東洋館出版社，2010年），『生涯学習の理論』（共著，福村出版，2011年），『成人力とは何か』（共著，明石書店，2012年），『知識の創造・普及・活用』（OECD教育研究革新センター編著，監訳，明石書店，2012年），『成人のナラティヴ学習』（M. ロシター他編著，共訳，福村出版，2012年），『学習の本質―研究の活用から実践へ』（OECD教育研究革新センター編著，監訳，2013年），『教師のための防災教育ハンドブック』（増補改訂版，編著，学文社，2013），『キー・コンピテンシーの実践―学び続ける教師のために』（明石書店，2014）ほか。

読書教育のすすめ
　―学校図書館と人間形成―

2023年9月25日　第1版第1刷発行

編著者　立　田　慶　裕

発行所　株式会社　学　文　社
発行者　田　中　千津子

〒153-0064　東京都目黒区下目黒3-6-1
電話(03)3715-1501(代)
https://gakubunsha.com

落丁，乱丁の場合は，本社でお取り替えします。
定価はカバーに表示しています。

印刷　東光整版印刷㈱

Printed in Japan

ISBN 978-4-7620-3277-6